2024年度版

管理業務主任者

一問一答セレクト1000

TAC管理業務主任者講座 編

TAC出版
TAC PUBLISHING Group

はじめに

管理業務主任者試験は，ここ数年**難易度が上昇傾向**にあり，十分な受験対策をしていないと合格することが難しい試験となっています。この試験に合格するために必要不可欠となるのが，過去に出題された本試験の問題（過去問）の内容を十分検討し，きちんと理解しておくことです。

本書は，当試験の創設以降**23年分のすべての過去問**から直近の出題傾向に基づいて重要問題を厳選し，簡潔でわかりやすい解説を加え，一問一答形式に編集した問題集です。本書を繰り返し利用されることで，合格に必要な知識を，**短期間で効率良くマスター**していただくことができます。

本書を手にされた皆さんが，**合格の栄冠**を勝ち取られ，管理業務主任者としてご活躍されることを願ってやみません。

2024年2月
TAC管理業務主任者講座

本書の執筆は，2024年2月現在施行の法令等に基づいています。**法改正等**については，『法律改正点レジュメ』をWeb登録で無料でご提供いたします。

【登録方法】 お手元に本書をご用意の上，インターネットの「情報会員登録ページ」からご登録ください（**要**・パスワード）。

TAC 情報会員　検索

【登録用パスワード】 025-2024-0943-25

【登録期限】 2024年11月1日まで

本書の効果的な利用法

1問ごとに4段階で「**重要度**」を表示しています。

- 重要度S★★★　今年の出題が予想される最**重要事項**です！
- 重要度A　過去に3回以上の出題実績がある頻出事項，もしくは2回の出題でも絶対押さえておくべき基本事項です。
- 重要度B　過去2回の出題がある，もしくは1回の出題でもきちんと押さえておくべき事項です。
- 重要度C　過去1回のみの出題ですが，今後も出題される可能性のある事項です。

第11章　マンション管理適正化法

1　総則

重要度S★★★

問1　□□□　2人以上の区分所有者が居住している専有部分のある建物およびその敷地のほかに，駐車場，ごみ集積所等の附属施設もマンションに含まれる。

間違ったら必ず「レ」印をつけておきましょう。弱点のチェックと試験直前の補強に役立ちます。

過去23年分（2001～2023年度）の全出題問題から頻出かつ重要な1000肢を厳選，インプット学習に便利な○×形式で収録しました。この1冊で合格のための基礎知識は，ばっちりカバーできます。

重要度S★★★

問2　□□□　二以上の区分所有者が存在し居住の用に供されている建物で，居住している者がすべて賃借人である建物とその敷地および附属施設は，マンションに該当する。

重要度A

問3　□□□　二以上の区分所有者が存在し，事務所および店舗の用にのみ供されている建物は，マンションに該当する。

重要度S★★★

問4　□□□　二以上の区分所有者が居住の用に供する建物を含む5棟の建物の所有者の共有に属する一団地内の土地および附属施設は，マンションに該当する。

その章で着目すべき論点を簡潔にまとめています。問題にチャレンジする前に一読すると理解がスムーズです。

「出題年度」を表示しています。

付属の赤シートで正解を隠してチャレンジしましょう。

設問に関連する知識をまとめています。

設問と対比させて覚えておきたい重要ポイントです。

CHECK POINT

全範囲を網羅的に学習する必要がある。類似の問題が出題されるので，過去問の演習が最も効果的。繰り返し解いて正確な知識を身につけよう。

[H16]

答 1 ○

品確法の「新築住宅」とは，新たに建築された住宅で，まだ人の居住の用に供したことのないものであり，建設工事完了の日から起算して1年を経過していないものをいう（品確法2条2項）。

ココも注意！ 品確法の「新築住宅」には，一戸建住宅だけではなく，マンションも含まれる。

[H16]

答 2 ○

実際に居住している者がすべて賃借人であっても，二以上の区分所有者が存在し，居住の用に供されているのであれば，建物とその敷地および附属施設は「マンション」である。

比較しよう！ 全戸を1人で所有し，各戸を居住用としてそれぞれ異なる人に賃貸しても，その建物は「マンション」ではない（二以上の区分所有者が存在しないため）。

ポイントをしっかりまとめた簡潔な解説です。特に重要なキーワードや暗記すべき数字は赤ゴシックで表記しています。赤シートをかぶせれば，そのまま「穴埋め問題」として利用できます。

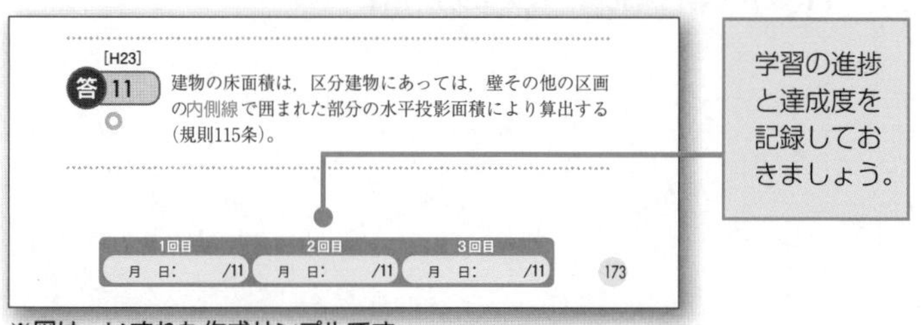

学習の進捗と達成度を記録しておきましょう。

※図は，いずれも作成サンプルです。

目次

第2編　マンション標準管理規約・管理事務に関する諸法令

第3編　マンション管理適正化法・マンション標準管理委託契約書等

第4編　建物および設備の維持保全・関連諸法令

受験ガイダンス

管理業務主任者は，マンション等の管理の前提となる管理受託契約にかかる重要事項の説明から，受託した管理業務の処理状況のチェックやその報告まで，**マンション管理の**マネジメント業務全般**を担っており，事務所ごとに，**30組合**につき**1名以上**の設置**が義務付けられています。

管理業務主任者となるには，**管理業務主任者試験に**合格し，**管理業務主任者証の**交付を受ける必要があります。

■管理業務主任者試験の内容

試験内容（分野）	本書の該当章
①　管理事務の委託契約に関すること （民法，マンション標準管理委託契約書　等）	第1章・第2章・第12章
②　管理組合の会計の収入および支出の調定ならびに出納に関すること （簿記，財務諸表論　等）	第13章
③　建物および附属設備の維持または修繕に関する企画または実施の調整に関すること （建築物の構造・設備・維持保全に関する知識等および建築基準法，水道法等関係法令　等）	第14章～第16章
④　マンションの管理の適正化の推進に関する法律に関すること （マンション管理適正化法，マンション管理適正化指針　等）	第11章
⑤　上記①～④のほか，管理事務の実施に関すること （区分所有法，マンション標準管理規約　等）	第3章～第10章

■試験実施時期　12月３日（日）（令和５年度）
■受験料　8,900円（令和５年度）
■試験機関　一般社団法人 マンション管理業協会
［TEL］03-3500-2721　［HP］http://www.kanrikyo.or.jp

■ここ数年の受験傾向　受験申込者数はほぼ１万6,000～2万人，合格点は32～37点，合格率は20％程度で，それぞれ推移しています。

［学習のポイント］

本試験の出題内容は，**マンション管理全般にわたるため広範囲**ですが，ある程度メリハリをつけて学習することが試験対策として効率的です。具体的には，前出「**管理業務主任者試験の内容**」の表のうち，本書の第１章～第13章に該当する①②④⑤をまず重点的に学習して，しっかり得点を確保できるように準備しましょう。そして，本書の第14章～第16章に該当する③の分野は，毎年，事前準備が不可能なほどの難問が出題されたりもするため，「基本事項や過去問レベルの問題は落とさない」程度の習熟レベルを目指すことが，ムリなくムダなく，なるべく短期間で合格するためのコツといえるでしょう。

［各章の学習方法］

第１章　民法　**例年８問程度**の出題です。**民法の基本的な理解がないと区分所有法等他の法律のマスターも困難**ですので，ある程度時間をかけて学習して“核”となる内容をしっかり理解することが肝要です。

第２章　借地借家法　**例年１問程度**の出題です。借地権については，試験の性質上出題はほとんどなく，**借家権に関するものが中心**です。民法の賃貸借との比較学習が大切です。

第３章　区分所有法・建替え等円滑化法・被災区分所有法　**例年10問程度**は出題され，また，区分所有法は，民法や標準管理規約と絡めた「複合問題」も多くみられる，マンション管理に関する最も基本的な法律です。難問は少ないものの**細かい規定についても出題される可能性が高い**ため，基本事項は繰り返し学習しておかなければなりません。建替え等円滑化法は，平成15～17，19，24，29，令和元，4年に各1問出題されており，狙われるポイントはマンションの建替えの主体である「**建替組合**」に集中していますが，「**マンション敷地売却決議**」も注意しておきましょう。そして被災区分所有法は，平成19年に1肢出題されたのみですが，区分所有法の「建替え決議」と比較しながら，基本事項は押さえておきましょう。

第4章　マンション標準管理規約　区分所有法や民法との「複合問題」を含めて，**例年8問前後**出題されています。標準管理規約は，区分所有法と比較する視点をもって学習することが大切で，**区分所有法の内容を変更する規定**と，**標準管理規約特有の規定**に注意しましょう。なお，条文だけではなく，「**関係コメント**」にもひととおり目を通しておきましょう。

第5章　不動産登記法　平成15年に1肢，18，21，23，28，30，令和2年に**各1問**出題されています。専門的で奥が深いので，受験対策としては，あまり時間をかけずに，過去問で頻出の「**登記の仕組みと手続**」と「**区分所有建物の登記**」を押さえておけば十分でしょう。

第6章　宅地建物取引業法　**例年2問程度**の出題です。その重要性から，近年出題範囲が広がりつつある科目ですが，手を広げすぎずに，**過去に問われた内容**をきちんと押さえておきましょう。

第7章　住宅品質確保法　平成13，14，16，18，19，22，28，29，令和元，2，4，5年に**各1問**，平成15年には**2問**出題されています。「**住宅性能表示制度**」「**紛争処理**」「**瑕疵担保責任**」の“**3本柱**”がありますが，民法の修正規定である「瑕疵担保責任」からの出題が多いことが特徴です。

第8章　アフターサービス　近年は出題がありませんが，**民法や宅建業法，品確法との複合問題**として出題されることがあります。

第9章　消費者契約法　平成17，18，23，26，28，30，令和3年に**各1問**出題されました。「**消費者契約の定義（消費者契約法の適用範囲）**」と「**消費者契約の免責条項の無効**」に関する基本事項を押さえ，あまり学習に時間をかけないようにしましょう。

第10章　個人情報保護法　平成17，20，22，25，27，30，令和２，５年に**各１問**，令和元年に**１肢**出題されました。「**用語の定義**」と「**個人情報取扱事業者の義務**」に関する基本事項が出題の中心ですので，そこに学習を絞りましょう。

第11章　マンション管理適正化法　**例年５問**出題されます。網羅的な学習が必要ですが，難易度はそれほど高くはないので，ぜひとも満点を狙いたい科目です。

第12章　マンション標準管理委託契約書　**例年３～４問**の出題です。試験では，**条文だけではなく**，管理委託契約の具体的内容を定めた「**別表**」や「**関係コメント**」**についても細かく**問われています。本書を解きながら内容をひととおり確認し，次にテキストの読み込みもしてほしいところです。

第13章　管理組合の会計等　「**会計の仕訳**」に関する出題が**２問**，「**標準管理規約・委託契約書・適正化法等の会計関連の規定**」が**１問**，「**税務**」が**１問**，「**管理費等の滞納処理に関する民事訴訟法等の知識**」が**１問程度**，それぞれ出題されるのが，ここ数年のパターンです。仕訳で難問が出題される可能性もありますが，**過去問の範囲**をきっちり押さえましょう。
なお，「**会計の仕訳**」の問題は，一問一答という形式上，**本書には掲載しておりません。**

第14章　建築基準法等　**例年３問程度**の出題ですが，建築関連の法律（耐震改修法，バリアフリー法）から２問程度出題されることもあります。技術的かつ詳細な知識が問われることもありますので，頻出の**過去問に関連する知識**には，ひととおり目を通しておきましょう。

第15章　設備・構造　**例年４問程度**の出題です。細かい知識に関する出題が多いものの，**基本事項や過去問に酷似した出題**もよく見られるため，頻出である「**エレベーター設備**」「**給排水設備**」「**消防用設備等**」については，必ず押さえておきましょう。

第16章　維持・保全　**例年３問程度**の出題です。マンションの劣化症状やその診断・改修方法，長期修繕計画に関する事項等が主な内容です。技術的な知識が必要ですが，**過去問の範囲とその周辺の知識**を確実に押さえることに徹し，ムリをしないようにしましょう。

第1編

民法・区分所有法等

第1章　民法

第2章　借地借家法

第3章　区分所有法・建替え等円滑化法・被災区分所有法

第1章 民法

1 制限行為能力者等

重要度 C

問 1 □□□

公序良俗に反する事項を目的とする法律行為は，無効である。

重要度 B

問 2 □□□

未成年者が，マンションの専有部分をその区分所有者から賃借した場合は，法定代理人の同意を得ているか否かにかかわらず，当該賃貸借契約を取り消すことができる。

重要度 A

問 3 □□□

成年被後見人であるAは，あらかじめその後見人の同意を得ることにより，第三者との間で，Aが所有し，居住しているマンションの一住戸のリフォーム工事に係る契約を有効に締結することができる。

重要度 S★★★

問 4 □□□

成年後見人が，成年被後見人に代わって，成年被後見人が所有する居住の用に供するマンションの専有部分について抵当権を設定する場合には，家庭裁判所の許可を得なければならない。

重要度 B

問 5 □□□

被保佐人が保佐人の同意を得ることなく当該被保佐人が所有するマンションの一住戸を売却した場合，当該売買契約を取り消すことができる者は，被保佐人に限られている。

近年出題範囲が広がりつつある分野だが，まずは本書収録の基本かつ頻出項目（意思表示，時効，債務不履行，契約不適合責任，相続等）を，正確に押さえよう。

［H15］

答 1 ○

公序良俗に反する法律行為は，無効である（民法90条）。

ココも注意! 「**公序良俗（公の秩序・善良な風俗）**」とは，**社会の秩序**や**一般的な道徳観念**のことである。これに反する法律行為（契約）とは，たとえば，殺人契約，過大な利息を取るような契約をいう。

［H23］

答 2 ×

未成年者が法律行為（契約等）をするには，原則として，その**法定代理人の**同意を得なければならず，**法定代理人の**同意を得ないでした法律行為は，取り消すことができる（５条１項・２項）。

［R5］

答 3 ×

成年被後見人の法律行為は，**日用品の購入その他日常生活に関する行為を**除いて**取り消すことができる**（９条）。つまり，成年後見人の同意**を得て行った法律行為**（本問のリフォーム工事に係る契約）であっても，**取り消すことができる**。

［H23］

答 4 ○

成年後見人は，成年被後見人に代わって，その居住**の用に供する建物またはその敷地**について，売却，賃貸，賃貸借の解除または抵当権の設定等の処分をするには，家庭裁判所**の許可**を得なければならない（859条の３）。

［H28］

答 5 ×

被保佐人が，**不動産その他重要な財産**に関する売買契約等の権利の得喪を目的とする行為をするには，その保佐人の同意を得なければならない（13条１項３号）。したがって，保佐人の同意を得ないでした本問の行為は，**取り消すことができる**（同４項）。そして，取り消すことができるのは被保佐人に限られず，**被保佐人**・保佐人・保佐開始の審判を取り消され**行為能力者となった本人**等である（120条１項）。

重要度 B

問 6

□□□

被保佐人が，自己の所有するマンションの専有部分につき大修繕のための請負契約を締結する場合には，保佐人の同意を得る必要はない。

重要度 A

□□□

Aが被保佐人である場合に，家庭裁判所は，Aの請求により，AのためにAが区分所有し，居住の用に供しているマンションの区分所有権等の売買について保佐人に代理権を付与する旨の審判をすることができる。

重要度 C

□□□

家庭裁判所が，被補助人であるＡの補助人の請求により，Ａが所有し，居住しているマンションの一住戸の区分所有権を売却することについてＡの補助人の同意を得なければならない旨の審判をするためには，Ａの同意が必要である。

重要度 C

□□□

被保佐人が，保佐人の同意を得ることなく当該被保佐人が所有するマンションの１住戸を売却した場合，相手方が被保佐人に対し，１ヵ月以上の期間を定めて，保佐人の追認を得るべき旨の催告をしたときは，相手方がその期間内に追認を得た旨の通知を受けなくても，その行為を保佐人が追認したものとみなされる。

重要度 C

□□□

被保佐人が，当該被保佐人が所有するマンションの１住戸を売却する際に，自らが行為能力者であることを信じさせるため，被保佐人であることを黙秘していたことが，他の言動などと相まって，相手方を誤信させ，または誤信を強めたものと認められる場合には，被保佐人はその行為を取り消すことができない。

[H23]

×

被保佐人が新築，**改築**，**増築**または大修繕を目的とする**請負契約**を締結するには，その**保佐人の**同意を得なければならない（13条1項8号）。

[H17]

○

家庭裁判所は，被保佐人本人および一定の者（配偶者，四親等内の親族，検察官，保佐人，保佐監督人等）の請求によって，被保佐人のために特定の法律行為について**保佐人**に**代理権**を**付与する旨の審判**をすることができる（876条の4第1項）。

ココも注意! **本人以外の者**の請求によって**代理権付与の審判**をするには，本人の同意がなければならない（同2項）。

[R5]

○

家庭裁判所は，**被補助人本人**，補助人等の請求により，**被補助人が**特定の法律行為（本問の被補助人が所有する住戸の区分所有権の売却）をするにはその**補助人の同意を得なければならない旨の審判**をすることができる（17条1項）。そして，この**審判の請求**が**本人以外の者によりなされた場合**には，被補助人である本人の同意が**必要**となる（同2項）。

[H28]

×

被保佐人の契約の相手方は，被保佐人に対して**1ヵ月以上の期間**を定めて，その期間内にその保佐人の追認**を得るべき旨の催告**をすることができる。そして，被保佐人がその期間内にその旨の通知を発しないときは，当該契約は取り消したもの**とみなされる**（20条4項）。

[H28]

○

制限行為能力者が**行為能力者であることを信じさせるため**詐術**を用いた**ときは，その行為を**取り消すことができない**（21条）。そして，単に制限行為能力者であることを黙秘しているだけでは詐術にあたらないが，黙秘していたことが，他の言動と相まって，**相手方を誤信させ，または誤信を強めたものと認められる**場合には詐術にあたり，被保佐人はその行為を取り消すことができない（最判S44.2.13）。

2 意思表示等

重要度 B

Aが，所有権を移転する意思がないにもかかわらず，Bとの間で，自己の所有するマンションの一住戸甲をBに売却する旨の契約を締結した場合に，Bがその真意を知り，または知ることができたときは，Aは，Bに対して当該契約の無効を主張することができる。

重要度 S★★★

AB間の契約の締結に当たり，AB間で通謀虚偽表示があった場合には，AB間の契約は無効であり，この無効は善意の第三者に対抗することができる。

重要度 S★★★

甲建物を所有するAが，同建物をBに売却する旨のＡＢ間の契約を締結した。本件契約を締結するに当たり，Bが，甲建物を乙建物であると誤認して買い受けた場合には，Bは，自らが甲建物を乙建物であると思ったことについて重大な過失があるときでも，Bに移転登記がなされていない限り，本件契約の取消しを主張することができる。

[R3]

Aは，所有権を移転する意思がないにもかかわらず，Bと売買契約を締結しているので，Aの意思表示は**心裡留保**である。**心裡留保**による意思表示は，原則として，有効であるが（93条1項），**相手方がその意思表示が表意者の真意ではないことを知り（悪意），または知ることができたとき（善意有過失）**は，その意思表示は無効となる（同ただし書）。

[H17]

相手方と通じてした**虚偽の意思表示**は，無効とする（94条1項）。そして，この意思表示の無効は，**善意の第三者**に対抗（主張）することができない（同2項）。

ココも注意! この場合，第三者は**善意**であればよく，その事情を知らないことに過失があっても，Aは，Cに対して**無効**を対抗することができない（大判S12. 8.10）。

[H26]

①意思表示に対応する意思を欠く錯誤（表示の錯誤），または**②表意者が法律行為の基礎とした事情についてのその認識が真実に反する錯誤（動機の錯誤）**は，その錯誤が**法律行為の目的および取引上の社会通念に照らして重要なものであるとき（重要な錯誤）**は，取り消すことができる（95条1項）。ただし，錯誤が表意者の重大な過失（重過失）によるものであった場合には，原則として取り消す**ことができず**，例外として，①相手方が表意者に錯誤があることを**知り（悪意）**，または**重大な過失によって知らなかったとき（善意重過失）**，②相手方が**表意者と同一の錯誤に陥っていたとき**は，重過失**があっても**取り消す**ことができる**（同3項）。本問の目的物の誤認は「**①意思表示に対応する意思を欠く錯誤**」であり，その誤認は法律行為の**重要な錯誤**であるが，**表意者であるBに**重大な過失があるので，Bは，登記の有無を問わず，取消し**を主張することができない**。

ココも注意! **錯誤**による意思表示の**取消し**は，**善意無過失の第三者**に対抗することができない（同4項）。

重要度 A

問 14

□□□

Aが，Bの詐欺を理由として，Aの所有するマンションの一住戸甲をBに売却する旨の契約を取り消した場合に，Aの取消し前に，Bが，その事情を知らず，かつその事情を知らないことについて過失のある第三者Cに甲を転売していたときは，Aは，Cに対して取消しの効果を主張することができない。

重要度 S★★★

問 15

□□□

マンションのA管理組合とBマンション管理業者との間で管理委託契約が締結された場合，管理委託契約が，第三者CのAに対する詐欺によってなされたときには，Bは，契約を取り消すことができる。

重要度 A

問 16

□□□

AB間の契約の締結に当たり，Aが第三者から強迫を受けた場合には，Aは，その契約締結の意思表示を取り消すことができる。

重要度 C

問 17

□□□

マンションの管理組合Aが，管理委託契約を締結しているマンション管理業者Bに対して，郵便により，ある事項についての意思表示を通知した場合において，意思表示を通知したAの理事長（管理者）が，通知を発した後に死亡したときであっても，その意思表示の効力は失われない。

重要度 C

問 18

□□□

AB間の売買契約を，売主Aが，買主Bの詐欺を理由として取り消した場合においては，Aの原状回復義務とBの原状回復義務とは同時履行の関係に立たない。

[R3]

×

詐欺による意思表示は，取り消すことができる（96条1項）。しかし，その取消しは，その**事情を知らず**，**かつその事情を知らないことについて過失がない**（善意無過失）取消し前の**第三者**に対抗することが**できない**（同3項）。Cは，取消し前の第三者であるが，事情を知らないことに**過失がある**ので，Aは，Cに対して取消し効果を主張することができる。

[H20]

×

相手方に対する意思表示について**第三者が詐欺**を行った場合においては，**相手方がその事実を**知り（悪意），または知ることができた（有過失）ときに限り，その意思表示を**取り消すことができる**（96条2項）。この場合，取消権を有するのは，だまされたAである（120条2項）。

[H17]

○

強迫による意思表示は，取り消すことができる（96条1項）。相手方に対する意思表示について**第三者が強迫**を行った場合，**相手方の**善意・悪意**にかかわらず**，その意思表示を**取り消すことができる**。

ココも注意! 強迫による取消しは，取消前の**善意無過失の第三者**に対抗することができる。

[H24]

○

意思表示は，その通知が相手方に到達した時からその**効力を生ずる**（97条1項）。しかし，表意者が通知を発した後に死亡し，**意思能力を喪失**し，または**行為能力の制限**を受けたときであっても，**意思表示**は，影響を受けず，到達により効力を生ずる（同3項）。

[R1]

×

取り消された行為は，初めから無効であったものとみなされ（121条），両当事者は原状回復義務を負う（121条の2第2項）。そして，売買契約が詐欺を理由として有効に取り消された場合における当事者双方の原状回復義務は，公平の観点から**同時履行の関係**に立つ（533条，最判S47.9.7）。

第1章 民法

重要度 B

問 19

売主の詐欺によりマンションの1住戸の売買契約が締結された場合，買主の意思表示の取消権は，追認をすることができる時から5年間行使しないとき，また意思表示の時から20年を経過したときは消滅する。

3 代理

重要度 C

マンションの管理組合Aの管理者Bが，その職務に関し，C会社との間で取引行為をした場合，Bが，Aのためにすることを示さないでした意思表示は，Cが，BがAのためにすることを知っていたときでも，Bがした意思表示の効果はAに帰属することはない。

重要度 S★★★

問 21

行為能力者であるAが，Cを代理人としてAが所有するマンションの一住戸甲を第三者に売却した場合に，代理行為の時にCが被保佐人であったときは，Aは，Cの制限行為能力を理由に，甲の売買を取り消すことができる。

重要度 A

マンションの管理組合Aとマンション管理業者Bとの間で管理委託契約が締結された。本件契約がAの管理者であるCの錯誤に基づいて締結された場合には，Aは，Cに重大な過失があるときでも，同契約の取消しを主張することができる。

[H28]

答19 ○

取消権は，**追認をすることができる時から5年間**行使しないとき，または**行為の時から**20**年**を経過すると時効によって消滅する（126条）。

[H27]

答20 ×

代理人が**本人のためにすることを示さない**でした意思表示は，**代理人自身のためにしたものとみなされる**。ただし，相手方が，代理人が本人のためにすることを**知り**（悪意），または**知ることができた**（善意有過失）ときは，**本人に対して直接にその効力を生ずる**（100条，99条１項）。したがって，Ｃが悪意であるので，Bがした意思表示の効果はＡに帰属する。

[R2]

答21 ×

制限行為能力者**が代理人としてした行為**は，行為能力の制限によっては**取り消すことができない**（民法102条）。したがって，Ｃが代理行為の時に被保佐人であったとしても，ＡはＣの制限行為能力を理由として，甲の売買を取り消すことができない。

[H22]

答22 ×

管理者は，その職務に関して，**区分所有者の**代理人である（区分所有法26条２項）。そして，**代理人が相手方に対してした意思表示の効力**が，意思の不存在（心裡留保等），錯誤，詐欺，強迫，ある事情について**善意**か**悪意**か，知らなかったことについての**過失の有無**によって影響を受ける場合には，その**事実の有無**は，原則として代理人**を基準に判断**する（民法101条１項）。したがって，Ｃに錯誤がある場合でも表意者である**代理人Ｃ**に重大な過失があったときは，**本人Ａ**は，原則として，**取消しを主張することができない**（95条）。

重要度 A

問 23

Aは，所有するマンションの一住戸甲をBに売却しようと考え，Cとの間で，甲の売却についてCを代理人とする委任契約を締結した場合において，甲の売却について，Cが，Aの許諾を得てDを復代理人に選任したときでも，Cは代理権を失わず，CとDの両者がAの代理人となる。

重要度 C

Aは，Bに対し，Aが所有するマンションの１住戸甲に抵当権を設定する旨の代理権を授与していた場合，Bがやむを得ない事由により復代理人Cを選任したときは，Cは，Bの名においてBを代理する。

重要度 S★★★

甲マンションの管理組合Aと株式会社Bとの間において，Aの管理者であり，かつ，Bの代表取締役であるCが，AとBとの間で，甲マンションの補修工事につき請負契約を締結することは，Aの事前の許諾を得ることなく行うことができる。

重要度 B

マンションの管理組合Aの管理者Cが，その職務に関し，B会社との間で取引行為をする場合，Cが，本件取引行為をする前に補助開始の審判を受けていたときは，Cの代理権は消滅しているので，本件取引行為の効力は生じない。

重要度 A

マンションの管理組合Aの管理者Bが，その職務に関し，C会社との間で取引行為をする場合，Bが管理者を解任された後に本件取引行為をしていたとしたときは，Cがその解任の事実を知らず，かつ知らなかったことにつき過失がなかったときでも，本件取引行為の効力は生じない。

[H29]

答 23 ○

委任による代理人は，本人の許諾を得たとき，またはやむを得ない事由があるときには，**復代理人**を選任することができる(104条)。そして，代理人が復代理人を選任したとしても，**代理人の代理権は消滅しない**ので，Cが，Aの許諾を得てDを復代理人に選任した場合でも，Cは代理権を失わず，CとDの両者がAの代理人となる。

[H30]

答 24 ×

復代理人は，その権限内の行為について，本人を**代表（代理）**する（106条1項）。つまり，**復代理人**は，代理人の代理人ではなく，本人**の代理人**として行為をする。したがって，Bが復代理人Cを選任した場合，Cは，本人「A」の名においてAを代理する。

[H22]

答 25 ×

同一の法律行為について，**相手方の代理人**として（**自己契約**），または**当事者双方の代理人**（**双方代理**）としてした行為は，代理権を有しない者がした行為（無権代理）**とみなされる**。ただし，**債務の履行**および本人があらかじめ許諾した行為については，無権代理とはならず，**通常の代理として効力が生じる**(108条1項)。Cは，株式会社Bの代表取締役であり，かつ，管理組合Aの代理人であるので，本問は双方代理に該当する。したがって，Cは，BとAとの間で，請負契約を締結する場合には，本人であるAの事前の許諾が必要である。

[H28]

答 26 ×

代理権は，①本人**の死亡**，②代理人**の死亡・破産手続開始決定**・後見開始**の審判**によって，**消滅する**（111条1項)。したがって，管理者Cが**補助開始の審判**を受けていたとしても，Cの代理権は消滅しない。

[H28]

答 27 ×

代理権を有していた者が**代理権消滅後に代理行為**をした場合，相手方が代理権消滅の事実について善意無過失であるときは，表見代理**が成立**する（112条1項)。本問の場合，Cは，Bが管理者を解任されて代理権が消滅したことについて善意無過失であるので，**本件取引行為の効力は生ずる**。

第1章 民法

重要度 B

マンションの管理組合Ａが，マンション管理業者Ｂの代理人と称するＣとの間で管理委託契約を締結した場合において，Ｂが，本件契約について，Ｃに対して追認したときは，Ｂは，当然に本件契約をＡに対抗することができる。なお，ＣはＢから代理権を与えられていなかったものとする。

重要度 S★★★

Ａが，代理権を有しないにもかかわらず，Ｂの代理人と称して，Ｃとの間でＢ所有のマンションの一住戸の売買契約を締結した場合，ＣがＢに対し，相当の期間を定めて，その期間内にＡの無権代理行為を追認するかどうかを確答すべき旨を催告した場合において，Ｂがその期間内に確答をしないときは，Ｂは，追認を拒絶したものとみなされる。

重要度 A

ＡがマンションＢの代理人と称して，マンション甲の管理組合Ｃとの間で管理委託契約を締結したが，Ａは代理権を有していなかった場合，Ｃは，契約の締結時に，Ａが代理権を有していないことを知らなかったときは，Ｂが追認しない間は，契約を取り消すことができる。

重要度 A

マンションの管理組合Ａが，マンション管理業者Ｂの代理人と称するＣとの間で管理委託契約を締結した場合において，Ｂの追認は，別段の意思表示がないときは，第三者の権利を害さない範囲で本件契約の時にさかのぼってその効力を生ずる。なお，ＣはＢから代理権を与えられていなかったものとする。

[H26]

本人による**無権代理行為の追認**は，相手方または無権代理人どちらに対してしてもよい。ただし，無権代理人に対して追認の意思表示をしたときは，相手方**がそれを知る**まで，本人は相手方に対して**追認の効果を主張することができない**（113条２項）。したがって，本人Ｂは，無権代理人Ｃに対してのみ追認しても，相手方Ａがそのことを知らなければ，本件契約をＡに対抗することができない。

第1章　民法

[R5]

無権代理の相手方は，相当の期間を定めて，その期間内に**追認するか否かを確答すべき旨**を本人に**催告**することができる。もし，本人がその期間内に確答をしないときは，追認を拒絶**したものとみなされる**（114条）。

ココも注意！　無権代理の相手方は，悪意であっても**催告**をすることができる。

[R2]

代理権を有しない者がした契約は，本人が追認をしない間は，相手方が**取り消すことができる**。ただし，契約の時において代理権を有しないことを相手方が知っていた（悪意）ときは，**取り消すことができない**（115条）。したがって，無権代理であることについて知らなかった（善意）Ｃは，本人Ｂが追認をしない間は，契約を**取り消すことができる**。

ココも注意！　無権代理人の相手方は，**善意**であればよく，過失があっても取り消すことができる。

[H26]

追認は，別段の意思表示がないときは，契約の時**にさかのぼって**その効力を生ずる。ただし，第三者**の権利を害することはできない**（116条）。

重要度 A

問 32
□□□

Aが，代理権を有しないにもかかわらず，マンション管理業者Bの代理人と称して，管理組合Cとの間で管理委託契約を締結した場合において，Bが追認を拒絶したときは，CはAに対して損害賠償の請求をすることはできるが，契約の履行を請求することはできない。なお，Cは，Aが代理権を有しないことを過失なく知らなかった。

重要度 C

□□□

Aは，Bに対し，Aが所有するマンションの1住戸甲に抵当権を設定する旨の代理権を授与した。Bが，Cとの間で，甲の売買契約を締結した場合において，Bの無権代理行為について表見代理が成立するときでも，Cは，Aに対して表見代理の成立を主張せず，Bに対して，無権代理人としての責任を追及することができる。

4 時効

重要度 A

□□□

区分所有者が，管理組合に対して負う管理費の支払債務が時効により消滅した場合には，管理費の支払いの遅滞によって発生した遅延損害金も消滅する。

重要度 S★★★

□□□

区分所有者が，管理組合に対して負う管理費の支払債務について，区分所有者は時効の利益をあらかじめ放棄することを規約に定めておくことができる。

[H16]

×

無権代理人は，自己の代理権を証明したとき，または本人の追認を得たときを除いて，善意無過失**の相手方**の選択に従い，契約の履行**または**損害賠償**の責任**を負う（117条１・２項）。したがって，善意無過失のＣは，Ａに対して，損害賠償の請求ではなく，契約の履行の請求を選択することもできる。

[H30]

○

表見代理が成立する場合でも，無権代理であることに変わりがないため，相手方は，本人に対して**表見代理**の成立を主張せずに，無権代理人に対して**無権代理人**としての責任を追及することができる（最判Ｓ62．７．７）。したがって，表見代理が成立するときでも，Ｃは，Ｂに対して，**無権代理人**としての責任を追及することができる。

[H24]

○

時効の効力は，その起算日**にさかのぼる**（144条）。管理費の支払債務が時効により消滅した場合には，管理費の支払債務は**最初からなかったものとなり**，管理費の支払いの遅滞によって発生した**遅延損害金も消滅**する。

[H24]

×

時効の利益は，**あらかじめ**（**時効完成前に**）放棄することが**できない**（146条）。したがって，管理規約に区分所有者は時効の利益をあらかじめ放棄することを定めておくことはできない。なお，**時効の完成後**に，債務者が**時効の利益**を**放棄することは自由**である。

ココも注意! 同様に，区分所有者全員が，「**管理費債務の消滅時効の主張はしない**」旨の文書をあらかじめ管理組合に提出していたとしても，その文書は無効であり，時効が完成した場合には，各区分所有者は時効を主張することができる。

重要度 S★★★

問 36

債権者が，債務者に対して金銭の支払を求めて訴えを提起した場合に，確定判決によって権利が確定したときは，時効が更新される。

重要度 S★★★

問 37

管理組合が，理事長を管理組合の代表として，滞納している区分所有者に支払請求訴訟を提起したとしても，その訴えを取り下げた場合は，管理組合が，区分所有者に対して有する管理費に係る債権の消滅時効は更新されない。

重要度 S★★★

問 38

滞納している区分所有者が，破産手続開始の決定を受けた場合，管理組合がその破産手続において債権の届出（破産手続参加）をしたときは，管理組合が，区分所有者に対して有する管理費に係る債権の消滅時効の完成が猶予される。

重要度 S★★★

問 39

マンションの管理組合Ａが，管理費を滞納している区分所有者Ｃに対して，管理費の支払を催告した場合に，その時から６ヵ月を経過するまでに管理組合が再度催告をしたときには，再度の催告は時効の完成猶予の効力を有しない。

重要度 A

問 40

マンションの管理費を滞納している区分所有者が，専有部分の区分所有権を第三者に売却した場合は，管理費債権の時効が更新される。

[R4]

債権者が，債務者に対して金銭の支払を求めて**訴えを提起**することは，裁判上の請求にあたる（147条1項1号）。そして，裁判の**確定判決**によって権利が確定したときは，**時効が**更新される（同2項）。

[H25]

裁判上の請求（本問の支払請求訴訟）がなされるとその事由が終了するまでの間は，時効の完成が猶予されるが，その**訴えが取り下げられて**，権利**が確定することなく裁判が途中で終了**したときは，その**終了の時から6ヵ月間**は，**時効の完成が猶予**される（147条1項かっこ書）。この場合，**時効の完成が猶予**されるだけであり，更新**の効力は生じない**。

[H25]

債務者が**破産手続開始決定**を受けた場合，債権者が**破産手続参加**をすることによって，その手続が終了するまでの間は，時効は，**完成しない**（147条1項4号）。つまり，**時効の**完成が猶予される。なお，債務者が破産手続開始決定を受けた場合に，その決定により時効の完成が猶予されるわけではない。

[R3]

催告があったときは，その時から6ヵ月を経過するまでの間は，**時効の完成は猶予**される（150条1項）。しかし，催告によって時効の完成が猶予されている間にされた再度の催告は，**時効の完成猶予の効力を有しない**（同2項）。

[H20]

時効が**更新**するのは，**裁判上の請求等**により**時効の完成が猶予**され，その後**確定判決等により権利が確定**した場合等（147条，148条）や債務者による**権利の**承認があった場合である（152条1項）。しかし，**専有部分の売却**は，時効の**更新事由ではない**ので，管理費債権の時効は更新しない。

ココも注意! 管理費の**滞納者が死亡**し，その相続人が区分所有権を承継した場合，相続**による承継**は，**時効の更新事由ではない**ので，管理費債権の時効は更新しない。

第1章 民法

重要度 S★★★

問 41

□□□

管理費の滞納者が，管理組合に対し，滞納管理費の額と滞納している事実を認めた場合は，その時から，当該債権について時効の更新の効力が生じる。

重要度 C

問 42

□□□

管理費の滞納者が，滞納している事実を認める旨の承認書を管理組合に提出した場合においては，その承認書が公正証書によるものでなくても，時効が更新される。

重要度 S★★★

問 43

□□□

管理費の滞納者が，滞納管理費の一部の弁済であることを明示した上で，当該滞納管理費の一部を支払ったときは，その残額についての時効は更新される。

重要度 B

問 44

□□□

Aが区分所有するマンションの専有部分をBが占有している場合において，本件専有部分について何ら権原のないBが，本件専有部分を10年間の占有により時効取得するためには，占有の開始の時だけではなく，継続して善意・無過失の占有でなければならない。

重要度 C

問 45

□□□

地上権や地役権についても，時効による権利の取得が認められる。

重要度 B

問 46

□□□

管理費の支払債務の時効の起算日は，通常，その管理費の支払期日が経過した時である。

[R5]
答 41 ○

承認は，**時効の更新事由**である（152条1項）。承認とは，**時効の利益を受ける者**が，**権利の存在を権利者に対して表示すること**をいう。管理費の滞納者が，管理組合に対し，**滞納管理費の額と滞納の事実を認める**ことは承認に該当する。

[R1]
答 42 ○

時効の更新事由である承認の方式については，特別の規定は存在しない。したがって，承認書の提出は，それが公正証書でなくても，債務の承認として時効が更新される。

[H21]
答 43 ○

承認は，**時効の更新事由**である（152条1項）。そして，一部**であることを明示した弁済**は，残額があることを認めた上での弁済であるから，**残額についての**承認となり，残額についても時効が更新される。

[H18]
答 44 ×

10年間の占有により所有権を時効取得するためには，占有開始の状態が，**善意無過失**の占有でなければならない（162条2項）。あくまでも占有開始の時に善意無過失であれば，**途中で悪意に変わっても**10年で時効取得できる。

[R4]
答 45 ○

所有権以外の財産権（地上権・地役権・永小作権等）は，**20年**（**占有開始**の時に**善意無過失**であるときは**10年**）の経過により**時効取得**できる（163条）。

[H15]
答 46 ○

債権は，①債権者が**権利を行使することができることを知った時**から5**年間**，または②**権利を行使することができる時**から10**年間**のどちらか早い時の経過によって時効消滅する（166条1項）。したがって，**管理費の支払債務**の①と②は，通常，**支払期日**で一致するので，その時効の起算日は，**支払期日が経過した時**である。なお，時効期間は5**年間**となる。

重要度 **B**

問 47 □□□

マンションの管理組合Ａが，管理費を滞納している区分所有者Ｂに対して，滞納管理費を請求する訴訟を提起し，勝訴した場合には，当該滞納管理費債権は，確定判決を得た時から10年間これを行使しないときは，時効によって消滅する。

5 共有等

重要度 **B**

問 48 □□□

甲建物を所有するＡが，同建物をＢに売却する旨のＡＢ間の契約を締結した。本件契約の締結後に，Ａが，Ｃに甲建物を売却する旨の契約を締結し，Ｃに移転登記がなされた場合に，Ｃが，Ａとの契約の締結時に本件契約があったことについて知っていたか，過失により知らなかったときには，Ｃは，甲建物の所有権の取得をＢに主張することはできない。

重要度 **B**

問 49 □□□

マンションの１住戸甲の区分所有者Ａの死亡により，法定相続人であるＢとＣが甲を相続分１／２ずつで共同相続した場合，Ｂが，Ｃに無断で甲を単独で所有する旨の登記をした上で，Ｄに売却し，移転登記を完了させたときでも，Ｃは，自らが相続した甲の持分について，登記がなくてもＤに対抗することができる。

重要度 **C**

問 50 □□□

甲マンションの住戸101号室をＡ，Ｂ，Ｃの３人が共有し，住戸101号室を所有者に無断でＤが占有している場合，101号室について，Ｄは，所有の意思をもって，善意で，平穏に，かつ，公然と占有をするものと推定される。

重要度 **C**

問 51 □□□

マンションの管理組合Ａとマンション管理業者Ｂとの間で管理委託契約が締結されていた状況の下で，Ｂが使用を許されていたＡ所有のパソコンが盗難に遭った場合，盗人が，本件パソコンを当該マンションの敷地内に放置していた場合において，Ａは，本件パソコンを平穏かつ公然および善意かつ無過失で拾得した者に対して，その返還を請求することができる。

[R3]

○

債権について**裁判上の請求**（訴訟の提起）があった場合，その訴訟が終了するまでは，**消滅時効の完成が猶予**され（147条1項1号），**確定判決により権利が確定したとき**は，その債権の**消滅時効は更新**される（同2項）。そして，**確定判決によって確定した権利**については，10年より短い時効期間の定めがあるものであっても，その時効期間は，**10年**となる（169条1項）。

[H26]

×

不動産に関する**物権変動**（所有権の取得等）は**登記**をしなければ，**第三者に対抗することができない**（177条）。本問のような二重譲渡の場合において，自分より先に契約をした者がいることについて悪意または善意有過失でも，先に登記をしてしまえば，先に契約をした者に対して所有権を主張することができる（大判M38. 10. 20）。

[H28]

○

共同相続人の1人が，不動産について勝手に単独名義で相続した旨の登記をし，これを第三者に売却して所有権の移転登記をした場合，他の相続人は，その第三者に対して，**自己の相続分を登記がなくても**対抗することができる（最判S38. 2.22）。他の相続人の相続分に関する限り，買主である第三者も**無権利者**だからである。

[R5]

○

占有者は，**所有の意思をもって**，**善意**で，**平穏**に，かつ，**公然と占有をするものと推定される**（186条1項）。占有権は，自己のためにする意思をもって物を所持することによって認められるので（180条），101号室を所有者に無断で占有しているDにも認められる。

[H23]

○

取引行為によって，**平穏**に，かつ，**公然**と**動産の占有**を始めた者は，**善意**であり，かつ，**過失**がないときは，**即時**にその動産について行使する権利を取得する（**即時取得**，192条）。しかし，「**拾得**」は**取引行為でない**ため，**即時取得**は成立しない。したがって，Aは拾得者に対して，所有権に基づき返還請求をすることができる。

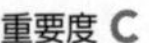

重要度 C

問 52
□□□

甲マンションと乙マンションの各敷地が隣接している場合，境界線上に設けられた障壁は，甲マンションの管理組合と乙マンションの管理組合の共有に属するものと推定される。

重要度 C

問 53
□□□

甲マンションと乙マンションの各敷地が隣接している場合，甲マンションの管理組合は，乙マンションの敷地の樹木（乙マンションの管理組合の所有）の枝が境界線を越えるときは，常にその枝を自ら切除することができる。

重要度 C

問 54
□□□

自家用車を駐車するため更地のまま土地を使用するために地上権を設定できる。

重要度 B

問 55
□□□

A，B，Cは，甲マンション内の一住戸を共同所有しており，その持分は，Aが１／２，BとCがそれぞれ１／４である。この場合において，A，B，Cは，それぞれ自己の持分の多寡とは関係なく，本件専有部分の全部について等しく使用することができる。

[H23]

〇

境界線上に設けた**境界標**，囲障，**障壁**，溝および堀は，相隣者の共有**に属する**ものと推定する（229条）。

[H23]

×

土地の所有者は，隣地の**竹木の枝**が境界線を越えるときは，その竹木の所有者に，その枝を切除させる**ことができる**（233条1項）。**自ら切除することはできない**。ただし，次の場合は，**自ら切除することができる**（同3項）。

① 竹木の所有者に**催告**したにもかかわらず，**相当な期間内に切除しない**とき。

② 竹木の所有者が**所在不明**のとき。

③ **急迫の事情**があるとき。

比較しよう! 隣地の**竹木の根**が境界線を越えるときは，その**根**を切り取ることができる（233条4項）。

[H15]

×

地上権は，土地上に工作物または竹木を**所有する目的**で設定することができる（265条）。自家用車を駐車するため更地のまま土地を使用するために地上権の設定はできない。

[H26]

×

各共有者は，**共有物の全部**について，その持分に応じた**使用**をすることができる（249条1項）。本問のA・B・Cの持分は異なるので「等しく」使用するのではなく，「持分に応じて」**使用**することができる。

ココも注意! 共有者の1人が，**他の共有者との協議に基づかずに共有物**（例えば，マンションの一住戸）**を占有**している場合でも，他の共有者は当然にはその**明渡しを請求することはできない**（最判S57.6.17）。

重要度 S★★★

A，BおよびCは，マンションの一住戸を共有しており，その持分は，Aが2／3，BとCがそれぞれ1／6である。この場合において，Aは，BとCの同意を得なくても，当該住戸について，単独で抵当権を設定できる。

重要度 A

あるマンションの専有部分である301号室をA，B，Cの3人が共有している場合，301号室の管理に関する事項は，A，B，Cの頭数および各持分の価格の各過半数をもって決する。

重要度 B

マンションの専有部分の各共有者は，その持分に応じ，当該専有部分の管理の費用を支払い，その他専有部分に関する負担を負う。

重要度 B

マンションの専有部分の共有者が，1年以内に専有部分に関する負担を負う義務を履行しないときは，他の共有者は，相当の償金を支払ってその者の持分を取得することができる。

重要度 S★★★

マンションの301号室をAとBが共有している場合，Aが死亡した場合に，Aに相続人がないときには，301号室のAの持分は国庫に帰属する。

重要度 S★★★

問 61

あるマンションの専有部分である301号室をA，B，Cの3人が共有している場合，A，B，Cは，一定期間内は分割をしない旨の契約がない限りは，いつでも301号室の分割を請求することができる。

[H29]

答 56 ×

共有のマンションに抵当権を設定することは，**共有物の変更**（**その**形状または効用の著しい変更**を伴わないものを除く**）にあたる。この場合，各共有者は，他の共有者の同意を得なければ，**共有物に変更を加えることができない**（251条１項）。したがって，Ａは，ＢとＣの同意を得なければ，当該住戸について，抵当権を設定できない。

[H19]

答 57 ×

共有物の管理に関する事項（共有物の**管理者の選任および解任を**含み，**共有物に著しい変更を加えるものを**除く）は，**各共有者の**持分の価格の過半数で決する（252条１項，251条１項，252条の２第１項）。したがって，「頭数」の過半数を満たす必要はない。

[H17]

答 58 ○

各共有者は，その持分**に応じ**，管理の**費用**を支払い，その他共有物に関する**負担**を負う（253条１項）。

ココも注意! 各共有者は，自己の持分の割合に応じてのみ，その損害賠償を請求することができる。**単独で，損害賠償の**全額の請求をすることはできない（最判Ｓ51．９．７）。

[H17]

答 59 ○

共有者が１**年以内**に共有物（本問では専有部分）に関する義務を履行しないときは，他の共有者は，相当の償金を支払って**その者の持分を取得**できる（253条２項）。

[H21]

答 60 ×

共有者の１人が，その**持分を放棄**したとき，または死亡して相続人がないときは，その持分は，他の共有者**に帰属**する（255条）。国庫に帰属するのではない。

[H19]

答 61 ○

各共有者は，いつでも**共有物の分割**を請求できる。ただし，５**年**を超えない期間内は**分割をしない旨の契約**をすることができる（256条１項）。

重要度 C

問 62 □□□

甲マンションの住戸101号室をA，B，Cの３人が共有している場合，101号室の区分所有権について，Aが分割を請求した場合，A，B，Cの協議が調わないときは，裁判上の現物分割はできずに競売による方法しか認められない。

6 抵当権・先取特権等

重要度 B

問 63 □□□

抵当権の目的となるのは不動産であって，地上権や永小作権が抵当権の目的となることはない。

重要度 B

問 64 □□□

Aが区分所有するマンションの専有部分について，Bのために抵当権が設定され，その旨の登記がなされた場合，Bが，抵当権の被担保債権であるAに対する債権をDに譲渡した場合において，Dは，Bの有していた抵当権を取得する。

重要度 A

問 65 □□□

土地に抵当権を設定した場合において，その土地の上に建物があるときに，その抵当権の効力は建物には及ばない。

重要度 C

問 66 □□□

甲土地を所有するAが，B銀行から融資を受けるに当たり，甲土地にBのために抵当権を設定した場合，抵当権の設定行為において別段の合意がない限り，被担保債権の利息は当該抵当権によって担保されない。ただし，甲土地には，Bの抵当権以外の担保権は設定されていないものとする。

[R5]

答 62 ×

共有物の分割について**共有者間に協議が調わないとき**には，その分割を**裁判所に請求**することができる（共有物分割訴訟，258条1項）。この場合，裁判所は，現物分割または価格賠償の方法によって，**共有物の分割を命ずる**ことができる（同2項）。また，これらの方法によって分割することができないとき，または分割によってその価格を著しく減少させるおそれがあるときは，裁判所は，その**競売を命ずる**ことができる（同3項）。したがって，共有物分割訴訟において「競売による方法」しか認められないわけではない。

[H15]

答 63 ×

不動産のほか，地上権および永小作権も，抵当権の目的とすることができる（369条2項）。

ココも注意! **不動産**賃借権は，たとえ登記がされていても，抵当権の目的とすることができない。

[H17]

答 64 ○

抵当権は特定の債権**を担保**するものであるから，その債権が譲渡された場合には，抵当権もこれに伴って移転する（随伴性）。

[H15]

答 65 ○

土地と**建物**は，別々の不動産であるから，土地に抵当権を設定しても，その土地の上の建物に，**抵当権の効力は**及ばない。

[R4]

答 66 ×

抵当権者は，**利息**その他の定期金を請求する権利を有するときは，原則として，その**満期となった**最後の２年分については**抵当権を行使できる**（375条1項）。本問はBの抵当権以外の担保権は設定されていないので，この制限は受けず，被担保債権の利息全額が**当該抵当権によって担保される**。

重要度 B

Aが区分所有するマンションの専有部分をBに賃貸している場合，Aが本件専有部分にCのために抵当権を設定した場合，CがBのAに対する賃料の支払い前に差押えをしなくても，Cの抵当権は，AのBに対する賃料支払請求権に対して行使することができる。

重要度 B

抵当権設定当時，土地およびその上に存する建物が同一の所有者に属する場合において，競売の結果，その土地と建物の所有権が別人に属することとなったときには，地上権を設定したものとみなされる。

重要度 B

Aが区分所有するマンションの専有部分をBに賃貸している場合，Aが本件専有部分にCのために抵当権を設定し，その登記の後にBが賃借をしたときは，その契約期間が３年以内のときは，Bの賃借権は，Cの抵当権に対抗することができる。

重要度 C

甲土地を所有するＡが，Ｂ銀行から融資を受けるに当たり，甲土地にＢのために抵当権を設定した場合，Ｂの抵当権は，Ａに対しては，被担保債権が存在していても，時効によって消滅する。

重要度 C

ＡＢ間の金銭消費貸借契約にかかる担保のために，債権者Ａに対して債務者Ｂが，自己所有の土地に抵当権を設定した場合においては，Ａの抵当権設定登記の抹消義務とＢの債務の弁済とは，同時履行の関係に立たない。

重要度 B

Aが区分所有するマンションの専有部分をBに賃貸している場合，AのBに対する賃料債権に基づく先取特権は，AB間で約定がある場合に限り，Bが本件専有部分に備え付けた動産についても行使することができる。

[H18]

×

抵当権は，目的物の売却，賃貸等によって**債務者が受ける金銭**に対しても，行使することができる（物上代位性）。この場合，抵当権者は，その払渡し前に**差押え**をしなければならない（304条，372条）。したがって，CがBのAに対する賃料の払渡し前に**差押え**をすれば，AのBに対する賃料支払請求権に対して抵当権を行使できる。

[H15]

○

土地および**その上に存する建物**が同一の所有者に属する場合に，その土地または建物に抵当権が設定され，その実行により所有者が異なることとなったときは，その建物について地上権が設定されたものとみなされる（388条）。これを法定地上権という。

[H18]

×

抵当権の設定登記後**の賃貸借**は，その期間の長短を問わず，たとえ対抗力を備えていても，抵当権者や買受人に**対抗できない**（395条参照）。したがって，その契約期間が３年以内でも，Bは賃借権をCに対抗できない。

[R4]

×

抵当権は，**債務者および抵当権設定者に対しては**，その担保する債権と同時でなければ，**時効によって消滅しない**（396条）。抵当権は，債権を担保する目的で存在する権利であるから，債権から離れて，単独で消滅時効によって消滅することはない。

[R1]

○

債務者は，被担保債務を**弁済**し，附従性により**抵当権が消滅した後**に，**抵当権設定登記の抹消**を要求することができる。そのため，**債務の弁済**と**抵当権設定登記の抹消義務**は，債務の弁済**が先履行**であり，同時履行の関係に立たない（最判S57.1.19）。

[H18]

×

先取特権は，法律の定めた債権を有する者が，債務者の一定の財産から優先弁済を受ける担保物権である（303条）。したがって，AB間の約定にかかわらず，Aは，不動産賃貸の先取特権をBが**専有部分に備え付けた動産**について行使できる（313条２項）。

重要度 A

Aが区分所有しているマンションの専有部分をBに賃貸している場合，Aの賃料についての先取特権は，Bが本件専有部分に備え付けた動産をDに売却して引き渡した後は，その動産について行使することができない。

重要度 C

区分所有者Aが，マンションの管理組合法人Bに対して管理費等を滞納している場合，Aの区分所有権に，Cからの借入れのために抵当権が設定され，すでに登記も具備されていたときでも，Bは，先取特権の登記がなくても，Cに優先して弁済を受けることができる。

重要度 B

Aが区分所有するマンションの専有部分をBに賃貸している場合，Bが賃借中に本件専有部分に必要な修繕をした場合，Bは，その必要費の償還を受けるまでは，Aに対し，留置権に基づいて本件専有部分の返還を拒むことができる。

重要度 C

ＡＢ間でマンションの１住戸甲につき売買契約が締結され，売主Aが買主Bへの登記を済ませたが，代金の支払いがなされていなかった場合において，Bへの引渡し前に甲が火災により焼失したときは，Aは，売買代金を確保するため，Bが取得する火災保険金請求権に対し，留置権に基づく物上代位をすることができる。

[H19]

○

先取特権は，その目的である**動産**が第三者に譲渡され，引き渡された後は，その**動産**について**行使することが**できない（333条）。第三者を保護するためである。

[H27]

×

管理組合法人は，管理費等の債権について，債務者の区分所有権および建物に備え付けた動産の上に**先取特権**を有する（区分所有法7条1項）。この**先取特権**は，優先権の順位および効力については，**一般の先取特権**（共益費用の先取特権）とみなされ（同2項），**一般の先取特権**は，不動産について登記をしなくても，特に担保を有しない一般の債権者に対抗することができる。しかし，登記をした第三者**には，対抗することができない**（民法336条）。したがって，Cがすでに抵当権設定登記を備えているので，BはCに対して先取特権を対抗することができない。

[H18]

○

留置権は，他人の物の占有者が，その物に関して生じた債権の弁済を受けるまで，その物を留置**しておける権利**である（295条1項）。Bが賃借中に専有部分に必要な修繕をした場合，Aに対して必要費**の償還請求**をすることができるが，その償還を受けるまでは，Aに対して留置権に基づいて**専有部分の**返還を拒むことができる。

[R1]

×

留置権は，あくまで物に関して生じた債権の弁済を受けるまで，その物を留置し，債務者に対して債務の履行を間接的に促す権利であり，原則として留置した物の**価値代替物**（競売代金等）には効力が及ばない。この価値代替物に効力を及ぼす担保物権の性質を物上代位性というが，留置権に物上代位性は認められない。

重要度 C

ＡＢ間における甲の賃貸借契約が終了し，賃借人Ｂが賃貸人Ａに対して造作買取請求権を行使した場合においては，Ｂは，その造作代金債権を保全するため，甲について留置権を主張することができる。

7 債務不履行

重要度 B

マンションの管理組合Aとマンション管理業者Bとの間で管理委託契約が締結されていた場合，Bが任意に管理委託契約に基づく債務の履行をしないときは，Aは，その履行の強制を裁判所に請求することができる。

重要度 A

AとBとの間で，Aの所有する建物について売買契約が締結された場合，Aによる建物の引渡しが履行期になされないときは，Bは，売買契約の解除をしたときでも，損害賠償の請求をすることができる。

重要度 A

履行不能があった場合に，債権者は，債務者に対して損害賠償請求をすることも，契約の解除をすることもできる。

重要度 S★★★

当事者の一方がその債務を履行期に履行しない場合において，相手方は，履行の催告をすることなしに直ちに契約の解除をすることができる。

[R1]

×

造作買取請求権（借地借家法33条）は，建物に付加した造作に関して生じた債権であって，**建物**に関して生じた債権ではない。したがって，造作買取請求権を被担保債権として**建物**に関する留置権は認められない（最判 S 29.1.14)）。

[H21]

○

債務者が**任意に債務の履行をしない**ときは，債権者は，民事執行法等の強制執行の手続に関する法令の規定に従い，**直接強制・代替執行・間接強制等**の方法による履行の強制を裁判所に請求することができる（414条1項)。

[H16]

○

債権者が，**履行遅滞**を理由に契約を解除した場合でも，損害があれば，損害賠償**を請求**することができる（545条4項)。

[H13]

○

履行不能があった場合において，債権者は，債務者に対して損害賠償請求をすることもできるし，**催告せず**直ちに**契約の解除**をすることもできる（415条1項，542条1項1号)。

[H19]

×

履行遅滞があった場合において，相手方が相当の期間を定めてその**履行の**催告をし，その期間内に履行がないときは，相手方は，契約の解除をすることができる（541条)。履行遅滞の場合，問80の「**履行不能**」と異なり，原則として，催告**が必要**である。

⚠ココも注意! 債務不履行（履行不能・履行遅滞）を理由に**契約の解除**をするにあたり，債務者の責めに帰する事由（帰責事由）**は不要**である。

重要度 S★★★

問 82

□□□

区分所有者が管理費を支払うべき期日に支払わなかった場合，規約に遅延損害金に関する定めがなくても，当該区分所有者に対し，遅滞の責任を負った最初の時点の法定利率による遅延損害金を請求することができる。

重要度 A

□□□

マンションの管理組合Aとマンション管理業者Bとの間で管理委託契約が締結されていた場合，AがBに支払うべき委託業務費について履行遅滞が生じたときは，BがAに対して損害賠償を請求するときにおいて，Bは，損害の証明をすることを要しない。

重要度 S★★★

□□□

管理費を滞納している区分所有者が，不可抗力により，管理費を支払うことができないときは，債務不履行に係る遅延損害金の賠償については，不可抗力をもって抗弁とすることができる。

重要度 A

□□□

損害賠償額が予定されている場合において，債務不履行の事実があったときは，債権者は，原則として，損害の発生および損害額を証明することなく，予定された賠償額を請求することができる。

[H26]

答 82 ○

管理費に関する遅延損害金は，**金銭の給付を目的とする債務**（金銭債務）の不履行についての損害賠償の性質を有する。金銭債務の不履行については，当事者間に定めがなくても，債務者が遅滞の責任を負った最初の時点の法定利率（**3%**：変動あり）により損害賠償請求をすることができる（419条1項，404条1項・2項）。

ココも注意！ ただし，**約定利率**（契約で定めた利率）が**法定利率**を超えているときは，約定利率による（419条1項ただし書）。

[H21]

答 83 ○

AがBに支払うべき委託業務費は，**金銭の給付を目的とする債務**（金銭債務）である。そして，金銭債務不履行の場合の損害賠償については，債権者は，損害の証明をすることを要しない（419条2項）。

[R4]

答 84 ×

金銭債務の債務不履行による**遅延損害金の賠償**については，債務者は，不可抗力**をもって抗弁とすることができない**（419条3項）。したがって，管理費を滞納している区分所有者が，不可抗力により，管理費を支払うことができないときでも，遅延損害金の賠償責任を負わなければならない。

[H30]

答 85 ○

当事者は，**債務不履行**について，損害賠償額**を予定**しておくことができる（420条1項）。そして，その場合，債権者は，**債務不履行の事実**さえ証明すれば，損害の発生および損害額を証明することなく，予定された**賠償額を請求**することができる（大判T11. 7.26）。

重要度 B

マンションの管理組合法人Aは，区分所有者Bに対して有する200万円の管理費債権を保全するため，Bの債務者Cに対する500万円の金銭債権を代位行使した場合，Aが代位権を行使をすることができる債権額は500万円であり，Bに対する債権額である200万円に制限されない。

重要度 B

マンションの管理組合法人Aは，区分所有者Bに対して有する200万円の管理費債権を保全するため，Bの債務者Cに対する500万円の金銭債権を代位行使した場合，Aは，Cに対して，A自身への直接の支払を求めることができる。

8 多数当事者の債権債務関係等

重要度 B

専有部分を２名の区分所有者が各２分の１の持分で共有しているときには，管理組合は，そのいずれか一方の区分所有者に対して滞納管理費の全額を請求することができる。

重要度 C

AのBに対する金銭債務について，Cが連帯債務者となった場合に，Cは，Bに対して自己の負担部分についてのみ弁済の責任を負う。

[R3]

×

債権者は，**自己の債権を保全**するため必要があるときは，**債務者に属する権利**（**被代位権利**）を行使することができる（債権者代位権，423条１項）。債権者は，**被代位権利**を行使する場合，**被代位権利**の目的が可分であるときは，自己の債権の額の限度においてのみ，**被代位権利を行使することができる**（423条の２）。したがって，Ａが代位権を行使できる債権額は，自己の債権額である「200万円」に制限される。

[R3]

○

債権者は，**被代位権利**を行使する場合において，**被代位権利**が**金銭の支払**または動産の引渡しを目的とするものであるときは，相手方に対し，その**支払**または引渡しを自己**に対してすることを求めることができる**（423条の３）。したがって，Ａは，Ｃに対して，Ａ自身への直接の支払を求めることができる。

[R3]

○

専有部分を共有する者が負う管理費の支払債務は，専有部分という不可分の物を所有することによって発生する債務なので，不可分債務である（民法430条，東京高裁Ｈ20.5.28）。不可分債務については，債権者は債務者の１人に対して，**その全額の請求をすることができる**（428条，436条）。

⚠ココも注意！ 複数人で**共有する１つの専有部分を賃貸する場合**における当該**専有部分の引渡債務**も不可分債務である。

[H24]

×

数人が**連帯債務**を負担するときは，**債権者**は，その**連帯債務者の１人**に対し，または同時にもしくは順次にすべての連帯債務者に対し，全部または一部の**履行を請求**することができる（436条）。負担部分を定めていても，**債権者**に対しては，**各連帯債務者**の１人１人が全額弁済する責任を負う。

重要度 C

問 90 □□□

AとBが，連帯債務者としてCから5,000万円の融資を受け，甲マンションの一住戸を購入した場合，Cが，Aに対し5,000万円の弁済を請求したときは，これにより，Bも5,000万円の弁済の請求を受けたことになる。

重要度 B

問 91 □□□

A，B，Cが，マンションの一住戸甲を共同して購入するための資金として，Dから900万円を借り受け，Dとの間で，各自が連帯してその債務を負う旨の合意をした場合（A，B，Cの間の負担部分は等しい），Cが，Dに対して有する600万円の代金債権との相殺を援用しないときは，Dから900万円の支払請求を受けたAは，CがDに対して当該債権を有することを理由に600万円についてDの支払請求を拒むことができる。

重要度 S★★★

問 92 □□□

管理組合法人Aと施工会社Bとのマンションの外壁補修工事請負契約において，AのBに対する請負代金債務について，Aの理事が当該債務を保証する旨の契約をBとの間で締結する場合に，その契約は，口頭の合意によっても成立する。

重要度 S★★★

問 93 □□□

保証債務は，主たる債務者と保証人との間で，主たる債務者が債務の履行ができない場合に，保証人がこれに代わって履行をすることを約することによって生じる。

重要度 B

問 94 □□□

保証債務の範囲には，主たる債務に関する利息，違約金，損害賠償を包含しない。

[H29]

答 90 ×

連帯債務者の1人に対する履行の請求は，**他の連帯債務者に対して，その効力を生じない**（相対的効力，441条）。したがって，Cが，Aに対して5,000万円の弁済を請求した場合，これにより，Bも5,000万円の弁済の請求を受けたことにならない。

[R3]

答 91 ×

連帯債務者の1人が債権者に対して債権を有する場合において，その連帯債務者が**相殺を援用しない間**は，その連帯債務者の負担部分の限度において，他の連帯債務者は，債権者に対して**債務の履行を**拒むことができる（439条2項）。したがって，Cが相殺を援用しない場合，Aは，Cの負担部分である「300万円」についてDの支払請求を拒むことができる。

[R5]

答 92 ×

保証契約は，書面か，その内容を記録した電磁的記録でしなければ，その効力を生じない（446条2項・3項）。

[H16]

答 93 ×

保証債務は，債権者と**保証人**との間で保証契約を締結することによって生じる。主たる債務者と保証人との間ではない。

[H16]

答 94 ×

保証債務の範囲には，主たる債務に関する利息，違約金，損害賠償を包含する（447条1項）。

ココも注意! 保証人は，**保証債務**についてのみ，違約金や損害賠償の額を約定することができる（447条2項）。

第1章 民法

重要度 C

問 95

ＢＣ間で特定物の売買を内容とする契約が締結され，売主Ｃの目的物引渡債務についてＡが保証人となった場合において，Ａは，Ｃの債務不履行により契約が解除されたときの代金返還債務については，特に保証する旨の意思表示のない限り，責任を負わない。

重要度 S★★★

AのBに対する金銭債務について，Cが連帯保証人となった場合に，Cは，Bからの請求に対して催告および検索の抗弁権を行使することができる。

重要度 C

マンションの管理組合Ａは，Ｂ会社との間で，Ｂが，当該マンションの屋上に広告塔を設置して使用し，その対価として毎月５万円の賃料をＡに支払う旨の契約を締結した。この場合において，本件賃料を第三者Ｃが支払う旨の契約は，ＡとＣの間のみで締結することはできず，Ａ・Ｂ・Ｃの三者間において締結されなければならない。

9 債権譲渡・債権の消滅

重要度 A

管理組合法人Ａと施工会社Ｂとのマンションの外壁補修工事請負契約において，ＢのＡに対する請負代金債権について，ＡＢ間においてその譲渡を禁止する旨の特約があった場合に，ＢがＡの承諾を得ないで行った当該債権の第三者に対する譲渡は無効である。

重要度 B

マンションの管理組合Aは，管理費等の滞納組合員が，Aに対して金銭債権（不法行為を理由とする以外の債権）を有しているときは，滞納額と同債権にかかる債権額とを対当額にて相殺することができる。

[R1]

答95 ×

特定物の売買契約における**売主のための保証人**は，特に反対の意思表示のないかぎり，売主の債務不履行により契約が解除された場合における原状回復義務についても，**保証の責任を負う**（最判Ｓ40.6.30）。したがって，Ａは，特に保証する旨の意思表示がなくても，Ｃの代金返還債務について責任を負う。

[H24]

答96 ×

連帯保証人は，催告および検索**の抗弁権を有しない**（454条）。

[H26]

答97 ×

賃借人Ｂの賃料を第三者Ｃが支払う旨の契約とは，Ｃが，Ｂの債務を**免責的**（Ｂは債務を免れる）に引き受けるということであり，このような契約を**免責的債務引受**という（472条１項）。この**免責的債務引受**は，本問でいえば債権者Ａ・債務者Ｂ・引受人Ｃの三者による契約で行われるほか，債権者Ａと引受人Ｃの契約によっても行うことができるが，この場合，債権者Ａが債務者Ｂに対してその契約をした旨を**通知**した時に，その効力を生ずる（同２項）。

[R5]

答98 ×

債権は，原則として，債務者の承諾を得ないで，**自由に譲り渡す**ことができる（債権譲渡，466条１項）。**債権譲渡を禁止・制限する特約**（**譲渡制限特約**）がある場合でも，**債権譲渡**は，有効である（同２項）。

ココも注意! ただし，譲受人がその特約について**知っていたか**（**悪意**），または，**重大な過失によって知らなかった**（**善意重過失**）ときは，債務者は，**譲受人からの**債務の履行**を拒む**ことができる（466条3項）。

[H23]

答99 ○

２人が互いに**同種の目的**を有する債務を負担する場合，双方の債務が弁済期にあるときは，各債務者は，その対当額について**相殺**によってその債務を免れることができる（505条１項）。

重要度 C

マンションの区分所有者Aが，その専有部分をBに賃貸している場合に，第三者であるCがBの賃料を支払うことについて，Bが反対の意思を表示したときは，たとえCが弁済について正当な利益を有していても，原則として，Cは，Bに代わって賃料を支払うことはできない。

重要度 C

マンションの区分所有者Aが，その専有部分をBに賃貸している場合に，Bの賃料の支払いをAが受け取らない場合，Bは，当該賃料を供託すれば，当該賃料債務を免れることができる。

10 契約等

重要度 B

売買および請負が，有償・双務契約であるのに対し，贈与および使用貸借は，無償・片務契約である。

重要度 A

一定の役務の提供に対して報酬が与えられることが約された契約において，役務の提供を受ける権利を有する者は，当事者双方の責めに帰すことができない事由によって役務の提供ができなくなったときでも，報酬の支払いを拒むことはできない。

[H27]

×

債務の弁済は，**第三者**もすることができる（474条１項）。ただし，弁済について**正当な利益を**有しない**第三者**は，**債務者の意思に反して**弁済をすることができない（同２項）。本問でいえば，正当な利益を有する第三者Cは，債務者Bの意思に反しても，Bに代わって賃料を支払うことができる。

ココも注意! ただし，**債務者の意思に反することを債権者が**知らなかったときは，**正当な利益を**有しない**第三者**でも弁済することができる（同２項ただし書）。

[H27]

○

弁済者は，①弁済の提供をしたが，債権者がその**受領を拒んだ**場合（本問），または②債権者が**弁済を受領することができない**場合には，債権者のために弁済の目的物を供託することができ，弁済者が供託をした時に，その債権は，**消滅**する（494条１項）。

[H18]

○

売買契約と**請負契約**は，諾成（当事者の合意だけで成立する）・有償（契約内容に対価の支払い等がある）・双務（契約の当事者がそれぞれ対価的な義務を負う）契約である（555条，632条）。また，**贈与契約**は，諾成・無償（契約内容に対価の支払い等がない）・片務（契約の当事者の一方だけが義務を負う）契約であり（549条），**使用貸借契約**は，諾成・無償・片務契約である（593条）。

[H19]

×

当事者双方の責めに帰すことができない事由によって債務が履行不能となったときは，原則として，債権者は，**反対給付の履行を拒むことができる**（危険負担の債務者主義，536条１項）。本問でいえば，当事者双方の責めに帰すことができない事由によって役務の提供（債務の履行）ができなくなったのであるから，役務の提供を受ける権利を有する者は，反対給付である報酬の支払いを拒むことができる。

重要度 **B**

問 104
□□□

マンションの管理組合Aとマンション管理業者であるBとの間で管理委託契約が締結された場合，Bが，Aの責めに帰すべき事由によって委託業務にかかる債務を履行することができなくなったときには，Bは，Aに対して，委託業務費の支払いを請求することができる。

重要度 **S★★★**

問 105
□□□

解除の意思表示は，撤回することができない。

重要度 **B**

□□□

債務者が数人ある場合に，債権者が契約の解除をするときには，債務者の全員に対してしなければならない。

重要度 **B**

□□□

マンションの専有部分甲について区分所有権を有するAが，甲をBに売り，BがそれをCに転売してCがそこに居住している場合に，その後，AがBの代金不払いを理由に売買契約を解除したときには，Aは，Cに対して，Cが甲の移転登記を得ているか否かにかかわらず，甲の明渡しを請求することができる。

重要度 **C**

□□□

マンションの管理組合Aとマンション管理業者Bとの間の管理委託契約が，Aの責めに帰する事由がなく，Bの債務不履行を理由として解除された場合，AB間の管理委託契約の解除により，Bが，Aに対して，受領した金銭を返還する義務を負う場合は，Bは受領した金額を返還すればよく，利息を付す必要はない。

[H22]

答 104 ○ 債権者**の責めに帰すべき事由**によって債務を履行できなくなったときは，債権者は，**反対給付の履行を拒むことができない**（536条２項）。したがって，Aは反対給付である委託業務費の支払いを拒むことができず，Bは，Aに対して委託業務費の支払いを請求することができる。

[H20]

答 105 ○ 一度した**解除の意思表示**は，相手方の地位を不安定にするので，撤回することはできない（540条２項）。

ココも注意! **解除権の行使**は，相手方に対する一方的な意思表示によって成立する（540条１項）。解除される相手方の承諾**は不要**である。

[H20]

答 106 ○ 当事者の一方が**数人**ある場合には，契約の解除の意思表示は，その全員からまたはその全員に対してのみ，することができる（544条１項）。

[H25]

答 107 × 当事者の一方がその解除権を行使したときは，各当事者は，その相手方を原状に復させる義務を負うが，第三者の権利を害することはできない（545条１項）。ただし，Cのようないわゆる**解除前の第三者**は，善意・悪意を問わず保護されるが，登記を具備していることが必要である（最判Ｓ33．６．14）。

[R2]

答 108 × 当事者の一方がその**解除権を行使**した場合，**金銭を返還**するときは，その受領の時**から利息**を付さなければならない（545条２項）。

11 売買契約

重要度 A

AとBの間で，Aが区分所有する中古マンションについて売買契約を締結する場合，AB間の売買契約が有効に成立するためには，AからBへの所有権の移転登記が必要である。

重要度 C

ＡＢ間で，Ａの所有するマンションの１住戸甲をＢに売却する契約が締結され，ＡＢ間の協議により，ＢはＡに解約手付としての手付金を交付した。また，本件契約において，Ａは，契約締結の日から１ヵ月後に代金と引換えに甲を引き渡すことが約定されていた。契約締結の日から１ヵ月後に，Ａが甲の引渡しの準備をしていなかった場合でも，Ｂが代金の支払いの準備を整えていたときは，ＡとＢはいずれも，解約手付による解除権を行使することができない。

重要度 S★★★

ともに宅地建物取引業者でない売主Ａと買主Ｂがマンションの売買契約を締結した場合において，ＡＢ間の売買契約の目的物であるマンションに契約内容に適合しない瑕疵があり，Ｂがこれを知らずに購入し，そのために契約をした目的を達することができない場合に，Ｂが売買契約を解除したときは，ＢはＡに損害賠償の請求をすることができなくなる。

重要度 S★★★

売主Aと買主Bがともに宅地建物取引業者でない中古マンションの売買契約において，AB間で，Aが担保責任を負わない旨の特約をした場合，Aが知りながら告げなかった事実についても担保責任を負うことはない。

[H14]

×

売買契約は，**諾成契約**であるから，当事者の意思表示が合致するだけで，**契約が成立**する（555条）。登記は，あくまでも，第三者に対する対抗要件にすぎない。

[H30]

×

解約手付が交付された場合，**相手方が**契約の履行に着手**するまでは**，買主はその**手付を**放棄し，売主はその倍額**を現実に提供**して，契約の解除をすることができる（557条1項）。したがって，売主Aが契約の履行に着手**していない**場合（本問ではAは引渡しの準備をしていない），買主Bは，**手付の**放棄による解除権を行使することができる。

[H26]

×

引き渡された目的物が種類，品質または数量に関して**契約の内容に適合しないもの**（**契約不適合**）であるときは，買主は，売主に対し，履行の追完請求や代金減額請求をすることができる（562条1項，563条1項）。また，併せて**損害賠償請求**（415条）や契約の解除（541条，542条）もすることができる（564条）。したがって，契約を解除した場合であっても，損害があるのであれば，買主は売主に対して損害賠償請求をすることができる。

[H18]

×

売買契約における**担保責任**は任意規定とされており，売主が担保責任を負わない旨の特約をすることができる。この場合でも，**売主が**知りながら**買主に**告げなかった事実については，担保責任を免れることはできない（572条）。

重要度 S★★★

問 113 □□□

売主Aが，自己所有のマンションについて買主Bと売買契約を締結した場合において，AB間において，Aが負うべき担保責任について，何らの取り決めをしなかった場合には，Aは担保責任を負わない。なお，AとBは，ともに宅地建物取引業者ではない。

重要度 S★★★

問 114 □□□

Aが，Bからあるマンションの301号室を買ったところ，その専有部分の品質に関して契約内容に適合しない瑕疵があったときは，別段の特約がない限り，Aが本件不適合の事実を知った時から１年以内にその旨をＢに通知しない場合には，Ｂは，担保責任を免れる。

重要度 A

□□□

売主の担保責任に基づく責任追及権は，買主が契約不適合を知らないまま目的物の引渡しを受けた場合，引渡しの日から10年の経過により時効により消滅する。

12 その他の契約

重要度 C

□□□

マンションの専有部分甲を所有するＡが，Ａの友人であるＢに甲を贈与する場合，ＡがＢに，書面によらないで甲を贈与した場合，Ｂへの所有権移転登記が完了すれば，その贈与は，撤回することができない。

[H17]

×

売買契約における**担保責任**は任意規定とされており，当事者が民法の規定とは異なる特約をした場合には，その特約が優先するが，当事者が**特約をしなかった場合**には，民法の規定**が適用**される。したがって，Aが負うべき担保責任について，何らの取り決めをしなかった場合には，Aは，民法上の売主の担保責任を負わなければならない。

[H20]

○

売主が種類または品質に関して契約の内容に適合しない目的物を買主に引き渡した場合に，買主がその**不適合を**知った時**から**1**年以内**にその旨を売主に通知しないときは，原則として，買主は，その不適合を理由として，**担保責任**（**履行の追完の請求・代金減額請求・損害賠償請求・契約の解除**）を追及することができない（566条）。

[H21]

○

売主の担保責任に基づく**責任追及権**は，買主が契約不適合を**知らないまま目的物の**引渡しを受けた場合，**目的物の**引渡しの日**から**10**年**が経過すれば，**時効により消滅**する（最判H13. 11. 27，166条1項2号）。

⚠ ココも注意！ 売主の担保責任に基づく責任追求権は，買主が不適合を知ってから1年以内に**通知**した場合，**通知の時から**5**年**の経過か，または**引渡しの時から**10**年**の経過すれば，**時効により消滅する**（166条1項）。

[H27]

○

贈与は，**贈与者**がある財産を無償で**受贈者**に与える契約である（549条）。当事者の合意により成立するが，**書面によらない贈与**は，履行の終わった部分**を除いて**，各当事者が**解除**することができる（550条）。そして，不動産についての贈与は，所有権移転登記が完了すれば，「履行が終わった」といえるため，その解除をすることはできない。

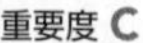

金銭消費貸借契約において金銭の返還の時期を定めなかったときは，貸主は，相当の期間を定めて返還の催告をすることができる。

重要度 B

マンション管理組合Aとマンション管理業者Bとの間で管理委託契約が締結されたが，同契約において，Bに管理事務を行わせるためAに帰属する管理事務室を無償で使用させる旨が定められている場合，本件契約に別段の定めがない限り，本件管理事務室の通常の必要費については，Aが負担する。

重要度 B

使用貸借契約において借主が死亡したときは，その目的物を使用する権利が，借主の相続人に承継される。

重要度 A

AがBから建物を賃借している場合，Bが賃貸建物の保存に必要な行為をしようとするときに，Aは，これを拒むことができる。

重要度 A

マンションの専有部分を所有するAが，当該専有部分をBに賃貸した場合，Bが当該専有部分について支出した費用のうち，Aは，必要費については直ちにBに償還する義務を負うが，有益費については賃貸借終了時に償還すればよい。

重要度 B

甲マンションにおいて，Aが区分所有する居住用の専有部分をBに賃貸する契約を締結する場合，ＡＢ間で賃貸借契約を締結し，Bが入居した後にAが当該専有部分を第三者であるＣに譲渡する場合は，Bの同意を得なければ，賃貸人の地位はＣに移転しない。

[H21]

答 117 ○

消費貸借契約において，当事者が返還の時期を定めなかったときは，貸主は，相当の期間**を定めて返還の催告**ができる（591条１項）。

[H23]

答 118 ×

使用貸借契約においては別段の定めがない限り，借主は，借用物の**通常の**必要費を負担する（595条１項）。したがって，Bが負担する。

[H21]

答 119 ×

使用貸借は，借主**の死亡**によって終了する（597条３項）。相続人には承継されない。

[H15]

答 120 ×

賃貸人が賃貸物の保存**に必要な行為**（修繕等）をしようとするときは，賃借人は，これを拒むことができない（606条２項）。

[H23]

答 121 ○

賃借人は，賃借物について賃貸人の負担に属する**必要費**を支出したときは，賃貸人に対し，直ちにその償還を請求できる(608条１項)。これに対して**有益費**を支出したときは，賃貸人は，賃貸借の終了の時に，その償還をしなければならない（同２項)。

[H28]

答 122 ×

建物の賃貸借において，借地借家法の規定による**賃貸借の対抗要件**（引渡し＝本問ではBの入居）を備えた場合，その建物の譲渡人が賃貸人であるときは，その賃貸人たる地位は，賃借人の承諾**を要しないで，譲受人に移転する**。なお，対抗要件を備えた賃貸不動産が譲渡された場合には，譲渡人と譲受人との賃貸人たる地位の移転の合意も不要である（605条の２第１項）。

重要度 A

問 123

Aは，Bが区分所有している専有部分を賃借していたが，Bに無断で本件専有部分をCに転貸した。この場合，AC間の転貸借契約は，Bの承諾がない場合でも有効であり，Aは，Cに対して，賃料の支払いを請求することができる。

重要度 A

区分所有者Aが，自己所有のマンションの専有部分をBに賃貸する場合，Bが，Aの承諾を得ないで当該専有部分をCに転貸しようとする契約を締結したときは，まだCが専有部分を使用していない場合でも，Aは，Bとの賃貸借契約を解除することができる。

重要度 B

Ａが所有するマンションの専有部分甲を賃借するＢが，Ａの承諾を得ないで第三者であるＣに賃借権を譲渡した場合，それがＡに対する背信行為と認めるに足りない特段の事情があるときでも，Ａは，Ｂとの間の賃貸借契約を解除することができる。

重要度 C

ＡとＢとの間で，Ａが所有するマンションの１住戸甲についての賃貸借契約が締結され，ＡはＢに甲を引き渡した。Ｂが，Ａの承諾を得て，甲をＣに転貸した場合，Ｂの債務不履行を理由としてＡが賃貸借契約を解除したときは，Ｃの転借権も消滅する。

重要度 C

Ａが所有するマンションの専有部分甲を賃借するＢが，Ａの承諾を得て第三者であるＣに転貸した場合，ＡＢ間の賃貸借契約がＢの賃料不払いにより解除されたときは，Ａは，Ｃに催告をして弁済の機会を与えていなければ，賃貸借の終了をＣに対抗することができない。

[H19]

○

賃借人は，**賃貸人の**承諾を得なければ，その賃借権を譲り渡し，または**賃借物を転貸**することができない（612条１項）。もっとも，無断転貸であっても，賃借権の譲渡・転貸借自体は，当然に無効となるわけではなく，**当事者間では**有効である。したがって，Aは，Cに対して賃料の支払いを請求することができる。

[H24]

×

賃借人が，**賃貸人の承諾なく**第三者に賃借権を譲り渡し，または**賃借物を転貸**し，第三者に賃借物の使用または収益をさせたときは，賃貸人は，**契約の解除**をすることができる（612条２項）。単に無断で転貸借契約をしただけでは足りず，Cが専有部分の使用を開始していることが必要である。

[H27]

×

賃借人が，**賃貸人の承諾なく**第三者に賃借物の使用収益をさせた場合でも，その行為が賃貸人に対する背信行為**と認めるに足りない特段の事情のある**ときは，賃貸人は**契約を解除**することができない（最判S28. 9.25）。

[H30]

○

賃貸人の承諾を得て，**適法に転貸借が成立**している場合でも，**賃借人**の債務不履行により賃貸借契約が**解除**され終了したときは，賃貸人は，賃借人との間の賃貸借を**解除**したことをもって**転借人**に**対抗することができる**（613条３項ただし書）。つまり，転借権も消滅した扱いになる。

[H27]

×

賃貸人の承諾を得て，**適法に転貸借が成立**している場合でも，賃貸人が，賃借人の賃料不払い等の債務不履行により賃貸借契約を**解除**するときは，転借人に催告をして，**弁済の機会**を与える必要はない（最判S37. 3.29）。

重要度 C

問 128

区分所有者Aが，自己所有のマンションの専有部分をBに賃貸した場合，Bが賃料を支払わなければならない時期は，特約をしなければ，当月分について前月末日である。

重要度 B

問 129

区分所有者Aが，自己の所有するマンションの専有部分をBに期間を定めて賃貸する契約において，ＡＢ間で合意した「Bは，賃貸借の契約期間中，中途解約できる」旨の特約は，無効である。

重要度 C

問 130

ＡＢ間の建物の賃貸借契約が期間の満了により終了する場合において，それに伴う賃貸人Aの敷金返還債務と賃借人Bの建物明渡債務とは，特別の約定のない限り，同時履行の関係に立たない。

重要度 C

問 131

AとBとの間で，Aが所有するマンションの１住戸甲についての賃貸借契約が締結され，AはBに甲を引き渡した。Bが，Aの承諾を得て，甲の賃借権をCに譲渡した場合，BがAに交付した敷金に関する権利義務関係は，当然にCに承継される。

重要度 B

問 132

管理組合法人Aは，建設会社Bとの間でマンションの共用部分である１階部分の廊下の修繕工事を内容とする請負契約を締結した。本件工事に契約の内容に適合しない瑕疵があるときは，Aは，Bに対し，その瑕疵について，契約の解除または損害賠償の請求をすることはできるが，修補を請求することはできない。

[R2]

賃料は，動産・建物・宅地については，原則として，毎月末（末日，【例】12月分は12月31日）に，宅地以外の土地については毎年末に，支払わなければならない（614条）。

[R3]

当事者が賃貸借の期間を定めた場合であっても，その一方または双方がその期間内に解約をする権利を留保（特約）したときは，賃貸借契約を解約することができる（618条）。したがって，本問の特約は有効である。

[R1]

建物の賃貸人は，敷金を受け取っている場合，賃貸借が終了し，かつ，建物の返還を受けたときは，賃借人に対し，その受け取った敷金の額から賃貸借に基づいて生じた賃借人の賃貸人に対する金銭の給付を目的とする債務の額を控除した残額を返還しなければならない（622条の２第１項１号）。したがって，建物の賃貸借終了に伴う賃借人の建物明渡債務と賃貸人の敷金返還債務とは，建物明渡債務が先履行であり，特別の約定のない限り同時履行の関係に立たない（最判Ｓ48.2.2）。

[H30]

賃貸人の承諾を得て，適法に賃借権が譲渡された場合，賃借人が賃貸人に交付した敷金に関する権利義務関係は，特段の事情がない限り，賃借権の譲受人に承継されない（622条の２第１項２号，最判Ｓ53.12.22）。

比較しよう！ 賃貸人が建物を譲渡し，賃貸人の地位が移転した場合，敷金返還債務は，旧賃貸人に対する未払賃料等を控除した残額について，譲受人（新賃貸人）に承継される（605条の２第４項，最判Ｓ44．7．17）。

[H25]

請負人が種類または品質に関して契約の内容に適合しない仕事の目的物を注文者に引き渡したときは，注文者は，原則として①履行の追完請求，②報酬の減額の請求，③損害賠償の請求，④契約の解除をすることができる（559条，562～564条）。①履行の追完請求として，修補を請求することもできる。

重要度 C

マンションの区分所有者Aは，リフォーム会社Bとの間で，住戸内の浴室をリフォームする内容の請負契約を締結した場合，Bの施工ミスにより浴室から水漏れが生じていても，修補が可能な場合には，AはBに対して，直ちに代金減額請求をすることはできない。

重要度 A

請負人は，仕事の目的物の引渡しと同時に報酬の支払いを請求することができるが，受任者は報酬を受けるべき場合には，委任事務を履行した後に報酬を請求することができる。

重要度 S★★★

請負契約において請負人が仕事を完成しない間は，注文者は，いつでも損害を賠償して契約の解除をすることができる。

重要度 S★★★

注文者が破産手続開始の決定を受けたときは，破産管財人は契約を解除することができるが，請負人は契約を解除することができない。

重要度 C

委任とは，当事者の一方が相手方のために法律行為をすることを約し，相手方がこれに対してその報酬を支払うことを約することによって，その効力を生ずる契約である。

[R2]

○

請負人の契約不適合責任として**代金（報酬）の減額を請求**する場合，原則として，注文者は，請負人に対し，相当の期間を定めて履行の追完**の催告**をし，その期間内に履行の追完**がない**場合には，その不適合の程度に応じて**代金の減額を請求**することができる（559条，563条1項）。つまり，追完（修補）が可能な場合には，請負人に対し修補請求をしなければならず，直ちに代金減額請求をすることはできない。

[H24]

○

請負契約では，報酬は，仕事の**目的物の**引渡しと同時に，支払わなければならない（633条）。

委任契約では，受任者は，報酬を受ける**特約**がある場合には，**委任事務を**履行した後でなければ，報酬を請求することができない（648条2項）。

[H21]

答 135

○

請負人が仕事を完成しない間は，注文者は，いつでも**損害を賠償**して契約の**解除**をすることができる（641条）。

[H15]

×

注文者が**破産手続開始の決定**を受けたときは，請負人または破産管財人は，契約の**解除**をすることができる（642条1項）。

ただし，**請負人**による契約の**解除**については，**仕事を完成した後**は，**することができない**（同1項ただし書）。

[H30]

答 137

×

委任は，**当事者の一方（委任者）**が法律行為をすることを**相手方（受任者）**に委託し，**相手方がこれを**承諾することによって，その効力を生ずる（643条）。したがって，「報酬を支払うことを約すること」は，委任が成立する要件ではない。

重要度 A

問 138

□□□

委任契約は，契約当事者間の信頼関係を基礎としているから，受任者は，原則として，自ら事務の処理をしなければならない。

重要度 S★★★

問 139

□□□

マンション管理業者は，管理委託契約に特約をした場合にのみ善管注意義務を負う。

重要度 S★★★

□□□

マンション管理業者Aが，Aの顧問弁護士Bとの間で委任契約を締結した場合において，Bは，Aの請求があるときでも，遅滞なく委任事務の処理の状況を報告する必要はなく，委任が終了した後に，遅滞なくその経過および結果を報告しなければならない。

重要度 A

□□□

受任者は，特約がなければ，委任者に対して報酬を請求することができない。

重要度 C

□□□

受任者が報酬を受けるべき場合，履行の中途で委任が終了したときには，受任者は，委任者に対し，既にした履行の割合に応じた報酬についても請求することはできない。

重要度 S★★★

□□□

委任契約においては，受任者の請求があれば，委任者は，いつでも事務の処理に要する費用を前払いしなければならない。

[H16]

○

原則として，受任者は，自分の代わりに**第三者**に事務処理を行わせることは**できない**。例外として，受任者は，①**委任者の許諾を得た**とき，または②**やむを得ない事由**があるときは，**復受任者**を選任して，事務処理を任せることができる（644条の2第1項）。

[H13]

答 139

×

マンション管理業者と管理組合との管理委託契約は，**委任契約**の性質を有する。したがって，**受任者**であるマンション管理業者は，委任の本旨に従い**善良な管理者の注意**をもって委任事務を処理する義務を負う（644条）。この義務は，**特約がなくても**法律上負わなければならない。

[H26]

×

受任者は，**委任者の請求**があるときは，**いつでも委任事務の処理の状況**を報告し，**委任が終了**した後は，**遅滞なくその経過および結果**を報告しなければならない（645条）。したがって，Bは，Aの請求があるときは，**いつでも**委任事務の処理の状況を報告しなければならない。

[R4]

○

委任は，原則として**無償契約**であり，**受任者**は，**特約がなければ報酬を請求することができない**（648条1項）。

[R4]

×

報酬の特約がある場合，委任契約が解除されたことや（651条1項），履行の途中で終了事由が生じたことにより（653条），**委任が履行の中途で終了**したときは，受任者は，**既にした履行の割合**に応じて**報酬を請求できる**（648条3項2号）。

[H16]

○

委任事務を処理するにつき**費用を要する**ときは，委任者は，受任者の請求により，その**前払い**をする必要がある（649条）。

重要度 S★★★

問 144　受任者が自己の過失によらず委任事務を処理するについて損害を受けたときは，委任者はその賠償をする義務を負う。

□□□

重要度 S★★★

問 145　委任契約において，受任者が委任者にとって不利な時期に当該契約を解除したときには，受任者は，委任者に生じた損害を賠償しなければならないが，委任者が受任者にとって不利な時期に当該契約を解除したときには，委任者は，受任者に生じた損害を賠償する必要はない。

□□□

重要度 C

問 146　ＡとＢが，Ｂを受任者とする委任契約を締結した場合，Ｂが後見開始または保佐開始の審判を受けたときは，ＡＢ間の委任契約は終了する。

□□□

13 不法行為等

重要度 A

問 147　管理組合法人Ａが，建設会社Ｂとの間でマンションの外壁補修工事を内容とする請負契約を締結した場合，Ｂが，Ａに対し契約で定めた補修工事代金より高い金額を請求し，Ａがそれに気付くことなく請求されたとおりの金額を支払った場合，Ａは，Ｂに対し過払い金の返還を請求することはできない。

□□□

[H16]

○

受任者が委任事務を処理するため**自己に過失なくして**損害を受けたときは，委任者に対してその賠償を請求することができる(650条3項)。

[H16]

×

当事者の一方が相手方のために不利な時期において**委任契約を解除**したときは，その**損害を賠償**しなければならない。ただし，やむを得ない事由があるときは，**損害賠償は不要**である(651条2項1号)。これは受任者と委任者のいずれが解除する場合でも同じである。

ココも注意! **委任契約が解除**された場合，その**解除の効力**は，将来に向かって**のみ**生ずる（652条，620条）。

[H29]

×

委任契約は，①**委任者**の**死亡**，**破産手続開始の決定**，②**受任者**の**死亡**，**破産手続開始の決定**，後見開始の審判によって終了する(653条)。したがって，委任契約は，Bが後見開始の審判を受けたときは終了するが，保佐開始の審判を受けても終了しない。

ココも注意! **委任の終了事由**は，これを相手方に通知したとき，または相手方が知っていたときでなければ，相手方に対抗することができない(655条)。

[H18]

×

法律上の原因がないにもかかわらず，他人の財産または労務により利益を受け，それによって他人に損失を及ぼした者は，**受けた利益を**返還**する義務がある**（不当利得，703条）。Bに支払われた過払い金は，不当利得であるので，Aは，Bに対し過払い金の返還を請求できる。

重要度 C

問 148

区分所有者が，管理組合の理事長に対して，不法なことを行わせる目的で金銭を給付した場合において，当該区分所有者は，当該理事長に対して，上記給付は公序良俗に反し無効であるとして返還を請求することができる。

重要度 B

甲マンションの区分所有者Aが，過失により浴室から漏水させ，階下の区分所有者Bに損害を与えた場合，BがAに対して損害賠償請求をした時からAは遅滞の責任を負う。

重要度 C

不法行為により被害者が死亡した場合において，当該被害者の父母は，非財産的損害については，加害者に対して，賠償請求をすることができない。

重要度 C

マンション甲において，区分所有者Aの17歳の子Bが，甲の敷地内を自転車で走行中に不注意で他の区分所有者Cに衝突し，Cが負傷した場合には，CはAに対して損害賠償を請求することはできるが，Bに対しては，原則として損害賠償を請求できない。

[H25]

✕

不法な原因（**公序良俗違反**）に基づいて給付をした者は，原則として，その給付したものの返還**を請求することができない**（不法原因給付，708条）。理事長の受領は不当利得であるが，区分所有者は，不法なことを行わせる目的（不法な原因）で給付しているので，給付した金銭の返還を請求することができない。

[H29]

✕

故意・過失によって他人の権利や法律上保護される利益を侵害した者（**加害者**，本問のA）は，これによって生じた**損害を賠償する責任**を負う（不法行為，709条）。そして，**不法行為による損害賠償の債務**については，債務者（加害者A）は，損害の発生と同時に**遅滞の責任**を負う（最判S37.9.4）。

[R1]

✕

他人の生命を侵害した者は，**被害者の父母，配偶者および子**に対しては，その財産権が侵害されなかった場合においても，損害の賠償をしなければならない（711条）。したがって，被害者の父母は，加害者に対して損害賠償請求をすることができる。

[R2]

✕

未成年者は，他人に損害を加えた場合において，**自己の行為の責任を弁識するに足りる知能**（責任能力）を備えていなかったときは，**損害賠償責任を**負わない（712条）。この知能は**12歳程度の知能**とされている（大判T4.5.12）。したがって，Cは，17歳のBに対して，損害賠償を請求できる。また，未成年者が**責任能力**を有する場合でも，監督義務者（**本問ではA**）の**義務違反と損害との間に相当因果関係**が認められれば，監督義務者が一般不法行為に基づく**損害賠償責任を**負う（最判S.49.3.22）。したがって，Cは，Aの義務違反と損害との間に相当因果関係があれば，Aに対しても，損害賠償を請求できる。

重要度 S★★★

問 152

□□□

マンションの管理組合ＡがマンションＢとの間で管理委託契約を締結した事情の下で，Ｂがその従業員の選任およびその事業の監督について相当の注意をしていたにもかかわらず，当該従業員が，Ｂの事業の執行について，Ａの組合員（区分所有者）に損害を与えた場合，Ｂは，不法行為責任を負わない。

重要度 S★★★

問 153

□□□

マンション管理業者は，自らが雇用する管理員が，その業務の執行について第三者に損害を加えた場合，使用者責任に基づいて当該第三者に対してその賠償をしたときでも，当該管理員に対して求償権を行使することは認められない。

重要度 A

問 154

□□□

マンションの共用部分の修繕工事を請け負った業者が，その工事について第三者に損害を加えた場合に，注文者である当該マンションの管理組合は，請負業者と連帯して損害を賠償する責任を負う。

重要度 S★★★

問 155

□□□

土地の工作物の設置または保存に瑕疵（かし）があることによって他人に損害を生じたときは，その工作物の占有者がその損害を賠償する責任を負うが，当該占有者が損害の発生を防止するのに必要な注意をしたときは，所有者がその損害を賠償しなければならない。

重要度 B

問 156

□□□

マンション甲において，区分所有者Ａが所有し，現に居住している専有部分に設置または保存に瑕疵があり，それにより他人に損害が発生した場合には，当該瑕疵が甲の建築工事を請負った施工会社Ｂの過失によるものであっても，Ａは損害賠償責任を免れない。

[H26]

○

ある事業のために他人を使用する者（使用者）は，**被用者**がその事業の執行について**第三者に加えた損害を賠償する責任**を負う。ただし，使用者が被用者の**選任およびその事業の監督**について相当の注意をしたとき，または相当の注意をしても損害が生ずべきであったときは，**この責任を負わない**（使用者責任，715条１項）。本問のＢは，従業員の選任およびその事業の監督について相当の注意をしていたので，使用者責任を免れる。

[R5]

×

使用者責任が成立する場合，被害者に対して損害賠償をした**使用者**は，被用者に対して，求償権を行使することができる（715条３項）。なお，この求償権の範囲は，**信義則上，相当と認められる限度**に制限される（最判S51.7.8）。

[H17]

×

注文者は，請負人がその仕事について第三者に加えた**損害を賠償する責任を**負わない。ただし，注文者の**注文または指図に過失があった**場合には，注文者は，**損害を賠償する責任を負う**が（716条），この場合でも，請負人と**連帯して負うわけではない**。

[H30]

○

土地の工作物の設置**または**保存**に瑕疵**があることによって他人に損害を生じたときは，工作物の占有者が損害賠償責任を負う（**過失責任**）。そして，占有者が損害の発生を防止するのに必要な注意をしていたときは，所有者が損害賠償責任を負う（**無過失責任**，717条１項）。

[R2]

○

所有者の**工作物責任**は，無過失責任とされている（717条１項ただし書）。したがって，瑕疵が施工会社Ｂの過失によるものであっても，所有者であるＡは**損害賠償責任を免れない**。なお，**損害の原因について他にその責任を負う者**（本問ではＢ）があるときは，損害賠償をした占有者または所有者は，その者に対して求償権**を行使することは可能**である（717条３項）。

重要度 B

マンションの敷地にある樹木につき栽植または支持に瑕疵があったために，当該樹木が倒れて通行人Aが負傷した場合に，Aは，損害賠償請求を，当該マンションの理事長または管理者に対してすることはできるが，管理組合または組合員全員に対してすることはできない。

重要度 B

マンション内で飼育されている動物が他人に損害を加えた場合には，動物の占有者が被害者に対してその損害を賠償する責任を負うが，占有者に代わって動物を管理する者は，その損害を賠償する責任を負わない。

重要度 C

不法行為の時点で胎児であった被害者は，出生後，加害者に対して財産的損害の賠償を請求することはできない。

重要度 C

第三者の不法行為により管理組合に損害が生じた場合，管理組合の損害賠償請求権は，損害および加害者を知った時から3年間行使しないとき，または不法行為の時から20年を経過したときは消滅する。

[H25]

答 157 ✕

工作物責任は，**竹木（樹木）の**栽植**または**支持**に瑕疵**がある場合についても**準用**される（717条２項）。マンションの敷地にある樹木の占有者，かつ，所有者は，原則として管理組合または組合員全員である。したがって，マンションの敷地にある樹木の栽植または支持に瑕疵があることが原因で負傷したAは，管理組合または組合員全員の双方に対して損害賠償請求をすることができる場合がある。

[H17]

答 158 ✕

動物の占有者は，その動物が他人に加えた損害を賠償する責任を負う（718条１項）。占有者に代わって**動物を**管理する者も，同様に損害を賠償する責任を負う（同２項）。

[H30]

答 159 ✕

胎児は，原則として権利能力を有しないが，**不法行為による損害賠償の請求権**については，既に生まれたものとみなされ，その権利が認められる（721条）。したがって，不法行為の時点で胎児であったとしても，出生後には，加害者に対して損害の賠償を請求できる。

[H28]

答 160 ○

不法行為による損害賠償請求権は，被害者またはその法定代理人が損害および加害者を**知った時から**３**年間**行使しないとき，または**不法行為の時から**20**年**を経過したときは，時効によって消滅する（724条）。

ココも注意! **人の生命または身体を害する不法行為**による損害賠償請求権は，被害者またはその法定代理人が損害および加害者を**知った時から**5**年**行使しないとき，または**不法行為の時から**20**年**を経過したときは，時効によって消滅する（724条の２）。

14 相続

重要度 B

マンションの１住戸にＡ・Ｂ夫婦と，その子ＣおよびＡの母Ｄが居住しており，同住戸がＡとＣの２人の共有である場合，Ａが病死した日にＣは海外で事故死したが，ＡとＣの死亡の前後が明らかでないときには，その住戸は，Ｂのみが相続する。

重要度 A

マンションを区分所有しているAが死亡し，その相続人が配偶者Bと子C，Dの３人である場合，Dが廃除によってその相続権を失ったときは，Dの子がDを代襲してAの相続人となる。

重要度 C

Ａが死亡した場合，Ａの子ＨがＡより前に死亡し，さらにＨの子でＡの直系卑属であるＩもＡより前に死亡していた場合は，Ｉの子でＡの直系卑属であるＪが相続人となる。

重要度 A

マンションの１住戸にＡ・Ｂ夫婦と，その子ＣおよびＡの母Ｄが居住しており，同住戸がＡとＣの２人の共有である場合，Ａの死亡後にＣが死亡したときには，その住戸は，ＢとＤが相続する。

[H20]

数人の者が死亡した場合において，そのうちの１人が他の者の死亡後になお生存していたことが明らかでないときは，これらの者は，同時に死亡したものと推定する（32条の２）。同時死亡の推定を受ける死亡者相互間には，相続が起こらない。Aの死亡によりAの財産は，BとDが相続し，Cの死亡によりCの財産は，Bが相続する。したがって，AとCの共有する住戸は，BとDが相続することになる。

[H18]

欠格事由に該当した者や廃除された者の子は，代襲相続ができる（887条２項）。したがって，Dが廃除によってその相続権を失ったときは，Dの子がDを代襲してAの相続人となる。

比較しよう! 相続権を失った理由が相続の放棄の場合は，代襲相続は生じない。

[R4]

代襲者が死亡等により相続権を失った場合には，代襲者の子がさらに代襲して相続人となる（再代襲相続，887条３項）。したがって，Aの子Hも，Hの子であるＩも死亡していた場合，Ｉの子でAの直系卑属であるＪが相続人となる。

[H20]

被相続人の配偶者は，常に相続人となり（890条），被相続人の子は，相続人となる（887条１項）。また，被相続人に子がいない場合には，被相続人の直系尊属が相続人となるが，親等の異なる者の間（父母と祖父母）では，その近い者（父母）が相続人となる（889条１項１号）。本問では，Aの死亡により配偶者Bと子Cが相続人となり，その後のCの死亡により，直系尊属であるBが相続人となる。したがって，AとCが共有していた住戸は，Bのみが相続する。

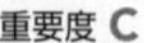

問 165

□□□

土地甲を所有するＡが死亡し，Ａには配偶者Ｂ，子Ｃ，直系尊属の父Ｄのみがいるものとする。この場合，Ａが死亡する前に，Ｃが交通事故で死亡していた場合には，Ｂの相続分は２分の１である。

重要度 S★★★

問 166

□□□

管理費を滞納している区分所有者が死亡した場合，遺産分割により当該区分所有者の区分所有権を取得する相続人が決定するまでは，管理組合はその滞納している管理費を請求することができない。

重要度 A

問 167

□□□

マンションを区分所有しているAが死亡した場合，Aの相続人が数人あるときには，Aの有していた当該マンションに係る区分所有権等の権利は，遺産分割がなされるまでは，これらの相続人の共有に属する。

重要度 A

問 168

□□□

管理費を滞納している区分所有者が死亡した場合，遺産分割によって当該マンションを相続した相続人が滞納債務を承継し，他の相続人は滞納債務を承継しない。

重要度 S★★★

問 169

□□□

マンションを区分所有しているAが死亡し，その相続人が配偶者Bと子C，Dの３人である場合，B，C，Dは，Aが遺言で一定期間，遺産の分割を禁じた場合を除き，相続開始の時から５年以内に，協議により遺産の分割をしなければならない。

[R2]

×

Aが死亡する前に子Cが死亡していた場合，Cには子がいないので，**代襲相続は生じない**（887条２項）。したがって，本問における相続人は，**配偶者**Ｂと**直系尊属**の父Ｄである。この場合の相続分は，**配偶者**Ｂが３分の２，**直系尊属**の父Ｄが３分の１である（900条２号）。

[H15]

×

相続人は，相続開始の時から，**被相続人の財産に属した一切の**権利義務を承継する（896条）。管理組合は，遺産分割により相続人が決定するのを待つ必要はない。

[H17]

○

相続人が**数人**あるときは，相続財産は，その共有に属する（898条）。

[R4]

×

管理費を滞納している区分所有者が死亡した場合，その**滞納している債務**は**金銭債務**として**可分**であるから，各相続人の相続分に応じて分割され，**各相続人**は，その分割**された債務を相続**する（427条，899条）。したがって，遺産分割によってマンションを相続した相続人だけではなく，他の相続人も滞納債務を承継する。

[H18]

×

共同相続人は，遺言に定めのある場合や分割しない旨の契約をした場合を除き，いつでも，協議によって**遺産の分割**ができる（907条１項）。相続開始の時から５年以内に，遺産の分割をしなければならないわけではない。

⚠ココも注意！ **被相続人**は，遺言で，相続開始の時から５**年を超えない期**間を定めて，**遺産の分割を禁止**することができる（908条１項）。

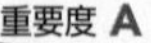

重要度 A

問170 □□□

マンションを区分所有しているAが死亡し，その相続人が配偶者Bと子C，Dの３人である場合，B，C，Dは，自己のために相続の開始があったことを知った時から３箇月以内に，相続について，単純もしくは限定の承認または放棄をしなければならず，この期間内に限定承認または放棄をしなかった場合には，単純承認したものとみなされる。

重要度 C

問171 □□□

相続人が数人あるときは，限定承認は，共同相続人の全員が共同してのみこれをすることができる。

重要度 C

問172 □□□

管理費の滞納者が死亡し，その相続人全員が相続放棄した場合は，いずれの相続人も滞納管理費債務を負わない。

[H18]

相続人Ｂ・Ｃ・Ｄは，自己のために**相続の開始があったことを知った時**から３ヵ**月以内**に，相続について，単純もしくは**限定の承認**または**放棄**をしなければならず（915条１項），この期間内に限定承認または放棄をしなかった場合には，単純承認したものとみなされる（921条２号）。

[R1]

相続人が数人あるときは，**限定承認**は，**共同相続人の**全員**が共同してのみ**これをすることができる（923条）。

[R5]

相続人が**相続を放棄**すると，その相続人は，その相続に関しては，**初めから**相続人**とならなかったものとみなされる**（939条）。したがって，滞納者が死亡し，その相続人全員が相続放棄をした場合には，いずれの相続人も滞納管理費の支払債務を負わない。

第2章 借地借家法

重要度 S★★★

区分所有者Aが，自己所有のマンションの専有部分をBに賃貸した場合，Bが，その専有部分を居住の用ではなく，業務の用に供するために賃借した場合でも，借地借家法の規定が適用される。

重要度 C

Aマンションの区分所有者が，全員で土地所有者Bとの間で同マンションの敷地について賃借権の設定を受けている場合，本件敷地の賃貸借の存続期間を契約で定める場合には，30年より短い期間を定めることはできず，30年以上の期間としなければならない。

重要度 C

Aマンションの区分所有者が，全員で土地所有者Bとの間で同マンションの敷地について賃借権の設定を受けている場合，本件敷地の賃貸借の存続期間が満了した場合において，契約の更新がないときは，Aマンションの区分所有者はBに対し，当該マンションを時価で買い取るべきことを請求することができる。

民法の賃貸借と比較しながら借家権の基本事項（存続期間と更新，対抗要件，造作買取請求権等）と定期建物賃貸借に関する事項をマスターしよう。

[H20]

借家権の目的である建物の用途については，借地借家法上，**何ら制限はない**。したがって，Bが，Aの専有部分を居住の用ではなく，**業務の用に供するため**に賃借した場合（事務所として賃貸借する等）でも，借地借家法の規定が**適用される**。

ココも注意! 建物の賃貸借であっても「一時使用のために賃貸借したことが明らかなとき」や「間借り（建物の一室を賃貸するような形態）」については，借地借家法は適用されない。

[H20]

建物の所有を目的とする**地上権**または**土地の賃借権**を借地権という（借地借家法２条１号）。そして，借地権の存続期間は，30**年**とし，30**年**より短い期間を契約で定めることはできず，30**年以上**としなければならない（３条）。

ココも注意! 借地権の更新後の存続期間は，1回目の更新では，最低20年，2回目以降の更新では，最低10年である。

[H20]

借地権の存続期間が満了した場合，契約の更新がないときは，借地権者（借主）は，借地権設定者（貸主）に対し，借地上の**建物を時価で**買い取る**べきことを請求**することができる（建物買取請求権，13条１項）。

重要度 C

問 4

□□□

区分所有者Ａが，自己所有のマンションの専有部分をＢに賃貸した場合において，Ｂが転勤により第三者Ｃに建物賃借権を譲渡しようとする場合に，Ａがその譲渡を承諾しないときにおいて，Ｂは，裁判所にＡの承諾に代わる許可の裁判を申し立てることはできない。

重要度 B

問 5

□□□

区分所有者Aが，自己所有のマンションの専有部分をBに賃貸した場合，AB間において，賃貸借契約の期間を定めた場合，Aが期間満了の１年前から６月前までの間にBに対し更新しない旨の通知をしなかったときは，従前の契約と同一条件で更新されたものとみなされ，更新後は契約期間の定めがない契約となる。

重要度 A

問 6

□□□

区分所有者Ａが，自己所有のマンションの専有部分甲をＢに賃貸する場合，ＡＢ間の賃貸借契約において，Ａからの解約は６ヵ月の予告期間を置き，Ｂからの解約は１ヵ月の予告期間を置けば，正当の事由の有無を問わず中途解約できる旨の特約は有効である。

重要度 A

問 7

□□□

区分所有者Aが，自己所有のマンションの専有部分をBに賃貸する場合，AB間の賃貸借契約の存続期間を１年未満の期間として定めたときは，その契約は無効である。

[H25]

賃借人は，賃貸人の承諾を得なければ，その賃借権を譲り渡し，または賃借物を転貸することができない（民法612条１項）。「賃貸人の承諾に代わる裁判所の許可」という制度は，借地権の場合には規定があるが，**借家権の場合には規定がない**。

比較しよう! 借地上の建物を第三者に譲渡しようとする場合に，土地の賃借権の譲渡・転貸により，地主が不利となるおそれがないにもかかわらず承諾を与えないときは，**裁判所**は，借地権者の申立てにより，**地主の承諾に代わる**許可を与えることができる（借地借家法19条）。

第2章　借地借家法

[H23]

建物の賃貸借について期間の定めがある場合において，当事者が期間の満了の１**年前から**６**ヵ月前**までに，相手方に対して更新しない，または条件を変更しなければ更新しない旨の通知をしなかったときは，従前の契約と同一の条件**で契約を更新したものとみなす**（借地借家法26条１項）。この場合，**更新後**は，期間の定めのないものとなる（同ただし書）。

[H30]

建物の**賃貸人**による建物の賃貸借の**解約の申入れ**は，一定の事情を考慮して，正当の事由があると認められる場合でなければ，することができない（28条）。本問の特約は，「予告期間を置けば正当事由の有無を問わず期間内解約ができる」という**借主に不利**な特約であり，**無効**である（30条）。

[H18]

賃貸借契約の存続期間を**１年未満の期間として定めた**ときは，定期建物賃貸借を除き，期間の定めのない**賃貸借**とみなされる（29条１項，38条１項）。契約が無効となるのではない。

ココも注意! 期間を定めない場合は，当事者はいつでも**解約の申入れ**ができる。

賃貸人から（**正当事由**必要）	解約申入れ後，６ヵ月**経過で終了**
賃借人から（**正当事由**不要）	解約申入れ後，３ヵ月**経過で終了**

重要度 S★★★

問 8

□□□

マンションの専有部分を所有するAが，当該専有部分をBに賃貸した場合，Bが当該専有部分の引渡しを受けたときには，その引渡後に当該専有部分の所有権がAからCに譲渡されたときでも，Bは，自己の賃借権をCに対し対抗できる。

重要度 B

問 9

□□□

区分所有者Ａが，自己所有のマンションの専有部分をＢに賃貸した場合において，ＡＢ間において，一定期間，賃料を増額しない旨の特約をした場合でも，当該賃料が不相当になったときは，Ａは増額請求をすることができる。

重要度 S★★★

問 10

□□□

区分所有者Ａが，自己所有のマンションの専有部分をＢに賃貸した場合，ＢがＡの同意を得て付加した畳，建具その他の造作について，Ｂは，Ａに対し，賃貸借が終了したときにそれらの買取りを請求することができない旨の特約は無効である。

重要度 S★★★

問 11

□□□

区分所有者Aが貸主として，床面積70㎡のマンションの１室を借主Bの居住の用に供するため，Bと定期建物賃貸借契約を締結した場合，賃貸借契約の期間を１年未満とするときでも，何らかの書面をもって契約をすれば足り，公正証書による必要はない。

［H23］

建物の賃貸借は，その登記がなくても，建物の引渡しがあったときは，その後その建物について物権を取得した者に対し，その効力を生じる（31条）。したがって，専有部分の引渡しを受けたBは，引渡後に専有部分の所有権を取得したCに対して，自己の賃借権を対抗できる。

［H25］

建物の借賃が，租税等の負担の増減や価格の上昇・低下等の経済事情の変動等により，不相当となった場合には，当事者は将来に向かって，**借賃の増額または減額の請求**をすることができる。ただし，一定の期間建物の借賃を増額しない旨の特約がある場合は，その期間は増額を請求することができない（32条1項）。

［R2］

賃貸人の同意を得て建物に付加した畳，建具等の造作がある場合には，賃借人は，賃貸借が期間の満了または解約の申入れによって終了するときに，賃貸人に対し，その**造作**を時価で**買い取るべきことを請求**することができる（造作買取請求権，33条1項）。ただし，この造作買取請求権は**特約で**排除**することができる**（37条）。したがって，本問の特約は有効である。

［H22］

定期建物賃貸借は，公正証書**による等書面**（または契約内容を記録した**電磁的記録**）によって契約をすることが必要である（38条1・2項）。これは書面であればよく，必ず公正証書によってしなければならないわけではない。また，**定期建物賃貸借の期間**は，1**年未満**でもよい。

第2章　借地借家法

重要度 S★★★

問 12 □□□

区分所有者Aが貸主として，床面積70㎡のマンションの１室を借主Bの居住の用に供するため，Bと定期建物賃貸借契約を締結した場合，賃貸借契約を締結するに当たって，Aはあらかじめ Bに対し，当該賃貸借契約は契約の更新がなく，期間の満了により賃貸借が終了することについて，その旨を記載した書面を交付して説明しなければならない。

重要度 A

問 13 □□□

区分所有者であるＡが，自己所有のマンションの専有部分を，居住目的で，借主であるＢと期間３年の定期建物賃貸借契約を締結した場合，Ａは，本件契約の期間が満了する１年前から６月前までの間に，Ｂに対し，本件契約が終了する旨の通知をしなければならず，この通知は書面でしなければ効力を生じない。

重要度 B

問 14 □□□

区分所有者Aが貸主として，床面積70㎡のマンションの１室を借主Bの居住の用に供するため，Bと定期建物賃貸借契約を締結し，賃貸借契約の期間を５年と定めた場合，Bが入居してから１年後に転勤により，そのマンションの１室を使用することが困難となったときは，BはAに対し解約の申入れをすることができ，この場合解約申入れの日から１月の経過により賃貸借は終了する。

重要度 A

問 15 □□□

区分所有者Ａが，自己所有のマンションの専有部分についてＢと定期建物賃貸借契約を締結する場合，本件契約においては，相互に賃料の増減額請求をすることはできない旨の特約は有効である。

[H22]

答 12 ○

定期建物賃貸借をしようとするとき，**賃貸人**は，あらかじめ，賃借人に対し，**賃貸借契約は更新がなく，期間の満了により当該賃貸借は終了**することについて，その旨を記載した**書面を交付して説明**しなければならない（38条3項）。これは，賃貸人の義務である。この説明をしなかったときは，「**更新がない」とする定め**は無効となる（同5項）。

ココも注意! 賃貸人は，この書面の交付に代えて，賃借人の承諾を得て，書面に記載すべき事項を電磁的方法**により提供**することができる（38条4項）。

[H27]

答 13 ×

定期建物賃貸借において，期間が1年以上である場合には，建物の賃貸人は，期間の満了の**1年前から6ヵ月前**までの間に建物の賃借人に対し期間の満了により建物の賃貸借が終了する旨の通知をしなければ，その終了を建物の賃借人に対抗することができない（38条6項）。しかし，「書面で通知しなければならない」とはされていない。

[H22]

答 14 ○

定期建物賃貸借の対象となる建物が，**床面積200㎡未満**の居住用**の建物**である場合，転勤，療養，親族の介護その他やむを得ない事情により，建物の賃借人が建物を自己の生活の本拠として使用することが困難となったときは，建物の賃借人は，解約の申入れができる。この場合，解約申入日から**1ヵ月**を経過することによって**賃貸借は終了**する（38条7項）。本問は，居住用の70㎡のマンションが対象であり，Bの解約の理由が転勤であるので，この規定が適用される。

[H29]

答 15 ○

定期建物賃貸借においては，**賃料の改定に係る特約**がある場合には，賃料増減額請求権**に関する規定は適用しない**（38条9項，32条）。したがって，相互に賃料の増減額請求をすることはできない旨の特約は有効となる。

1回目	2回目	3回目
月　日：　/15	月　日：　/15	月　日：　/15

第3章 区分所有法・建替え等円滑化法・被災区分所有法

1 総則

重要度 A

問 1 □□□

専有部分とは，１棟の建物に構造上区分され，かつ，住居，店舗，事務所または倉庫その他建物としての用途に独立して供することができるように利用上区分された，区分所有権の目的である建物の部分である。

重要度 B

問 2 □□□

区分所有建物の専有部分といえるためには，当該部分と外部との出入りが他の専有部分を通らずに直接に可能であることが必要である。

重要度 B

問 3 □□□

区分所有建物の専有部分は，建物の構成部分である隔壁等により他の専有部分または共用部分と遮断され，周囲すべてが完全に遮蔽されていることが必要である。

重要度 S★★★

問 4 □□□

区分所有建物の建物部分に，他の区分所有者の共用に供される設備が設置されている場合は，その共用設備が当該建物部分のごく小部分を占めているにとどまるときであっても，当該建物部分は，専有部分として区分所有権の目的となることはない。

区分所有法は**合否を分ける重要科目**。全項目を繰り返し学習してしっかり理解すること。建替え等円滑化法と被災区分所有法は，基本事項のみで十分だ。

[H28]

○

1棟の建物に構造上区分された数個の部分で独立して住居・店舗・事務所・倉庫その他建物としての用途に供することができるように利用上区分されたものがあるときは，その各部分は，それぞれ区分所有権の目的とすることができる（区分所有法1条）。そして，この**区分所有権の目的である建物の部分**を「専有部分」という（2条3項）。

ココも注意！　区分所有法上，専有部分の**用途**は「**住居**」に**限定されない**。

[H16]

○

区分所有建物の**専有部分**といえる（利用上**の独立性**が認められる）ためには，その部分と外部との出入りが他の専有部分（隣室）を通らずに直接に可能であることが必要である（最判S44.5.30）。

[H16]

×

区分所有建物の専有部分は，建物の構成部分である隔壁等により他の専有部分または共用部分と遮断され，その範囲が明確であることをもって足り，必ずしも周囲すべてが**完全に遮蔽されていることを要しない**（最判S56.6.18）。

[H16]

×

区分所有建物の建物部分に，他の区分所有者の共用に供される設備が設置されている場合は，①その共用設備の**建物部分に占める割合が**小部分にとどまる，②その建物部分の**権利者の**排他的**使用が可能**である，③その排他的使用が共用設備の保存・利用**に影響を及ぼさない**場合には，その建物部分は，専有部分として区分所有権の目的となることができる（最判S56.7.17）。

重要度 B

問 5

□□□

バルコニーやベランダは，構造上および利用上の独立性が認められるから，専有部分として区分所有権の目的となる。

重要度 B

問 6

□□□

建物の敷地とは，建物が所在する土地および区分所有法第５条第１項の規定により，規約で敷地と定めた土地を指す。

重要度 B

問 7

□□□

建物横に設置した屋根のない駐輪場は，区分所有法第４条第２項の規定により規約共用部分とすることができる。

重要度 B

問 8

□□□

区分所有法第３条に規定される団体は，建物ならびにその敷地および附属施設を管理するための団体であり，区分所有者の合意によって設立されるものではない。

[H16]

答 5 ×

バルコニーやベランダは，**一棟の建物の躯体である外壁の一部を構成する部分**であり，管理組合の管理する共用部分に該当する（最判S50. 4.10）。つまり，**バルコニーやベランダ**は，あくまで「外壁の一部」であり，構造上および利用上の独立性は認められず，専有部分として区分所有権の目的とはならない。

[H26]

答 6 ○

「**建物の敷地**」とは，**建物が所在する土地**（法定敷地）および区分所有法５条１項の規定により，**規約で建物の敷地とされた土地**（規約敷地）をいう（２条５項）。

ココも注意! **2筆の土地の上に1棟のマンション**が建っていた場合には，規約で敷地とする旨の定めがなくても**2筆の土地はともに法律上当然にマンションの敷地**（法定敷地）である。

[R3]

答 7 ×

規約共用部分とすることができるものは，「専有部分」および「**附属の建物**（物置・集会室等）」である（４条２項）。**屋根のない駐輪場**は「専有部分」でも「**附属の建物**」でもないので，区分所有法４条２項の規定により**規約共用部分**とすることはできない。

ココも注意! **規約共用部分**とした場合，その旨を登記しなければ**規約共用部分**であることを第三者に対抗することができない（4条2項）。この登記は，登記記録の表題部にされる。

[H28]

答 8 ○

区分所有者は，**全員で**，建物ならびにその敷地および附属施設の管理を行うための**団体を構成**し，集会**を開き**，規約**を定め**，および管理者**を置くことができる**（３条）。この団体は，区分所有者が２人以上いれば**当然に成立**し，区分所有者の合意によって設立されるものではない。

ココも注意! **一部の区分所有者のみの共用に供されるべきことが明らかな共用部分（一部共用部分）**をそれらの区分所有者が管理するときも，**同様**である（3条）。**一部共用部分を管理する団体**は，全体共用部分を管理する団体とは別に，**当然に成立**する。

重要度 B

法人格を取得していない権利能力なき社団であるマンション管理組合について原告適格が認められることはなく，訴訟担当が認められるのは，管理者または集会の決議により指定された区分所有者のみである。

重要度 S★★★

規約敷地は，区分所有者が建物および建物が所在する土地と一体として管理または使用する庭，通路その他の土地を指すが，建物が所在する土地の隣接地でなくともよい。

重要度 B

法定敷地である甲乙二筆の土地にまたがって建っている建物のうち，甲地に所在する建物（建物の価格の１／２以下に相当する）部分が全部滅失してしまった場合，甲地に所在した当該建物部分を復旧するためには，区分所有者の団体は，まず集会を開いて甲地を規約敷地にしなければならない。

[H25]

答 9

×

法人でない社団または財団で代表者**または管理人の定めがあるもの**は，その名において訴え，また，訴えられることができる（民事訴訟法29条）。管理組合も権利能力なき社団に該当する場合は，**原告適格**（原告として訴訟を進行し判決を受けるための資格）が認められ，その代表者（管理者等）に訴訟担当が認められる。

ココも注意！ 「権利能力なき社団」とは，団体としての組織を備え，多数決**の原則**がとられ，構成員の変更にもかかわらず団体そのものが存続し，その組織において，代表者**の選出方法**，総会**の運営**，財産の管理その他団体としての主要な点が確定しているものをいう（最判S39.10.15）。

[H26]

答 10

○

区分所有者が建物および建物が所在する土地と一体として**管理または使用をする庭，通路その他の土地**は，規約により**建物の敷地**とすることができる（区分所有法５条１項）。一体として管理することができるのであれば，規約敷地は，法定敷地と隣接していなくてもよい。

[H26]

答 11

×

建物が所在する土地が**建物の**一部の滅失**により建物が所在する土地以外の土地**となったときは，その土地は**規約**で建物の敷地**と定められたものとみなす**（みなし規約敷地，５条２項）。甲地は，規約敷地とみなされるので，集会を開いて規約敷地にする必要はない。

ココも注意！ 同様に，建物が所在する土地の**一部**が分割**により建物が所在する土地以外の土地**となったときも，**規約**で建物の敷地**と定められたものとみなされる**（5条2項）。

重要度 A

区分所有者Aが，他の区分所有者Bの管理費を立て替えて支払った場合に，Aは，Bに対して有する求償権について，Bの区分所有権および建物に備え付けた動産の上に先取特権を有する。

重要度 C

管理者または管理組合法人は，その職務または業務を行うにつき区分所有者に対して有する債権について，債務者の区分所有権（共用部分に関する権利および敷地利用権を含む）および建物に備え付けた動産の上に先取特権を有する。

重要度 S★★★

管理費を滞納している区分所有者が，当該住戸を売却した場合，買主は，売買契約の締結時に滞納の事実を知らなかったとしても，当該滞納管理費の支払義務を負う。

[H25]

答 12 ○

区分所有者は，「共用部分，建物の敷地もしくは共用部分以外の建物の附属施設につき他の区分所有者に対して有する債権」，または「規約もしくは集会の決議に基づき他の区分所有者に対して有する債権」について，債務者の**区分所有権**（共用部分に関する権利および敷地利用権を含む）および建物に備え付けた動産の上に**先取特権**を有する（7条1項前段）。

ココも注意! この先取特権は，**優先権の順位**および**効力**については，**共益費用の先取特権**とみなされるため（7条2項），一般の先取特権として，まず**不動産以外の財産**（建物に備え付けた動産）から弁済を受け，なお不足があるのでなければ，**不動産（区分所有権）**から弁済を受けることができない（民法306条，335条1項）。

[H29]

答 13 ○

管理者または**管理組合法人**は，「**その職務または業務を行うにつき**区分所有者に対して有する債権」について，債務者の**区分所有権**（共用部分に関する権利および敷地利用権を含む）および建物に備え付けた動産の上に**先取特権**を有する（7条1項後段）。

[H28]

答 14 ○

区分所有者が規約もしくは集会の決議に基づき他の区分所有者に対して有する債権（**滞納管理費に係る債権**等）は，債務者たる**区分所有者の**特定承継人に対しても行うことができる（区分所有法8条，7条1項）。この特定承継人（専有部分の買主等）**の責任**は，特定承継人が前区分所有者の管理費の滞納の事実について，善意・悪意いずれであるかを問わず生ずる。

ココも注意! この特定承継人には，**競売**や**贈与**によってマンションの区分所有権を取得した者も含まれる。

第3章 区分所有法・建替え等円滑化法・被災区分所有法

重要度 A

問 15 □□□

マンションの管理費の滞納に関して，管理業務主任者が管理者等に対して行った「管理費を滞納している区分所有者が，所有する専有部分について賃貸借契約を締結している場合，規約に別段の定めがなくても，その賃借人に滞納管理費を請求することができます」という説明は，適切である。

重要度 C

問 16 □□□

甲マンションの住戸301号室を所有するAが，債権者Bのために301号室の区分所有権にBの抵当権を設定および登記した場合，Aが，301号室をCに賃貸している場合に，Aが，管理組合およびBに対する債務について不履行を生じさせたときは，管理組合が先取特権に基づきAのCに対する賃料債権を差し押さえたとしても，Bが物上代位に基づき当該賃料債権を差し押さえた場合には，管理組合は，Bに優先することはできない。

重要度 A

問 17 □□□

敷地利用権を有しない区分所有者は，土地所有者に対して当該区分所有権を時価で買い取るように請求することができる。

2 共用部分等

重要度 C

問 18 □□□

区分所有法第２条第４項に規定される共用部分には，全体共用部分と一部共用部分がある。

[H26]

×

適切ではない。**賃借人は特定承継人に該当しない**ため，賃借人に滞納管理費を請求することはできない。

[R5]

○

管理組合が有する**先取特権**は，**優先権の順位および効力**については，共益費用**の先取特権とみなされる**（7条2項）。そして，共益費用**の先取特権**は，**一般の先取特権**の１つである。**一般の先取特権**は，不動産について登記をしなくても，特別担保を有しない債権者には対抗することができるが，**登記をした第三者**に対しては，**対抗することができない**（民法336条）。したがって，Ｂの抵当権は登記されているので，Ｂが物上代位に基づき当該賃料債権を差し押さえた場合には，管理組合は，Ｂに優先することはできない（民事執行法87条１項４号）。

[R4]

×

敷地利用権**を有しない区分所有者**があるときは，**土地所有者**は，区分所有者に対して，その専有部分の**収去を請求**することができる。しかし，専有部分のみを建物から収去することは，物理的に不可能であるので，**土地所有者**は，その**区分所有者に対して**，区分所有権を時価で売り渡すべきことを請求することが認められている（区分所有法10条）。敷地利用権を有しない区分所有者が土地所有者に対して買取請求することはできない。

[R2]

○

「共用部分」とは，①専有部分**以外の建物の部分**，②専有部分**に属しない建物の附属物**，③**規約の規定により共用部分とされた附属の建物**をいう（２条４項）。そして，この共用部分には，**区分所有者の**全員の共用に供される**全体共用部分**と一部の区分所有者**のみ**の共用に供されることが明らかな**一部共用部分**とがある（３条，４条１項参照）。

重要度 B

問 19

特定の専有部分の排水を階下の専有部分の天井裏の枝管を通じて排水する場合，その枝管は，その構造および設置場所に照らし，専有部分に属しない建物の附属物に当たり，区分所有者全員の共用部分と解される。

重要度 A

一部共用部分は，規約に別段の定めをしても，区分所有者全員の共有とすることはできない。

重要度 C

民法第177条の登記に関する規定は，法定共用部分には適用しない。

重要度 B

共用部分の各共有者は，共用部分をその用方に従って使用することができる。

重要度 S★★★

各住戸の専有部分の床面積に差異が少ない場合に，共用部分に対する各区分所有者の共有持分の割合を，全住戸均等に配分する旨の規約の定めは効力を有しない。

[R3]

○

特定の専有部分の排水を階下の専有部分の天井裏の枝管を通じて排水する場合，その排水枝管の点検，修理のためには下の階に立ち入る必要があり，上の階の区分所有者だけで点検，修理することが困難であるという事実関係の下においては，当該排水枝管は「**専有部分に属しない建物の附属物**」であり，区分所有者全員の共用部分である（最判H12. 3.21）。

[H15]

×

一部共用部分は，これを共用すべき区分所有者の共有に属するが，**規約で別段の定め**をすることができる（11条）。したがって，規約で定めれば，**一部共用部分**を**区分所有者**全員**の共有**とすることがきる。

[R2]

○

民法177条の登記に関する規定（**対抗要件**：不動産に関する物権変動は，**登記**をしなければ，第三者に対抗することができない）は，共用部分**には適用されない**（11条３項）。共用部分の共有者（各区分所有者）がその持分だけを処分することは，原則として禁止されており，その処分は専有部分に従う（15条１項・２項）。したがって，共用部分の共有持分の取得について登記を備えていなくても，**専有部分の登記**をもって，共用部分について生じた**物権変動の対抗要件**として扱われる。

[H24]

○

共用部分の各共有者は，**共用部分をその**用方**に従って使用**することができる（13条）。「用方**に従って**」とは，その部分の本来の使用方法に基づいて使用するということである。

比較しよう! **民法**では，「各共有者は，共有物の全部について，その持分に応じた**使用**をすることができる（民法249条）」としている。

[H27]

×

各共有者の持分は，その有する専有部分の床面積の割合によるが，**規約で別段の定め**をすることができる（区分所有法14条１項・４項）。したがって，「全住戸均等に配分する」旨の規約の定めも効力を有する。

第３章　区分所有法・建替え等円滑化法・被災区分所有法

重要度 **C**

問 24 □□□

共有持分の割合を計算する場合，一部共用部分の床面積は，これを共用すべき各区分所有者の専有部分の床面積の割合により配分されて，それぞれの区分所有者の専有部分の床面積に算入される。

重要度 **A**

問 25 □□□

Aが区分所有しているマンションの501号室に，債権者Bのために抵当権が設定されている場合，Bの抵当権の効力は，本件専有部分と共に，当該マンションの共用部分のAの共有持分にも及ぶが，規約に別段の定めがあるときには，その効力は及ばない。

重要度 **B**

問 26 □□□

甲マンションの住戸１０１号室をＡ，Ｂ，Ｃの３人が共有し，住戸１０１号室を所有者に無断でＤが占有している場合，Ｄは，１０１号室の専有部分の区分所有権について時効によって取得した場合でも，共用部分の共有持分については，時効により取得することはできない。

重要度 **S★★★**

問 27 □□□

一部共用部分に関する事項であっても，当該部分が区分所有者全員の利害に関係する部分である場合には，規約にその定めがなくても区分所有者全員で管理する。

[H27]

答 24 ○

一部共用部分で床面積を有するものがあるときは，その一部共用部分の床面積は，これを共用すべき**各区分所有者の**専有部分の床面積の割合により配分して，それぞれその区分所有者の**専有部分の床面積に算入**する（14条２項）。

[H20]

答 25 ×

区分所有者の**共用部分の共有持分**は，その有する専有部分**の処分に従う**（15条１項）。したがって，専有部分に抵当権を設定した場合，共用部分の共有持分にも**抵当権の効力**が及ぶ。この規定は，規約で別段の定めができるとはされておらず，強行規定と解されている。

ココも注意! 区分所有者は，区分所有法**に別段の定め**がある場合を除いて，その有する専有部分と分離して共用部分の持分を処分することができない（15条２項）。つまり，規約や**契約**で分離処分ができる旨を定めることはできない。

[R5]

答 26 ×

区分所有者の**共用部分の共有持分**は，その有する専有部分**の処分に従う**（15条１項）。したがって専有部分**の区分所有権**を時**効により取得**した者は，その専有部分に係る**共用部分の共有持分も取得**する。

[H26]

答 27 ○

一部共用部分の管理のうち，「**区分所有者全員の利害に**関係するもの」または「規約**に定めがあるもの**」は，**区分所有者全員で管理**し，「**その他のもの（全員の利害に**関係しないもの）」は，これを**共用すべき一部の区分所有者のみで管理**する（16条）。したがって，一部共用部分が，全員の利害に関係する部分である場合には，規約にその定めがなくても区分所有者全員で管理する。

重要度 S★★★

問 28 □□□

共用部分の変更（その形状または効用の著しい変更を伴わないものを除く）は，区分所有者総数の３／４以上および議決権総数の過半数で決する旨の規約の定めは有効である。

重要度 B

区分所有者全員が共有するマンションの敷地の一部を分筆の上，売却することは，区分所有者および議決権の各３／４以上の多数による集会の決議によって行うことができない。

重要度 A

共用部分の大規模修繕工事により，専有部分の使用に特別の影響を及ぼすべきときでも，その専有部分の所有者の承諾は必要でない。

重要度 B

各共有者は，共用部分の保存行為をすることができる。

重要度 A

共用部分の保存行為は，管理者が行うものとし，各区分所有者はこれを行うことができない旨の規約の定めは有効である。

[H16]

答 28 ×

共用部分の変更（その形状または効用の著しい変更を伴わないものを**除く**）は，**区分所有者および議決権の各**３／４**以上**の多数による集会の決議で決する。ただし，この「区分所有者」**の定数**は，**規約でその過半数まで減ずる**ことができる（17条１項）。しかし，「議決権」を過半数まで減ずることはできない。

[H16]

答 29 ○

共用部分の変更（その形状または効用の著しい変更を伴わないものを**除く**）は，**区分所有者および議決権の各**３／４**以上**の多数による集会の決議で決する（17条１項）。区分所有者の共有に属する敷地についても，この規定が**準用**される（21条）。しかし，**敷地の一部を売却**することは，**共有物の**処分であり，変更にはあたらず，この規定は準用されない。この場合，全員の同意**が必要**である（民法251条）。

[H23]

答 30 ×

共用部分の管理および変更（大規模修繕工事等）により，専有部分の使用に**特別の影響**を及ぼすべきときは，その専有部分の所有者**の承諾を得なければならない**（区分所有法18条３項，17条２項）。

比較しよう！ 保存**行為**により専有部分の使用に**特別の影響**を及ぼすべきときでも，**その専有部分の所有者の承諾を得る必要はない。**

[H18]

答 31 ○

共用部分の管理は，共用部分の重大変更を除いて，**集会の決議**（普通**決議**）で決する。ただし，保存**行為**は，**各共有者**がすることができる（18条１項ただし書）。

[H23]

答 32 ○

共用部分の保存**行為**は，**各共有者**（**各区分所有者**）がすることができる（18条１項ただし書）。しかし，**共用部分の**管理および保存**行為**について，**規約で別段の定め**ができる（同２項）。したがって，保存行為は，管理者が行うものとし，各区分所有者はこれを行うことができない旨の規約の定めは有効である。

重要度 A

問 33 □□□

共用部分につき損害保険契約をすることは，共用部分の保存行為とみなされる。

重要度 A

問 34 □□□

共用部分から生ずる収益については，管理費に組み入れる旨の規約の定めは有効である。

重要度 A

問 35 □□□

規約で共用部分の所有者と定められた区分所有者は，共用部分の変更をすることができる。

3 敷地利用権

重要度 B

問 36 □□□

敷地の各共有者の持分の割合は，その有する敷地上の建物の専有部分の床面積の割合によるが，規約で別段の定めをすることを妨げない。

重要度 S★★★

問 37 □□□

専有部分とその専有部分に係る敷地利用権とを分離して処分することができる旨の規約の定めは，無効である。

[H16]

共用部分につき**損害保険契約**をすることは，共用部分の管理**行為**とみなされる（18条４項）。したがって，損害保険契約の締結には，集会の決議（普通**決議**）が必要である（同１項）。

比較しよう! 標準管理規約では，「区分所有者は，共用部分等に関し，管理組合が火災保険その他の損害保険の契約を締結することを承認する（24条１項）」とし，**総会（集会）の決議を**不要としている。

[H23]

各共有者は，**規約に別段の定め**がない限りその持分に応じて，共用部分の負担に任じ，共用部分から生ずる利益を収取する（区分所有法19条）。したがって，共用部分から生ずる収益については，管理費に組み入れる旨の規約の定めは有効である。

ココも注意! 管理規約で各区分所有者の**管理費を同額**とする定めも有効である。

[H18]

規約で共用部分の所有者と定められた区分所有者（**管理所有者**）は，共用部分の変更（重大**変更**）をすることができない（20条２項）。

[H22]

敷地の持分割合は，区分所有法上明文規定がないので，民法の規定に従う。したがって，敷地の各共有者の持分は，相等しいものと**推定**する（民法250条）。

[H19]

敷地利用権が数人で有する所有権その他の権利である場合には，区分所有者は，その有する専有部分とその専有部分に係る敷地利用権とを**分離して処分することができない**。ただし，規約**に別段の定め**があるときは，分離して処分することができる（区分所有法22条１項）。したがって，専有部分とその専有部分に係る敷地利用権とを**分離して処分することができる旨の規約の定め**は，有効である。

重要度 C

問 38 □□□

敷地利用権が数人で有する所有権その他の権利である場合，規約の定めに違反した専有部分または敷地利用権の分離処分については，当該処分の前に，不動産登記法の定めるところにより分離して処分することができない専有部分および敷地利用権であることを登記していたときは，当該規約の定めを知らなかった相手方に対して，その処分の無効を主張することができる。

4 管理者

重要度 S★★★

問 39 □□□

管理者を解任するには，集会において区分所有者および議決権の各３／４以上の多数による決議が必要である。

重要度 A

問 40 □□□

管理組合の理事長を区分所有者から選任し，区分所有法に定める管理者を区分所有者以外の第三者から選任する旨を規約に定めることができる。

重要度 S★★★

問 41 □□□

管理者に不正な行為その他その職務を行うに適しない事情があるときは，各区分所有者は，その解任を建物の所在地の市町村長を経由して都道府県知事に請求することができる。

重要度 A

問 42 □□□

管理者が，マンションのエントランスの共用ドアの故障を修理するため，その工事を業者に発注するには，集会の決議は不要である。

[H29]

○

専有部分とその専有部分に係る敷地利用権との**分離処分の禁止の規定に違反する専有部分または敷地利用権の処分**については，その無効を善意の相手方に主張することができない。ただし，分離して処分することができない専有部分および敷地利用権であることを**登記（敷地権の登記）した後**に分離処分がされたときは，相手方は「知らなかった」（善意）とはいえないため，分離処分をした者は，**相手方に対して無効を主張できる**（23条）。

[H29]

×

管理者は，規約に別段の定めがない限り，**集会の決議**によって**選任**または**解任**される（25条１項）。そして，管理者を選任または解任する集会の決議は，**普通決議（区分所有者および議決権の**各過半数）によってする（39条１項）。

[H28]

○

管理者には資格制限がなく，**区分所有者以外の第三者**から管理者を選任することができる。また，**管理者とは別に**，規約の定めにより「**理事長**」という役職を置くことも可能である。したがって，本問の内容を規約に定めることができる。

[H16]

×

管理者に不正な行為その他その職務を行うに適しない事情があるときは，各区分所有者は，その**解任を**裁判所に請求することができる（25条２項）。

[H15]

○

管理者は，共用部分等を保存し，集会の決議を実行し，ならびに規約で定めた行為をする権利を有し，義務を負う（26条１項）。エントランスの共用ドアの故障を修理するため，その工事を業者に発注するのは保存**行為**にあたるから，集会の決議は不要である。

重要度 S★★★

問 43

□□□

管理者は，共用部分についての損害保険契約に基づく保険金額ならびに共用部分について生じた損害賠償金および不当利得による返還金の請求および受領について，区分所有者を代理する。

重要度 C

□□□

マンションの管理組合Aは，敷地に集会棟を新築する工事を行うため，建設会社Bとの間で請負契約を締結した。本件工事に伴い既存の共用部分に生じた損害について，区分所有者全員のためにAの管理者が原告となってBに訴訟を提起するには，その旨の規約の定めによるのではなく，集会の決議が必要である。

重要度 S★★★

□□□

管理者は，規約に特別の定めがあるときでも，共用部分を所有することができない。

重要度 B

□□□

管理者が，職務を行うに当たって費用を要するときであっても，区分所有者に対して，その費用の前払を請求することはできない。

重要度 C

□□□

管理者がその職務の範囲内において第三者との間にした行為につき，区分所有者の負担は共用部分の持分の割合に応じた負担であるが，第三者との関係では連帯かつ無限責任を負う。

[H22]

答 43
○

管理者は，共用部分等についての損害保険契約に基づく保険金額ならびに共用部分等について生じた損害賠償金および不当利得による返還金の請求および受領について，区分所有者を**代理**する（26条2項）。

ココも注意! **管理者の代理権に加えた制限**は，善意の第三者**に対抗することができない**（26条3項）。

[H28]

答 44
×

管理者は，規約**または**集会の決議により，その職務に関し，区分所有者のために，**原告**または**被告**となることができる（26条4項）。つまり，「規約の定め」によって，原告となって訴訟を提起することもできる。

[H23]

答 45
×

管理者は，規約**に特別の定め**があるときは，**共用部分**を所有できる（**管理所有**，27条1項）。

[H24]

答 46
×

区分所有法および規約に定めるもののほか，管理者の権利義務は，民法の委任**に関する規定**に従う（28条）。そして，委任事務を処理するについて費用を要するときは，委任者（区分所有者）は，受任者（管理者）の請求により，その前払をしなければならない（民法649条）。

ココも注意! **受任者（管理者）**は，委任事務を処理するに当たって受け取った金銭その他の物を委任者（区分所有者）に引き渡さなければならない（民法646条1項前段）。

[R2]

答 47
×

管理者がその**職務の範囲内**において**第三者との間にした行為**について，**各区分所有者**は，原則として，共用部分の持分の割合に応じた責任を負う（29条1項，14条）。「連帯かつ無限責任」を負うわけではない。

5 管理組合法人

重要度 C

問 48 □□□

区分所有法第3条に規定される団体は，区分所有者および議決権の各3／4以上の多数によって管理組合法人となる旨を決議し，一般社団法人の設立に必要な定款作成や設立登記等の一連の事務手続が終了することにより，管理組合法人となる。

重要度 B

問 49 □□□

法人となることができる管理組合は，1棟の区分所有者全員で構成する管理組合に限られる。

重要度 B

問 50 □□□

法人になるに当たって，法人としての規約を定めなければならない。

重要度 B

問 51 □□□

管理組合法人に関して登記すべき事項は，登記した後でなければ，第三者に対抗することができない。

重要度 S★★★

問 52 □□□

管理組合が法人格を取得する前の集会の決議，規約および管理者の職務の範囲内の行為は，管理組合法人につき効力を生ずる。

[H28]

区分所有法３条に規定される団体は，**区分所有者および議決権の各３／４以上の多数による集会の決議**で法人となる旨・その名称・事務所を定め，かつ，**その主たる事務所の所在地において登記をすること**によって法人となる（区分所有法47条１項）。つまり，本問のように「一連の事務手続が終了すること」により管理組合法人となるのではない。

[H19]

一部の区分所有者で構成する**管理組合**（一部共用部分を共用する区分所有者で構成する団体）も，管理組合法人となることができる（47条１項，３条）。

[H19]

区分所有者の団体（管理組合）は，**区分所有者および議決権の各３／４以上の多数による集会の決議**で法人となる旨ならびにその名称および事務所を定め，かつ，その**主たる事務所の所在地において登記をする**ことによって**法人**となる（47条１項）。「規約の設定」は，法人化の要件ではない。

[H23]

管理組合法人に関して登記すべき事項は，登記**した後**でなければ，第三者に対抗できない（47条４項）。

ココも注意！ 法人の登記事項は，①目的・業務，②名称，③事務所，④代表権**を有する者の氏名・住所および資格**，⑤共同代表**の定め**，である（組合等登記令２条２項）。

[H14]

管理組合法人の成立前**の集会の決議**，**規約**および**管理者の職務の範囲内の行為**は，管理組合法人につき効力を生ずる（区分所有法47条５項）。

重要度 S★★★

問 53 □□□

管理組合法人は，その事務に関し，区分所有者を代理する。

重要度 S★★★

問 54 □□□

理事は，損害保険契約に基づく保険金額の請求および受領のほか，共用部分等について生じた損害賠償金および不当利得による返還金の請求および受領について，区分所有者を代理する。

重要度 S★★★

問 55 □□□

管理組合法人の代理権に加えた制限は，第三者の善意，悪意にかかわらず，その第三者に対抗することができない。

重要度 S★★★

問 56 □□□

理事は，集会の決議により，管理組合法人の事務に関し，区分所有者のために，原告または被告となることができるが，この場合には，遅滞なく，原告または被告となった旨を区分所有者に通知しなければならない。

重要度 S★★★

問 57 □□□

管理組合法人は，理事がその職務を行うについて第三者に損害を加えた場合には，その損害を賠償しなければならない。

重要度 S★★★

問 58 □□□

管理組合法人において，代表理事を管理者とする旨を規約で定めても無効である。

[H29]

答53 ○

管理組合法人は，その事務に関し，**区分所有者**を代理する（47条6項前段）。

[H26]

答54 ×

管理組合法人は，損害保険契約に基づく保険金額ならびに共用部分等について生じた損害賠償金および不当利得による返還金の請求および受領について，**区分所有者**を代理する（47条6項後段）。**理事**は，**管理組合法人**を代表するのであり，**区分所有者**を代理するのではない。

[H23]

答55 ×

管理組合法人の代理権に加えた制限は，善意**の第三者**に対抗できない（47条7項）。しかし，悪意の者には対抗できる。

[H26]

答56 ×

管理組合法人は，規約または集会の決議により，その事務に関し，区分所有者のために，**原告**または**被告**となることができる（47条8項）。原告または被告になるのは，理事ではなく，法人自身である。また，管理組合法人は，規約により原告または被告となったときは，遅滞なく，区分所有者に**その旨を通知**しなければならない（同9項）。集会の決議により原告または被告となった場合には通知をする必要はない。

[H25]

答57 ○

管理組合法人は，理事がその職務を行うについて第三者に加えた損害を賠償する責任を負う（47条10項，一般社団法人および一般財団法人に関する法律78条）。

[R3]

答58 ○

区分所有法第4節（管理者）**の規定**は，**管理組合法人には**，**適用**しない（区分所有法47条11項）。管理組合法人と管理者は相容れない制度であり，管理組合法人において，代表理事を管理者とする旨を規約で定めても**無効**である。

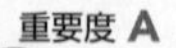

問 59

□□□

管理組合法人が集会を招集する場合，理事が数人いても，そのうちの１人の名で招集通知を発することができる。

重要度 C

問 60

□□□

管理組合法人は，その名称中に管理組合法人という文字を用いなければならない。

重要度 B

□□□

管理組合法人は，設立の時および毎事業年度の終了の時に財産目録を作成し，常にこれを主たる事務所に備え置かなければならない。

重要度 A

□□□

管理組合法人は，区分所有者名簿を備え置き，区分所有者の変更があるごとに必要な変更を加えなければならない。

重要度 S★★★

□□□

管理組合法人には，必ず理事を置かなければならないが，監事の設置については任意である。

[H24]

○

管理組合法人の場合，集会は，**理事が招集**する（47条12項，34条1項）。また，**理事が数人**あるときは，各自**管理組合法人を**代表する（49条4項）。したがって，理事が数人いても，そのうちの1人の名で招集通知を発することができる。

[H25]

○

管理組合法人は，その名称中に管理組合法人という文字を用いなければならない（48条1項）。

ココも注意! **管理組合法人でないもの**は，その名称中に管理組合法人という文字を用いてはならない（48条2項）。違反した場合，**過料**10万円以下に処せられる。

[H21]

○

管理組合法人は，設立のときおよび毎年1月から3月までの間に財産目録を作成し，常にこれをその**主たる**事務所**に備え置かなければならない**。ただし，特に事業年度を設けるものは，設立のときおよび毎事業年度の終了のときに財産目録を作成しなければならない（48条の2第1項）。

[H21]

○

管理組合法人は，区分所有者名簿**を備え置き**，区分所有者の変更があるごとに**必要な変更**を加えなければならない（48条の2第2項）。

[H23]

×

管理組合法人には，理事および監事を**必ず置かなければならない**（49条1項，50条1項）。

ココも注意! **管理者の選任・解任**の規定は，管理組合法人の理事**に準用**されているので，集会の決議によって，管理組合法人の理事および監事を選任・解任することができる（49条8項，25条）。

重要度 S★★★

問 64

□□□

管理組合法人は，代表権のない理事を置くことができる。

重要度 S★★★

問 65

□□□

管理組合法人の理事が数人あるときは，理事が共同して管理組合法人を代表すべきことを定めることができる。

重要度 S★★★

問 66

□□□

管理組合法人の理事および監事の任期は２年であり，この期間は，規約により伸長も短縮もできない。

重要度 A

問 67

□□□

理事は，規約または集会の決議によって禁止されていないときに限り，特定の行為の代理を他人に委任することができる。

重要度 S★★★

問 68

□□□

管理組合法人の監事は，理事または管理組合法人の使用人と兼ねてはならない。

[R1]

答 64 ○

理事が数人あるときは，**各自が管理組合法人を代表**するが，規約または集会の決議によって，**管理組合法人を代表すべき理事**を定めることができる（49条４項・５項）。代表理事を定めた場合は，代表理事以外の理事は代表権を有しない。つまり，管理組合法人は，**代表権のない理事**を置くことができる。

ココも注意! 代表理事を定めたときは，その**代表理事のみが**登記される（組合等登記令２条２項４号）。

[H23]

答 65 ○

規約または**集会の決議**により，数人の理事が共同して管理組合法人を代表すべきこと（共同代表）を定めることができる（区分所有法49条５項）。

ココも注意! 規約の定めに基づき，**理事の**互選によって管理組合法人を代表すべき理事を定めることもできる。

[H26]

答 66 ×

管理組合法人の理事および監事の任期は，原則として２**年**である。ただし，規約で３**年以内**において別段の期間を定めたときは，その期間となる（49条６項，50条4項）。つまり，「３**年以内**」であれば，規約により**伸長**も**短縮**もできる。

[H21]

答 67 ○

理事は，規約または集会の決議によって禁止されていないときに限り，特定の行為の代理を**他人に委任**することができる（49条の３）。

[R1]

答 68 ○

管理組合法人の**監事**は，理事または**管理組合法人の**使用人と兼ねてはならない（50条２項）。

重要度 C

問 69 □□□

監事は，理事の業務執行について法令違反等があると認める場合に，その報告をするため必要があるときは，集会を招集することができる。

重要度 S★★★

問 70 □□□

代表理事が，個人として，管理組合法人名義の土地を購入する場合は，その価格が適正なものであっても，監事が管理組合法人を代表する必要がある。

重要度 A

問 71 □□□

管理組合法人の事務のうち，保存行為は理事が決することができる。

重要度 A

問 72 □□□

管理組合法人Aは，建設会社Bとの間でマンションの共用部分である1階部分の廊下の修繕工事を内容とする請負契約を締結した。Aの財産をもって，AのBに対する本件工事代金債務を完済することができない場合に，Bは，当該マンションの各区分所有者に対しては同債務の弁済を請求することはできない。

重要度 A

問 73 □□□

管理組合法人は，区分所有者が1人になった場合でも，解散する事由にはあたらない。

[R2]

○

管理組合法人の**監事**は，**理事の業務の執行**について，**法令もしくは規約に違反**し，または著しく不当な事項があると認めるときは，集会に報告をすることができる（50条3項3号）。また，この報告をするため必要があるときは，**集会を招集**することができる（同4号）。

[H27]

○

管理組合法人と理事との**利益が相反する事項**については，監事が管理組合法人を**代表**する（51条）。利益相反事項にあたるか否かは，**行為の外形**から判断され，管理組合法人に**実害が生ずるか否かを問わない**。本問の場合，価格が適正なものであっても外形的に利益相反事項に当たるため，監事が管理組合法人を代表する必要がある。

[H24]

○

管理組合法人の事務のうち，保存**行為**は，**理事**が決することができる（52条2項）。

> **ココも注意!** **管理組合法人の事務**は，区分所有法で定めるもののほか，すべて集会の決議によって行う。ただし，規約で定めれば，特別決議事項および義務違反者に対する行為の停止等の請求訴訟の提起を**除いて**，理事**その他の役員が決する**ものとすることができる（52条1項）。

[H25]

×

管理組合法人の財産をもってその債務を完済することができないときは，区分所有者は，専有部分の床面積の割合で，その**債務の弁済の責めに任ずる**のが原則である（53条1項，14条）。したがって，管理組合法人に対する債権を有するBは，各区分所有者に対して債務の弁済を請求することができる。

[H15]

○

管理組合法人は，①**建物の**全部**の滅失**，②**建物に**専有部分**がなくなった**こと，③集会の決議（特別**決議**）によって**解散**する（55条1項）。区分所有者が1人になったことは，解散事由にはあたらない。

重要度 B

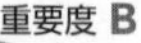

問 74

管理組合法人が，集会の特別決議によって解散する場合には，区分所有法第３条の団体としての管理組合はなお存続する。

重要度 C

問 75

解散した管理組合法人の残余財産の帰属の割合は，規約で別段の定めをすることができる。

6 規約および集会

重要度 B

問 76

規約の変更は，その規約事項について区分所有者間の利害の衡平が図られなければならない。

重要度 A

問 77

管理規約は，規約にその旨の定めがなくても，電磁的記録により作成することができる。

重要度 S★★★

問 78

規約の改正は，区分所有者および議決権の各３／４以上の多数による集会の決議によるが，規約に別段の定めをすれば，区分所有者の定数は，過半数まで減ずることができる。

[H25]

〇

管理組合法人は，**集会の**特別**決議**によって**解散**する（55条１項３号・２項）。そして，解散しても，**区分所有法３条の団体**としての管理組合は，なお存続する。

[R1]

〇

解散した管理組合法人の財産は，原則として**専有部分の床面積の割合**で，各区分所有者に帰属する。しかし，この規定は規約で別段の定めをすることが認められている（56条，14条１項）。

[R3]

〇

規約は，**専有部分**もしくは**共用部分**または**建物の敷地**もしくは**附属施設**（建物の敷地または附属施設に関する権利を含む）につき，これらの**形状**，**面積**，**位置関係**，**使用目的**および**利用状況**ならびに**区分所有者が支払った対価**その他の事情を総合的に考慮して，区分所有者間の利害の衡平**が図られる**ように定めなければならない（30条３項）。このことは規約の変更をする場合も同じである。

[H20]

〇

規約は，書面または電磁的記録により，これを作成しなければならない（30条５項）。管理規約は，**規約にその旨の定めがなくても**，電磁的記録**により作成**できる。

[H13]

×

規約の設定・変更・廃止は，**区分所有者および議決権の各**３／４**以上の多数による集会の決議**（特別**決議**）が必要であり，この定数を規約で，別段の定めをすることはできない（31条１項）。

重要度 S★★★

区分所有法第31条第１項の「特別の影響を及ぼすべきとき」とは，規約の設定，変更等の必要性および合理性とこれによって一部の区分所有者が受ける不利益とを比較衡量し，当該区分所有関係の実態に照らして，その不利益が区分所有者の受忍すべき限度を超えると認められる場合をいうものと解される。

重要度 A

敷地に，特定の区分所有者に対して無償の駐車場専用使用権が規約に基づいて設けられていた場合，後に，当該駐車場部分の使用を有償化する決議をするには，必ず当該専用使用権者の承諾を得なければならない。

重要度 B

管理組合は，区分所有者全員の共有に属する敷地につき，一部の区分所有者に係る駐車場専用使用料の増額について，その必要性および合理性が認められ，かつ，その増額された額が社会通念上相当な額であると認められる場合には，規約または集会決議をもって，その専用使用権者の承諾を得ることなく増額を決することができる。

重要度 C

管理組合の業務を分担することが一般的に困難な不在組合員に対し一定の金銭負担を求めることは，規約の変更に必要性および合理性があり，不在組合員の受ける不利益の程度を比較衡量して一定の金銭負担に相当性のある場合には，受忍限度を超えるとまではいうことはできない。

[H28]

答 79 ○

規約の設定・変更・廃止が一部の区分所有者の権利に特別の影響**を及ぼすべきとき**は，その承諾を得なければならない（31条1項）。この「特別の影響**を及ぼすべきとき**」とは，規約の設定・変更等の必要性および合理性と，これによって一部の区分所有者が受ける不利益とを比較衡量し，当該区分所有関係の実態に照らして，その不利益が**区分所有者の**受忍すべき限度**を超える**と認められる場合をいう（最判H22. 1.26）。

[H28]

答 80 ×

無償の駐車場専用使用権を有償化することは，その必要性および合理性が認められ，かつ，設定された使用料が当該区分所有関係において社会通念上相当な額であると認められる場合には，**専用使用権者は有償化を受忍すべきであり**，有償化決議は「特別の影響**を及ぼすべきとき**」にはあたらない（東京高裁H11. 7.27）。したがって，「必ず」当該専用使用権者の承諾を得なければならないとはいえない。

[R3]

答 81 ○

一部の区分所有者に係る**駐車場使用料**を規約または集会の決議によって**増額**する場合，その必要性および合理性が認められ，かつ，その増額された額が社会通念上相当な額であると認められる場合には，**専用使用権者は増額を受忍すべきであり**，増額は「特別の影響**を及ぼすべきとき**」にあたらず，その専用使用権者の**承諾を得る必要**はない（最判H10.10.30）。

[R4]

答 82 ○

自ら専有部分に居住しない**不在組合員**が**組合費に加えて住民活動協力金を負担**すべきとする**規約の変更**は，不在組合員と居住組合員との間の不公平を是正しようとする**必要性と合理性**と**不在組合員が受ける不利益の程度**を**比較衡量**し，不在組合員において「受忍すべき限度を超える」**とまではいえない**（最判H22.1.26）。

第3章　区分所有法・建替え等円滑化法・被災区分所有法

重要度 S★★★

問 83 □□□

区分所有者全員の利害に関係しない一部共用部分に関する事項についての区分所有者全員の規約の改正は，当該一部共用部分を共用すべき区分所有者の１／５を超える者またはその議決権の１／５を超える議決権を有する者が反対したときは，することができない。

重要度 C

問 84 □□□

公正証書による原始規約の設定ができる者には，最初に建物の専有部分の全部を所有する者や，当該建物を新たに区分所有建物とすることによってその全部を所有することになった者が想定されている。

重要度 S★★★

問 85 □□□

管理者は，規約を建物内に保管する義務があり，その保管場所を建物内の見やすい場所に掲示しなければならない。

重要度 C

問 86 □□□

規約は，区分所有者全員で構成する団体に管理者がいない場合には，区分所有者で規約または集会の決議で定めるものが保管しなければならない。

[H13]

×

一部共用部分に関する事項についての規約の設定，変更または廃止は，当該一部共用部分を共用すべき**区分所有者の1／4を超える者**またはその**議決権の1／4を超える議決権を有する者**が反対したときは，することができない（31条2項）。「1／5」ではない。

[R2]

○

最初に建物の専有部分の全部を所有する者は，公正証書により**規約**（原始規約）を設定することができる（32条）。**最初に建物の専有部分の全部を所有する者**とは，区分所有権は成立したが，各専有部分が個別の区分所有者に帰属しない段階で，その全部を所有している者のことをいい，**建物を新たに区分所有建物とすることによってその全部を所有することになった者**も，**最初に建物の専有部分の全部を所有する者**に該当する。

公正証書**による**原始規約に定めることができるのは次の**4つ**に限定されている（32条）。
①**規約共用部分**に関する定め（4条2項）
②**規約敷地**に関する定め（5条1項）
③**敷地利用権の分離処分ができる**旨の定め（22条1項ただし書）
④**敷地利用権の持分割合**に関する定め（22条2項ただし書）

[H16]

×

規約は，管理者が保管しなければならないが，建物内に保管するとはされていない（33条1項）。また，規約の**保管場所**は，建物内の見やすい場所に掲示しなければならない（同3項）。

[R4]

×

管理者がいない場合には，**建物を使用している区分所有者**またはその代理人で**規約**または集会の決議で**定めるものが保管**しなければならない（33条1項ただし書）。この場合，規約の保管者は，区分所有者には限られず，その代理人でもよい。

重要度 C

問 87 □□□

規約を保管する者は，利害関係人の請求があったときは，正当な理由がある場合を除いて，規約の閲覧（規約が電磁的記録で作成されているときは，当該電磁的記録に記録された情報の内容を法務省令で定める方法により表示したものの当該規約の保管場所における閲覧）を拒んではならない。

重要度 A

問 88 □□□

管理者は，毎年１回集会を招集しなければならず，また毎年１回一定の時期に集会において事務報告をしなければならないが，区分所有者全員の合意があればこれを省略できる。

重要度 S★★★

問 89 □□□

区分所有者の１／６以上で議決権の１／６以上を有するものは，管理者に対し，会議の目的たる事項を示して，総会の招集を請求することができる旨の規約の定めは無効である。

重要度 B

問 90 □□□

管理者が事故で急死し，管理者がない場合，区分所有者の１／５以上で議決権の１／５以上を有するものが，連名で集会の招集通知を発することができる。

[R4]

○

規約の保管者は，利害関係人**の請求**があったときは，正当な理由がある場合**を除いて**，**規約の閲覧**（規約が電磁的記録で作成されているときは，当該電磁的記録に記録された情報の内容を法務省令で定める方法により表示したものの当該規約の保管場所における閲覧）を**拒んではならない**（33条２項）。

[H23]

×

管理者は，少なくとも**毎年**１**回**集会を招集しなければならない（34条２項）。また，管理者は，集会において，**毎年**１**回**一定の時期に，その事務に関する報告をしなければならない（43条）。この集会における事務に関する報告は，区分所有者全員の合意があっても省略できない。

[H22]

×

区分所有者の１／５**以上**で**議決権の**１／５**以上**を有するものは，管理者に対し，会議の目的たる事項を示して，集会の招集を請求できるが，この定数は，**規約で**減ずることができる（34条３項）。したがって，区分所有者の１／６以上で議決権の１／６以上を有するものが，総会の招集請求ができる旨の管理規約の定めは有効とされる。

[H24]

○

管理者がないときは，**区分所有者の**１／５**以上**で**議決権の**１／５**以上**を有するものは，連名で集会の招集通知を発することができる（34条５項）。

重要度 S★★★

問 91

集会（建替え決議を会議の目的とするものを除く）の招集通知は，会日の少なくとも１週間前に会議の目的たる事項を示して，各区分所有者に発しなければならないが，この期間は，規約により伸長も短縮もできる。

重要度 C

区分所有者が管理者に対して集会の招集通知を受けるべき場所を通知しなかったときは，区分所有者の所有する専有部分が所在する場所にあてて すれば足りる。

重要度 S★★★

各区分所有者に対する集会の招集通知は，会日より少なくとも１週間前に，建物内の見やすい場所に掲示してすることができるとする規約の定めは区分所有法の規定に違反する。

[H26]

○

建替え決議を会議の目的とする場合を除いて**集会の招集の通知**は，会日より少なくとも1**週間前**に，会議の目的たる事項を示して，**各区分所有者**に発しなければならない。ただし，この期間は，**規約で**伸長または短縮することができる（35条1項）。

ココも注意!　この1**週間**とは，**招集通知の発送日の翌日から集会の前日**までに「**中**7**日間必要**」ということであるから，例えば，**12月13日**が**集会の会日**であれば，**招集通知は12月**5**日までに発送**する必要がある。

比較しよう!　**標準管理規約**では，この期間を伸長して，「会議（総会）を開く日の少なくとも2**週間前までに**」としている（43条1項）。

[R5]

○

集会の招集通知は，区分所有者が管理者に対して**通知を受けるべき場所を通知したときはその場所**に，**通知しなかったときは**区分所有者の所有する専有部分**が所在する場所**にあてですれば足りる（35条3項前段）。

[H17]

○

建物内に住所**を有する区分所有者**または区分所有者が管理者に対して通知を受けるべき場所を通知しない**区分所有者**に対する集会の招集通知は，**規約に特別の定め**があるときは，建物内の見やすい場所に掲示してすることができる（区分所有法35条4項）。つまり，管理者に対して通知を受けるべき場所を通知した区分所有者には常に招集通知を発する必要があるので，各（全）区分所有者に対して，建物内の見やすい場所に掲示してする旨の管理規約の定めは，区分所有法の規定に違反する。

重要度 S★★★

問 94

集会において，マンションを建て替えることを決議する場合，議案の要領の通知を要しない。

重要度 S★★★

問 95

区分所有者全員の同意がなければ，集会招集の手続を省略することはできない。

重要度 S★★★

問 96

集会招集通知で示していなかった会議の目的たる事項について，出席した区分所有者から決議を求められたが，規約に別段の定めがなかったので議事とすることを認めなかったことは，適切である。

重要度 S★★★

問 97

各住戸の専有部分の床面積に差異が少ない場合に，総会における議決権割合を，議決権の過半数による決議事項については１住戸１議決権，議決権の３／４以上の多数による決議事項については専有部分の床面積割合とする旨の規約の定めは効力を有しない。

[H14]

×

集会の招集通知をする場合，会議の目的たる事項が，**共用部分の**重大**変更**，**規約の設定・変更または廃止**，大規模滅失**の復旧**，**建替え**等の場合であるときは，その**議案の要領**（決議内容についての案を要約したもの）をも通知しなければならない（35条５項）。

ココも注意！　特別決議事項のうち「**管理組合の**法人化・**管理組合法人の**解散」「**義務違反者に対する措置**」については，議案の要領の通知は不要である。

[H24]

○

集会は，区分所有者全員**の同意**があるときは，招集の手続を経ないで開くことができる（36条）。

[R4]

○

集会においては，あらかじめ通知した事項についてのみ**決議**をすることができるが，**特別決議事項を除いて**，**規約で別段の定め**をすることができる（37条）。本問では，規約に別段の定めはないことから，あらかじめ通知した事項についてのみ**決議**することができるので，出席者から招集通知に示されていなかった事項についての決議の求めがあっても，これを認めなかったことは適切である。

[H27]

×

各区分所有者の議決権は，**規約に別段の定め**がない限り，共用部分の持分割合による（38条，14条）。したがって，各住戸の専有部分の床面積に差異が少ない場合に，総会における議決権割合を，過半数による決議事項と３／４以上の多数による決議事項とで変える旨の規約の定めは効力を有する。

重要度 S★★★

問 98

□□□

規約で，集会の成立要件について，議決権総数の３／４以上の組合員の出席が必要と定めることができる。

重要度 B

□□□

管理組合は，大規模修繕工事を円滑に実施するにあたり，集会における決議要件を，「区分所有者および議決権の各過半数」から「出席組合員の議決権の過半数」に改めることができる。

重要度 S★★★

□□□

議決権は，書面または代理人によって行使するほか，規約または集会の決議により，電磁的方法によって行使することができる。

重要度 A

□□□

専有部分の各共有者は，集会においてそれぞれ持分に応じて議決権を行使することができる。

重要度 A

□□□

管理者は，必ず集会における議長となる。

[H23]

○

集会の成立要件については規定がなく，区分所有者間の衡平を害さなければ，規約で定めることができる。したがって，**集会の成立要件**について，「議決権総数の３／４以上の組合員の出席を必要とする」旨の規約の定めは有効であるといえる。

比較しよう！　標準管理規約では，総会の成立要件について「**議決権総数の半数以上を有する組合員が出席しなければならない**」としている（47条１項）。

[H25]

○

集会の議事は，区分所有法または規約に別段の定め**がない限り，区分所有者および議決権の各**過半数で決する（普通決議，区分所有法39条１項）。つまり，普通**決議事項**に関しては，規約に別段の定めをして**決議要件を緩和**することも可能である。

[H15]

○

議決権は，書面で，または代理人によって行使することができる(39条２項)。また，規約または集会の決議により，**書面による議決権の行使**に代えて，電磁的方法**によって議決権を行使**することができる(同３項)。

[H18]

×

専有部分が**共有**の場合，共有者は，集会において**議決権を行使すべき者**１**人**を定めなければならない（40条）。

ココも注意！　**議決権を行使すべき者**の届出がなされている場合には，集会の招集通知は，共有者間で定められた**議決権を行使すべき者**に対して発する必要がある（35条２項）。

[H22]

×

集会においては，規約に別段の定めがある場合および別段の決議をした場合を除いて，**管理者**または**集会を招集した区分所有者の１人**が議長となる（41条）。したがって，規約に別段の定めがある場合または別段の集会の決議があるときは，管理者は議長にはならない。

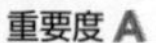

重要度 A

問 103

集会の議事録は，書面に代えて電磁的記録により作成することができる旨の管理規約の定めは無効である。

重要度 S★★★

問 104

議事録が書面で作成されているときは，議長および集会に出席した区分所有者２名がこれに署名しなければならない。

重要度 A

問 105

議事録は，建物内の見やすい場所に掲示しておかなければならない。

重要度 A

問 106

管理者は，毎年１回一定の時期にその事務に関する報告をしなければならないが，当該報告を各区分所有者に郵送または電子メールで送信することにより，総会での報告に代えることができる旨の規約の定めは効力を有しない。

[H24]

×

集会の議事については，**議長**は，書面または電磁的記録により，**議事録**を作成しなければならない(42条1項)。区分所有法の規定どおりの管理規約の定めは有効である。

ココも注意! **議事録**には，議事の経過の要領およびその結果を記載し，または記録しなければならない（42条2項）。

[H22]

○

議事録が書面で作成されているときは，議長および**集会に出席した区分所有者の**2**人**（合計3人）がこれに**署名**しなければならない（42条3項）。

[H22]

×

集会の議事録には規約の規定が準用されており，規約と同様に，**議事録の**「保管場所」は，建物内の見やすい場所に掲示しなければならない（42条5項，33条3項）。「議事録」は掲示する必要はない。

[H27]

○

管理者は，集会において，**毎年**1**回**一定の時期に，その事務に関する報告をしなければならない（43条）。この報告は，区分所有者の面前での口頭によるものを想定したものであり，規約の別段の定めは認められていない。したがって，この報告を，**郵送**または**電子メール**で送信することにより，総会での報告に代えることができる旨の規約の定めは，効力を有しない。

重要度 B

区分所有者の承諾を得て専有部分を占有する者は，会議の目的たる事項につき利害関係を有する場合には，集会に出席して意見を述べることができるが，この占有者に区分所有者の同居の親族は含まれない。

重要度 S★★★

集会で決議すべき場合において，区分所有者全員の承諾があるときは，書面による決議をすることができ，その承諾を得た事項についての書面による決議は，集会の決議と同一の効力を有する。

重要度 A

集会の決議事項について，電磁的方法により決議をする場合は，区分所有者全員の賛成がなければ，集会の決議と同一の効力を有することはない。

重要度 S★★★

集会の決議事項について，区分所有者全員の書面による合意があったときは，書面による決議があったものとみなされる。

[H28]

区分所有者の承諾を得て専有部分を占有する者は，会議の目的たる事項につき利害関係を有する場合には，集会に出席して意見を述べることができる（44条１項）。そして，この「占有者」とは，専有部分の賃借人や使用借人等，区分所有権から独立した占有権原を有する者をいうため，「区分所有者の同居の親族」は該当しない。

ココも注意！ この場合，その占有者への告知として，集会を招集する者は，各区分所有者への招集の通知を発した後，遅滞なく，集会の日時・場所・会議の目的たる事項を建物内の見やすい場所に掲示しなければならない（44条２項）。

[R2]

集会において決議をすべき場合において，区分所有者全員の承諾があるときは，書面または電磁的方法による決議をすることができる（45条１項）。この書面または電磁的方法による決議は，集会の決議と同一の効力を有する（同３項）。

ココも注意！ したがって，書面または電磁的方法による決議をすることについて，区分所有者が１人でも反対するときは，書面または電磁的方法による決議をすることができない。

[H18]

書面または電磁的方法による決議の場合，決議そのものは多数決（普通決議事項であれば，区分所有者および議決権の各過半数）によって決するので，区分所有者全員の賛成がなくても，決議要件を満たせば集会の決議と同一の効力を有する。

[H24]

区分所有法または規約により集会において決議すべきものとされた事項については，区分所有者全員の書面または電磁的方法による合意があったときは，書面または電磁的方法による決議があったものとみなされる（45条２項）。この場合は，普通決議事項か特別決議事項かを問わず，全員の合意が必要となる。

7 義務違反者に対する措置

重要度 A

問 111

管理者が，マンションの管理または使用に関し区分所有者の共同の利益に反する行為をする区分所有者に対し，その行為を停止するため，訴訟を提起するには，集会の決議が必要である。

重要度 B

規約違反の区分所有者に対し違反行為の停止請求の訴訟を提起することを決議する場合でも，その者の議決権行使を認めなければならない。

重要度 C

区分所有者が共用部分の破壊行為を繰り返すなどして他の区分所有者の共同の利益に反する行為を行い，他の区分所有者の共同生活上の障害が著しいことから，訴えをもって当該区分所有者による専有部分の使用の禁止を請求する旨の集会の決議をするには，あらかじめ，当該区分所有者に対し，弁明する機会を与えなければならない。

重要度 A

区分所有者Aが，自ら専有部分を暴力団事務所として利用し，他の方法によってはその障害を除去することが困難である場合，管理者でない区分所有者Bは，単独で裁判上の請求として，当該専有部分の競売を請求することができる。

[H15]

共同の利益に反する**行為の停止等の請求**をする訴訟を提起するには，集会の決議（普通**決議**）によらなければならない（57条2項・1項）。

[H23]

規約違反の区分所有者に対し違反行為の停止請求の訴訟を提起することを決議する場合でも，その**義務違反者**も区分所有者として議決権を有する以上，その決議において議決権**を行使する**ことができる。

[R5]

区分所有者が共同の利益に反する行為を行い，行為の停止等の請求によっては区分所有者の共同生活の維持を図ることが困難であるときは，**他の区分所有者の**全員または管理組合法人は，**集会の決議**（特別**決議**）に基づき，**訴えをもって**，相当の期間の当該行為に係る区分所有者による専有部分の使用**の禁止を請求することができる**（58条1項）。この場合，**あらかじめ**，その区分所有者に対し，**弁明する機会**を与えなければならない（同3項）。

[H28]

本問のケースは，**共同利益に反する行為**に該当する（京都地判H 4.10.22）。そして，この場合，「**他の区分所有者の**全員**または**は管理組合法人」は，**集会の決議**（特別**決議**）に基づき，**訴えをもって**，当該行為に係る区分所有者の**区分所有権および敷地利用権の競売**を請求することができる（59条1項）。つまり，訴訟の主体は，あくまで「**他の区分所有者の**全員**または**管理組合法人」であり，区分所有者Bは，単独で本問の裁判上の請求をすることはできない。

重要度 C

区分所有法第59条に基づく競売の申立ては，その判決が確定した日から6ヵ月を経過したときは，することができず，この期間は，規約により伸長することができない。

重要度 S★★★

区分所有法第60条に基づく，占有者に対する引渡し請求をする場合には，当該占有者が占有する専有部分の貸主である区分所有者と借主である占有者の双方に，あらかじめ集会で弁明する機会を与えなければならない。

8 復旧・建替え

重要度 A

各区分所有者は，建物の価格の1／2以下に相当する部分が滅失したときは，滅失した共用部分および自己の専有部分を復旧することができる。

重要度 S★★★

問 118

建物の価格の1／2以下に相当する部分が滅失した場合の滅失した共用部分の復旧は，出席組合員の議決権の過半数による集会の決議で決する旨の管理規約の定めは，区分所有法の規定に違反する。

重要度 C

建物の価格の1／2を超える部分が滅失した場合，復旧の決議がされた後2週間を経過したときは，復旧の決議に賛成しなかった者（決議非賛成者）は，賛成者（決議賛成者）の全部または一部に対して，その者が有する建物および敷地に関する権利を時価で買い取るべきことを請求することができる。

[H26]

答 115 ○

共同の利益に反する行為をした者に対する**専有部分等の競売請求**訴訟の判決に基づく競売の申立ては，その判決が確定した日から６**ヵ月**を経過したときは，することができない（59条３項）。そして，この期間を規約で伸長することは認められていない。

[H28]

答 116 ×

占有者に対する引渡し請求訴訟の内容は，占有者が占有する専有部分の使用または収益を目的とする**契約の**解除およびその**専有部分の**引渡しである（60条１項）。占有者に対する引渡し請求訴訟においては，あらかじめ，占有者に対し，**弁明の機会**を与えなければならないが，占有者に対して専有部分の使用・収益をさせている区分所有者に対しては，**弁明の機会**を与える必要はない（最判S62. 7. 17）。

比較しよう！ **行為の停止等の請求**をする訴訟を提起するための集会の決議においては，義務違反者である区分所有者に**弁明の機会**を与える必要はない。

[H18]

答 117 ○

各区分所有者は，**建物の価格の**１／２**以下に相当する部分が滅失（小規模滅失）**したときは，滅失した共用部分および自己の専有部分を復旧できる（61条１項）。

[H14]

答 118 ×

小規模滅失の復旧決議は，**普通決議（区分所有者および議決権の各**過半数）で行うことができるが，**規約で別段の定め**をすることもできる（61条３・４項）。したがって，出席組合員の議決権の過半数で決する旨の管理規約の定めは，区分所有法の規定に違反しない。

[H30]

答 119 ○

建物の価格の１／２を超える**部分が滅失（大規模滅失）**した場合において，**復旧の決議（特別決議）**がなされた後２**週間**を経過したときは，**決議非賛成者**は，決議賛成者の全部または一部に対し，建物およびその敷地に関する権利を時価で買い取るべきことを**請求することができる**（61条７項）。

重要度 B

□□□

地震によりマンションが滅失した場合において，滅失した部分の価格が建物の価格の１／２を超える場合において，滅失した日から６月を経過したときは，建替え決議ができないことがある。

重要度 B

□□□

マンションの建替え決議において，建替え前の建物（旧建物）の敷地の全部とこれに隣接する土地を合わせた土地に新たに建築する建物（新建物）を建築するための建替え決議をすることもできるが，旧建物の敷地の一部とこれに隣接する土地を合わせた土地に新建物を建築するための建替え決議をすることもできる。

重要度 B

□□□

建替え決議のための集会招集通知は，当該集会の会日より少なくとも２月前までに発しなければならず，また，当該集会の会日より少なくとも１月前までに区分所有者に対する説明会を開催しなければならないが，これらの期間は規約で伸長または短縮することができる。

[H24]

滅失した部分の価格が建物の価格の1／2を超える場合（大規模滅失）において，建物の一部が滅失した日から6ヵ月以内に，①大規模滅失復旧決議，②建替え決議，③団地内建物の一括建替え決議がないときは，各区分所有者は，他の区分所有者に対し，建物およびその敷地に関する権利を時価で買い取るべきことを請求することができる（61条14項）。そして，この買取請求権行使後に，建替え決議等を行うことも可能だが，決議に当たっては買取請求権の行使を受けた区分所有者の同意を要するものと解されているので，その同意を得られず，建替え決議ができないこともあり得る。

[H15]

集会においては，区分所有者および議決権の各4／5以上の多数で，建物を取り壊し，かつ，「その建物の敷地もしくはその一部の土地」または「その建物の敷地の全部もしくは一部を含む土地」に新たに建物を建築する旨の決議（建替え決議）をすることができる（62条1項）。つまり，建替え前後で，敷地は一部でも重なっていれば足りる。

ココも注意！ 建替え決議をした集会の議事録には，その決議についての各区分所有者の賛否をも記載し，または記録しなければならない（62条8項，61条6項）。

[H15]

建替え決議のための集会招集通知は，集会の会日より少なくとも2ヵ月前までに発しなければならず，また，当該集会の会日より少なくとも1ヵ月前までに区分所有者に対する説明会を開催しなければならない（62条4項・6項）。これらの期間は規約で伸長することができるが，短縮することはできない（同4項・7項）。

重要度 C

建替え決議のための集会招集通知をするときには，その議案の要領のほか，建替えを必要とする理由，建物の建替えをしないとした場合における当該建物の効用の維持または回復（建物が通常有すべき効用の確保を含む）をするのに要する費用の額およびその内訳，建物の修繕に関する計画が定められているときは，当該計画の内容，建物につき修繕積立金として積み立てられている金額をも通知しなければならない。

重要度 B

建替え決議が可決した後，建替えに参加するか否かの催告期間が終了するまでの間に，建替え決議で議決権を行使せず，建替えに参加するか否かの回答もしなかった区分所有者に対し，買受指定者は，当該催告期間経過後に，売渡請求をすることができる。

9 団地

重要度 A

四筆の土地である甲，乙，丙，丁の上に，それぞれ，建物A（戸建て住宅），建物B（戸建て住宅），建物C（戸建て住宅），集会所Dが存在する場合において，建物A，建物B，建物Cの所有者全員が集会所Dを共有していたとしても団地管理組合は成立しない。

[H15]

○

建替え決議を会議の目的とする集会の招集の通知をするときは，議案の要領のほか，①建替えを必要とする理由，②建物の建替えをしないとした場合における建物の効用の維持または回復をするのに要する費用の額およびその内訳，③建物の修繕に関する計画が定められているときは，その計画の内容，④建物につき修繕積立金として積み立てられている金額をも通知しなければならない（62条５項）。

[R3]

○

建替え決議があったときは，集会招集者は，遅滞なく，**決議に賛成しなかった区分所有**者に対し，建替えに参加するか否かを回答すべき旨を**書面で催告**しなければならない（63条１項）。この催告を受けた区分所有者は，催告を受けた日から２**ヵ月以内**に回答しなければならず，この期間内に回答しなかった区分所有者は，建替えに参加しない旨**を回答したものとみなされる**（同４項）。そして，**買受指定者**は，催告期間の満了の日から２**ヵ月以内**に，建替えに参加しない旨**を回答した区分所有者**に対し，区分所有権および敷地利用権を時価で**売り渡すべきことを請求**することができる（63条５項前段）。したがって，本問の区分所有者は「建替えに参加しない旨**を回答した区分所有者**」となるので，買受指定者は，この者に対して**売渡請求**をすることができる。

[H25]

×

団地管理組合が成立するための要件は，①一団の土地の区域内に**数棟の**建物があること，②その区域内の土地または附属施設を建物**の所有者**（専有部分のある建物にあっては，区分所有者）**が**共有すること，である（65条）。本問は，要件①②を満たすから，団地管理組合が成立する。なお，本問の「集会所D」は，要件②における附属施設に該当する。

ココも注意! 団地の要件である**数棟の**建物とは，区分所有建物であってもそれ以外の建物であってもかまわないので，一戸建住宅で団地が構成されていても，**団地管理組合は成立**する。

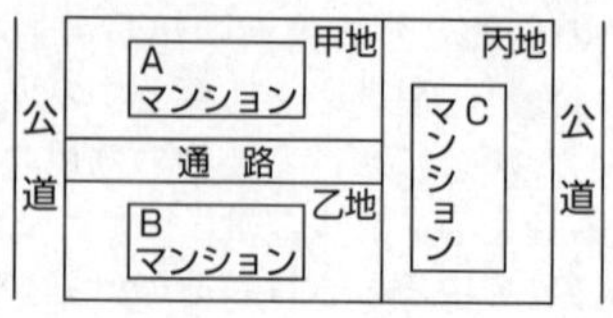

Aの建物所有者とBの建物所有者が通路を共有している場合でも，規約で定めれば，甲地と乙地と丙地を団地共用部分とするAとBとCの団地関係が成立する。

区分所有建物数棟で構成する団地には，団地管理組合が成立することはあるが，棟ごとの管理組合が成立することはない。

団地内建物の建替え決議については，一括建替え決議をする場合でも，団地内の特定の建物のみを建て替える場合でも，いずれも，全ての建物が専有部分のある建物である必要はない。

[R4]

答 126

×

「**通路（土地）**」を共有することによって，Aの建物所有者とBの建物所有者の**団地関係が成立**する。そして，団地関係は重畳的に成立しうる。しかし，**団地規約**により**団地共用部分**とすることができるのは，「一団地内の付属施設たる建物」であって，「**建物の敷地**」は，**団地共用部分とすることはできない**（67条）。したがって，団地規約で定めても，**敷地**である甲地と乙地と丙地を共有（団地共用部分）とするAとBとCの**団地関係は成立しない**。

[H14]

答 127

×

棟管理組合は，区分所有形態である一棟の建物，その敷地および附属施設の管理を行う団体である。**団地管理組合**は，建物の所有者の共有に属する団地内の土地または附属施設の管理を行う団体である。したがって，それぞれの管理組合は，管理対象が異なるだけで，併存**する関係**にある。

[R5]

答 128

×

団地内建物の全部**または**一部**が専有部分のある建物**であり，かつ，その団地内の**特定建物（建替える建物）の所在する土地**が**団地建物所有者の**共有になっている場合，次の要件を満たすことにより**特定建物の建替え**をすることができる（69条1項）

① 建替える建物が**専有部分のある建物の場合**は，建替え決議または**区分所有者の全員の同意**（特定建物が専有部分のある建物でない場合は，その所有者の同意）があること。

② 団地管理組合または団地管理組合法人の集会において**議決権の**３／４**以上の多数による建替え承認決議**が成立すること。

したがって，**団地内の特定の建物のみの建替えの場合**は，建替えの対象となる建物は，一部が専有部分のある建物でもよく，**全ての建物が専有部分のある建物である必要はない**。これに対して，団地内の全ての建物を一括して建て替える**一括建替え決議をする場合**には，**団地内建物**は全て**専有部分ある建物であることが必要**である（70条1項）。

第3章　区分所有法・建替え等円滑化法・被災区分所有法

重要度 A

問 129

一団地内にA，B，Cの３棟の区分所有建物が存し，その団地内の土地が３棟の区分所有者全員の共有になっている場合の建替え決議において，A棟を建て替えることによってB棟およびC棟の建替えに特別の影響を及ぼすべきときは，A棟のみの建替え決議のほか，B棟およびC棟において，それぞれ建替え承認決議が必要である。

重要度 A

問 130

一団地内にA，B，Cの３棟の区分所有建物が存し，その団地内の土地が３棟の区分所有者全員の共有になっている場合の建替え決議において，A，B，Cの３棟を一括して建替え決議をするには，規約で，A，B，Cの３棟を団地管理組合が管理していることが必要である。

10 罰則

重要度 B

問 131

議長が議事録を作成しないときは，20万円以下の過料に処せられる。

重要度 B

問 132

管理組合法人の理事の数が欠けた場合において，その選任手続を怠ったときは，理事は，過料に処せられない。

重要度 C

問 133

監事は，集会の議事において，管理者の管理事務についての監査報告を怠った場合に，過料に処せられる。

[H17]

答 129 ×

一団地内に数棟の区分所有建物が存し，その団地内の土地が数棟の区分所有者全員の共有になっている場合，特定建物の建替えにより，他の数棟に**特別の影響**を及ぼすときは，その他の数棟の区分所有者全員の議決権の３／４**以上の議決権を有する者**が建替え承認決議に賛成していれば，その特定建物の建替えをすることができる（69条５項）。他の棟ごとにそれぞれ承認決議をするのではない。

[H17]

答 130 ○

一団地内に数棟の区分所有建物が存し，その**団地内建物の**全部**が専有部分のある建物**であり，かつ，その**団地内建物の**敷地**が団地内建物の区分所有者の**共有になっている場合，この数棟を**一括して建替え決議**をするには，団地規約で**その数棟を団地管理組合が管理**していることが必要である（70条１項）。

ココも注意! **一括建替え決議**には，**団地内建物の区分所有者および議決権の各**４／５**以上の多数の賛成が必要**であり，さらに団地内建物ごとに，**それぞれその区分所有者および議決権の各**２／３**以上の者が，一括建替え決議に賛成していることも必要**である（70条１項ただし書）。

[H22]

答 131 ○

議長が，議事録を作成せず，議事録に記載・記録すべき事項を記載・記録せず，議事録に虚偽の記載・記録をしたときは，20**万円以下**の過料に処せられる（71条３号）。

[H26]

答 132 ×

理事もしくは監事が欠けた場合または規約で定めたその員数が欠けた場合に，その選任手続を怠ったときは，**理事**は，20**万円以下**の過料に処せられる（71条７号）。

[R1]

答 133 ×

71条各号のいずれかに該当する場合には，その行為をした管理者・**理事**・**規約を保管する者**・議長・**清算人**は，20**万円以下**の**過料**に処される。しかし，**監事**に対する罰則は規定されていない。

11 建替え等円滑化法・被災区分所有法

重要度 A

マンション建替組合は，必ずしも法人としなくてもよい。

重要度 A

区分所有法の規定に基づき，建替え決議の内容により，マンションの建替えを行う旨の合意をしたものとみなされた者は，5人以上共同して定款および事業計画を定め，マンション建替組合を設立することができるが，国土交通大臣の認可を受けなければならない。

重要度 A

マンション建替組合の設立の認可を申請しようとする建替え合意者は，組合の設立について，建替え合意者の３／４以上の同意を得なければならない。

重要度 S★★★

マンション建替組合は，建替えに参加しない旨を回答した区分所有者（その承継人を含み，その後に建替え合意者等となった者を除く）に対し，区分所有権および敷地利用権を時価で売り渡すべきことを請求することができる。

重要度 S★★★

マンション建替組合の組合員となることができる者は，そのマンションの区分所有者またはその包括承継人に限られる。

重要度 B

マンション建替組合には，役員として理事３人以上および監事２人以上を置かなければならず理事の互選により理事長１人を置く。

[H24]

×

マンション**建替組合**は，法人とする（建替え等円滑化法６条１項）。したがって，**組合**は，必ず法人となる。

[H19]

×

区分所有法の規定に基づき，建替え決議の内容によりマンションの建替えを行う旨の**合意をしたものとみなされた者**は，**５人以上**共同して，定款および事業計画を定め，都道府県知事（市の区域内では市長）**の認可**を受けてマンション**建替組合を設立**できる（９条１項）。

[H15]

○

マンション**建替組合**の設立の認可を申請しようとする建替え合意者は，組合の設立について，**建替え合意者の３／４以上の同意**を得なければならない（９条２項）。

[H27]

○

マンション**建替組合**は，建替えに参加しない旨を回答した区分所有者（その承継人を含み，その後に建替え合意者等となった者を除く）に対し，区分所有権および敷地利用権を時価で売り渡す**べきことを請求**できる（15条１項）。

[H15]

×

マンション**建替組合**が施行するマンション建替事業に参加することを希望し，かつ，それに必要な資力および信用を有する者であって，定款で定められたものは，参加組合員として，**組合の組合員**となることができる（17条）。

[H16]

○

マンション**建替組合**には，役員として**理事３人以上**および**監事２人以上**を置かなければならず，**理事の**互選により**理事長１人**を置く（20条１項・２項）。

ココも注意! **建替組合**には，土地・建物の権利関係または評価について特別の知識経験を有し，かつ，公正な判断をすることができる者のうちから，総会で**３人以上**を審査委員として選任する（37条１項・２項）。

第３章　区分所有法・建替え等円滑化法・被災区分所有法

重要度 A

問 140

マンション建替組合の総会の議事は，原則として，総組合員の半数以上の出席により，出席者の議決権の過半数で決するが，定款の変更および事業計画の変更のうち政令で定める重要な事項は，組合員の議決権および持分割合の各３／４以上で決する。

重要度 S★★★

問 141

マンション建替組合において権利変換計画およびその変更を行うときは，組合員の議決権および持分割合の各３／４以上の総会決議で決する。

重要度 C

問 142

マンション建替組合の組合員の数が50人を超える場合には，総会に代わってその権限を行わせるために総代会を設けることができる。

重要度 C

問 143

特定行政庁が行う除却の必要性に係る認定は，外壁等が剥離し，落下することにより周辺に危害を生ずるおそれに対する安全性に係る基準に該当するのみでは行われない。

重要度 C

除却する必要がある旨の認定を受けたマンションについては，区分所有者集会において，区分所有者，議決権および敷地利用権の持分の価格の各４／５以上の多数で，当該マンションおよびその敷地（敷地利用権が借地権であるときは，その借地権）を売却する旨の決議をすることができる。

[H17]

○

総会は，**総組合員の半数以上**の出席がなければ議事を開くことができず，その議事は，**出席者の議決権の過半数**で決する（29条1項）。また，定款の変更および事業計画の変更のうち重要な事項，管理規約の設定，組合の解散等については，**組合員の議決権および持分割合の各3／4以上**で決する（30条1項，27条1号・2号・8号・9号）。

[H27]

×

マンション**建替組合**が，権利変換計画およびその変更をする場合は，**組合員の議決権および持分割合の各4／5以上**で決する（30条3項，27条7号）。

[H16]

○

マンション**建替組合**の**組合員の数が50人を超える**場合には，総会に代わってその権限を行わせるために総代会を設けることができる（31条1項）。

[R4]

×

特定行政庁は，**マンションを**除却する必要がある旨**の認定**（特定要除却認定）の申請があった場合，「**外壁，外装材その他これらに類する建物の部分が剥離し，落下することにより周辺に危害を生ずるおそれがある**ものとして国土交通大臣が定める基準に該当する」と認められるときは，その旨の**認定をする**（102条2項3号）。

ココも注意!　**非法人の管理組合**において，**管理者**または**管理者がないときは集会で指定された区分所有者**が特定要除却認定を申請することができる（102条1項）。

[H29]

○

特定除却認定を受けたマンションの敷地利用権が，数人で有する所有権または借地権であるときは，区分所有者集会において，**区分所有者**，**議決権**および敷地利用権**の持分の価格**の**各4／5以上**の多数で，当該マンションおよびその敷地（当該敷地利用権が借地権であるときは，その借地権）を売却する旨の決議（**マンション敷地売却決議**）をすることができる（108条1項）。

重要度 C

□□□

マンション敷地売却組合を設立するためには，マンション敷地売却合意者が５人以上共同して，定款および資金計画を定め，都道府県知事等の認可を求めるとともに，マンション敷地売却組合の設立について，マンション敷地売却合意者の敷地利用権の持分の価格の４／５以上の同意を得なければならない。

重要度 C

□□□

地震によりマンションが全部滅失した場合には，再建の決議をすることができるが，建替え決議をすることはできない。

[H29]

答 145 ×

マンション**敷地売却合意者**は，**５人以上**共同して，定款および資金計画を定め，都道府県知事等の認可を受けて**マンション敷地売却組合**を設立することができる（120条１項）。この都道府県知事に対して認可を申請しようとするときは，組合の設立について，**合意者の３／４以上の同意**（同意した者の議決権の合計がマンション敷地売却合意者の**議決権の合計の３／４以上**であり，かつ，同意した者の敷地利用権の持分の価格の合計がマンション敷地売却合意者の**敷地利用権の持分の価格の合計の３／４以上**となる場合に限る）を得なければならない(同２項)。

[H19]

答 146 ○

区分所有法62条に定める「**建替え**」とは，現に存在する**建物を取り壊し**，**新たな建物を建てる**ことをいうのであり，**建物**の全部が滅失した場合には**建替え決議をすることはできない**。また，**政令指定災害**により区分所有建物の全部が滅失した場合には，敷地共有者等集会において，**敷地共有者等の議決権の４／５以上**の多数で，滅失した区分所有建物に係る建物の敷地もしくはその一部の土地または当該建物の敷地の全部もしくは一部を含む土地に**建物を建築する旨の決議**（再建決議）をすることができる（被災区分所有法４条１項）。

比較しよう! **政令指定災害**により区分所有建物の全部が滅失した場合は，敷地共有者等集会において，**敷地共有者等の議決権の４／５以上**の多数で，敷地共有持分等に係る**土地を売却する旨の決議**（敷地売却決議）をすることができる（5条）。

1回目	2回目	3回目
月　日：　/146	月　日：　/146	月　日：　/146

第2編

マンション標準管理規約・管理事務に関する諸法令

第4章 マンション標準管理規約

1 総則・専有部分の範囲

重要度 C

問 1

□□□

専用使用権とは，敷地および共用部分等の一部について，特定の区分所有者が排他的に使用できる権利であり，専用使用権の対象となっている当該部分を専用使用部分という。

重要度 B

問 2

□□□

区分所有者の特定承継人は，規約および集会の決議を遵守しなければならない。

重要度 B

問 3

□□□

占有者は，建物等の使用方法について規約および集会の決議を遵守しなければならない。

重要度 A

天井，床および壁は，躯体の中心線から内側が専有部分である。

重要度 S★★★

問 5

□□□

各住戸の玄関扉の内部塗装部分および窓ガラスの内側部分は専有部分である。

重要度 S★★★

問 6

□□□

雨戸または網戸は，専有部分に含まれない。

「管理」と「管理組合」からの出題が多いが，得点源となる科目なので全体的にくまなく押さえること。区分所有法の内容を変更する規定に特に注意しよう。

※標準管理規約の問題はすべて「電磁的方法が利用可能でない場合」での出題です。

［H28］

○

「**専用使用権**」とは，敷地および共用部分等の一部について，特定の区分所有者が**排他的に使用できる権利**をいう（標準管理規約２条８号）。また，この**専用使用権**の対象となっている敷地および共用部分等の部分を専用使用部分という（同９号）。

［H24］

○

管理規約および総会の決議は，**区分所有者の**包括承継人および特定承継人に対しても，その効力を有する（５条１項）。

［H24］

○

占有者は，対象物件の使用方法につき，区分所有者がこの規約および総会の決議に基づいて負う義務と**同一の義務**を負う（５条２項）。

［H30］

×

天井・床・壁は，躯体部分を除く部分が**専有部分**である（７条２項１号）。つまり，躯体部分は「**中心線から内側部分**」も含めすべて**共用部分**である。

［H25］

×

玄関扉は，錠および内部塗装部分を専有部分とする（７条２項２号）。また，窓枠および**窓ガラス**は，専有部分に含まれないものとする（同３号）。したがって，**窓ガラスの内側部分**は，共用部分である。

［H30］

○

雨戸・網戸がある場合は，専有部分に含まれない（７条関係コメント④，同２項３号）。つまり，**雨戸・網戸**は**共用部分**である。

重要度 S★★★

問 7

□□□

各住戸の水道メーターは，専有部分である。

重要度 A

問 8

□□□

メーターボックス内の給湯器ボイラー設備は，共用部分である。

重要度 C

問 9

□□□

共有持分の割合の基準となる面積は，標準管理規約によれば，壁心計算による。

2 用法

重要度 C

問 10

□□□

専有部分を住宅宿泊事業として使用することを禁止とする場合においては，専有部分の用途を住宅専用である旨を規約に明記しておくだけでは足りない。

[H28]

各種の配線配管（給水管については，本管から各住戸メーターを含む部分，雑排水管および汚水管については，配管継手および立て管）は，専有部分に属しない「建物の附属物」であり，共用部分である（8条，別表第2）。

ココも注意! インターネット通信設備および集合郵便受箱は，専有部分に属しない「建物の附属物」に該当し，共用部分である（8条，別表第2）。

[H17]

メーターボックス（給湯器ボイラー等の設備を除く）は，専有部分に属しない「建物の部分」であり，共用部分である（8条，別表第2）。給湯器ボイラーは，専有部分である。

[H27]

登記簿に記載されている面積は，内のり計算によるが，共有持分の割合の基準となる面積は，壁心計算（界壁の中心線で囲まれた部分の面積を算出する方法をいう）によるものとする（10条関係コメント①）。

[R1]

専有部分を住宅宿泊事業として使用することを禁止とする場合には，専有部分の用途を住宅専用である旨を規約に明記しておくだけでは足りず，別途，「区分所有者は，その専有部分を住宅宿泊事業法3条1項の届出を行って営む同法2条3項の住宅宿泊事業に使用してはならない」と規定する必要がある（12条2項）。

重要度 A

問 11

□□□

区分所有者が専有部分を賃貸した場合，賃借人は，専用使用権の設定された1階に面する庭（専用庭）を使用することができるが，区分所有者のみが駐車場使用契約により使用しているマンションの敷地上の駐車場は当然には使用することができない。

重要度 A

□□□

駐車場使用契約により使用者から使用料を徴収している以上，管理組合は必ず車両の保管責任を負わなければならない。

重要度 B

□□□

駐車場使用者が，管理費，修繕積立金等の滞納等の規約違反をしている場合にあっても，駐車場使用細則，駐車場使用契約等に明文規定がなければ，管理組合は当該駐車場使用契約を解除することはできない。

重要度 C

□□□

管理組合は，駐車場区画の位置等による利便性・機能性の差異や，特定の位置の駐車場区画を希望する者がいる等の状況に応じて，駐車場使用料について柔軟な料金設定を行うことも考えられる。

[H30]

○

区分所有者から専有部分の貸与を受けた者は，その区分所有者が専用使用権を有しているバルコニー・玄関扉・窓枠・窓ガラス・**1階に面する庭（専用庭）**を**使用することができる**（14条3項）。しかし，その区分所有者がその所有する専有部分を，他の区分所有者または第三者に**譲渡・貸与**したときは，その区分所有者の駐車場使用契約は**効力を失う**（15条3項）。したがって，賃借人は，駐車場は当然には使用することができない。

ココも注意！ 区分所有者は，専有部分を第三者に貸与する場合には，貸与に係る契約に規約および使用細則に定める事項を**遵守する旨の**条項を**定める**とともに，契約の相手方に規約および使用細則に定める事項を遵守する旨の誓約書**を管理組合に提出**させなければならない（19条2項）。

[H25]

×

車両の保管責任については，**管理組合が負わない旨**を駐車場使用契約または駐車場使用細則に規定することが望ましい（15条関係コメント⑤）。必ず管理組合が保管責任を負うわけではない。

[H25]

○

駐車場使用細則，**駐車場使用契約**等に，管理費，修繕積立金の滞納等の規約違反の場合は，契約を解除できるかまたは次回の選定時の参加資格をはく奪することができる旨の規定を定めることもできる（15条関係コメント⑥）。つまり，**駐車場使用細則**や**駐車場使用契約**等に契約を解除できる旨の規定を定めていなければ，管理組合は駐車場使用契約を解除することはできない。

[R5]

○

駐車場使用料について，平置きか機械式か，屋根付きの区画があるかなど駐車場区画の位置等による**利便性・機能性の差異**や，使用料が高額になっても**特定の位置の駐車場区画を希望する者がいる**等の状況に応じて，柔軟な料金設定**を行う**ことも考えられる（15条関係コメント⑨）。

重要度 S★★★

問 15

□□□

敷地および共用部分等の一部に広告塔や看板等を第三者に設置させる場合は，総会の決議を経なければならない。

重要度 S★★★

問 16

□□□

専有部分についての修繕等であって共用部分または他の専有部分に影響を与えるおそれのあるものを行おうとする区分所有者からの申請に対する承認または不承認は，理事会の決議により決定しなければならない。

重要度 B

問 17

□□□

専有部分の修繕工事に関し，必要な調査を行うため，理事長が修繕箇所への立入りを請求したが，その専有部分の区分所有者がこれを拒否する場合には，正当な理由が必要とされる。

重要度 C

問 18

□□□

理事長の承認を受けた工事であっても，当該工事の結果，共用部分又は他の専有部分に生じた事後的な影響については，当該工事を発注した区分所有者は，その責任や負担を免れるわけではない。

重要度 B

問 19

□□□

区分所有者は，専有部分を第三者に賃貸する場合には，規約および使用細則に定める事項を賃借人に遵守させる旨を誓約する書面を管理組合に提出しなければならない。

[R5]

○

管理組合は，総会の決議を経て，敷地および共用部分等の一部について，**第三者に使用させる**ことができる（16条2項）。そして，対象となるのは，広告塔，**看板等**である（同関係コメント②）。

[H21]

○

区分所有者は，その専有部分について，**修繕等**であって共用部分または他の専有部分に影響を与えるおそれのあるものを行うときは，あらかじめ，**理事長**にその旨を申請し，書面による承認を受けなければならない（17条1項）。そして，理事長は，当該区分所有者からの申請について，理事会の決議により，その**承認または不承認**を決定しなければならない（同3項）。

ココも注意! **理事長の書面による承認が必要となる修繕等の具体例は，床のフローリング，ユニットバスの設置，主要構造部に直接取り付けるエアコンの設置，配管（配線）の枝管（枝線）の取付け・取替え，間取りの変更等がある（17条関係コメント②）。**

[H25]

○

理事長または**その指定を受けた者**は，専有部分の修繕工事の施行に必要な範囲内において，修繕等の箇所に立ち入り，必要な調査を行うことができる。この場合において，区分所有者は，正当な理由がなければこれを拒否してはならない（17条5項）。

[R1]

○

理事長の承認を受けた修繕等の工事後に，当該工事により共用部分または他の専有部分に影響が生じた場合は，当該工事を発注した区分所有者**の責任と負担**により**必要な措置**をとらなければならない（17条6項）。

[R5]

×

区分所有者（組合員）は，その専有部分を第三者**に貸与**する場合には，**規約**および**使用細則**に定める事項をその第三者**に遵守**させなければならない（19条1項）。この場合，区分所有者は，その貸与に係る契約に「規約および使用細則に定める事項を遵守する」旨の**条項を定める**とともに，契約の相手方（賃借人）に「規約および使用細則に定める事項を遵守する」旨の誓約書**を管理組合に提出させなければならない**（同2項）。

重要度 C

組合員が，その専有部分を賃貸する場合，契約の相手方が暴力団員であることが判明したときには，管理組合は，相当の期間を定めた催告後，区分所有者に代理して解約権を行使することができることを，当該賃貸借契約に定めなければならない。

3 管理

重要度 B

専用使用部分である窓ガラスが，当該住戸の区分所有者の過失により破損した場合には，当該区分所有者の申請に基づき，管理組合が修繕する。

重要度 S★★★

給水管本管と枝管（専有部分であるものを含む）を一体的に取り替える工事を行うには，総会の特別決議が必要である。

[H30]

答 20 ×

区分所有者は，その専有部分を**第三者に貸与**する場合には，契約の相手方が暴力団員であることが判明した場合には，「何らの催告を要せずして，当該契約を**解約することができる**こと」「区分所有者がこの解約権を行使しないときは，**管理組合**は，区分所有者に代理**して解約権を行使することができる**こと」をその貸与に係る契約に定めなければならない（19条の２第１項２号・３号）。つまり，「相当の期間を定めた催告後に解約権が行使できること」を定めるのではない。

[R5]

答 21 ×

敷地および共用部分等の管理については，管理組合がその責任と負担においてこれを行うが，**バルコニー等の保存行為**のうち，通常の使用に伴う**もの**については，**専用使用権を有する者がその責任と負担においてこれを行わなければならない**（21条１項）。バルコニーの清掃や**窓ガラスが割れた時の入替え**等は，通常の使用に伴う**保存行為**に該当する（21条関係コメント④）。したがって，「窓ガラスが区分所有者の過失により破損した場合」は，「通常使用に伴う**もの**」ではないので，その区分所有者が修繕しなければならない。

[H22]

答 22 ×

専有部分である設備のうち**共用部分と構造上一体となった部分**の管理を共用部分の管理と一体として行う必要があるときは，管理組合が行うことができる（21条２項）。この工事の実施には，総会の普通**決議**が必要である（48条９号）。

重要度 B

区分所有者が，屋上からの雨漏りにより専有部分の使用に支障が生じ緊急を要するため当該共用部分の保存行為を行ったが，あらかじめ理事長に申請して書面による承認を受けなかったときは，当該保存行為に要した費用は，当該保存行為を行った区分所有者が負担する。

□□□

重要度 C

第三者による犯罪行為により損傷した面格子の補修をする場合には，管理組合がその責任と負担で行う。

□□□

重要度 S★★★

給水管本管と枝管（専有部分であるものを含む）を一体的に取り替える工事を総会で決議した場合も，配管の取替え等に要する費用のうち専有部分に係るものについては，各組合員が実費に応じて負担すべきである。

□□□

[R5]

×

区分所有者は，バルコニー等の保存行為のうち，通常の使用に伴うものの場合またはあらかじめ理事長に申請して書面による承認を受けた場合を除き，敷地および共用部分等の**保存行為を行うことができない**。ただし，**専有部分の使用に支障が生じている場合**に，その専有部分を所有する区分所有者が行う保存行為の実施が，**緊急を要する**ものであるときは，**保存行為を行うことができる**（21条３項）。また，この規定に**違反して保存行為を行った**場合には，**保存行為に要した費用**は，保存行為を行った**区分所有者が負担**しなければならない（同５項）。本問は「**専有部分の使用に支障が生じ緊急を要する**」ものなので，**区分所有者は当該共用部分の保存行為を行うことができ**，規定に違反して保存行為を行ったわけではないので，**保存行為に要した費用は，区分所有者の負担**とはならない。

[H28]

○

面格子は**窓枠・窓ガラス**に付属するものであり，**専用使用部分**に該当する（14条１項参照）。そして，バルコニー等の専用使用部分の破損が**第三者による犯罪行為等**によることが明らかである場合の保存行為の実施は，**通常の使用に伴わない**ものであるため，管理組合がその責任と負担で行う（21条関係コメント⑥）。

ココも注意！ 同居人や賃借人等による破損は，**通常の使用**に伴うものとして，当該バルコニー等の**専用使用権を有する者**がその責任と負担で保存行為を行う（21条関係コメント⑥）。

[H22]

○

配管の取替え等に要する費用のうち**専有部分**に係るものについては，**各区分所有者が実費に応じて負担**すべきものである（21条関係コメント⑦）。

比較しよう！ 「**配管の清掃等に要する費用**」については，「**共用設備の保守維持費**」として**管理費**を充当することが可能である（21条関係コメント⑦）。

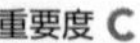

重要度 C

問 26 □□□

大規模な災害や突発的な被災では，理事会の開催も困難な場合があることから，そのような場合には，保存行為に限らず，応急的な修繕行為の実施まで理事長単独で判断し実施することができる旨を，規約において定めることもできる。

重要度 C

問 27 □□□

共用部分のうち各住戸に付属する玄関扉の改良工事で住宅の性能向上に資するものについて，計画修繕としてこれを速やかに実施できる場合には，管理組合がその責任と負担において実施するものとする。

重要度 B

問 28 □□□

給水管本管と枝管（専有部分であるものを含む）を一体的に取り替える工事を総会で決議した場合には，管理組合は，当然に組合員の居室に立ち入ることができる。

重要度 A

問 29 □□□

敷地および共用部分等の管理の必要性がある場合に，管理を行う者から，専有部分への立入りを請求された区分所有者は，正当な理由なく立入りを拒否したときは，その結果生じた損害を賠償しなければならない。

重要度 C

問 30 □□□

災害，事故等が発生した場合であって，緊急に立ち入らないと共用部分等または他の専有部分に対して物理的にまたは機能上重大な影響を与えるおそれがあるときは，理事長は，当該専有部分の区分所有者の承諾がなくても，自ら立ち入り，または委任した者に立ち入らせることができる。

[H29]

大規模な災害や突発的な被災では，理事会の開催も困難な場合があることから，そのような場合には，保存行為に限らず，応急的な修繕行為の実施まで理事長単独で判断し実施することができる旨を，規約において定めることも考えられる（21条関係コメント⑩）。

[R5]

共用部分のうち各住戸に附属する窓枠，窓ガラス，玄関扉その他の開口部に係る改良工事であって，防犯，防音または断熱等の住宅の性能の向上等に資するものについては，管理組合がその責任と負担において，計画修繕としてこれを実施する（22条2項）。

[H22]

管理組合は，管理を行うために必要な範囲内において，他の者が管理する専有部分・専用使用部分への立入りを請求できる（23条1項，21条）。立入りを請求できるだけであり，当然に立ち入ることができるわけではない。

[H28]

管理を行う者から立入りを請求された者は，正当な理由がなければ拒否してはならない（23条2項）。この場合，正当な理由なく立入りを拒否した者は，その結果生じた損害を賠償しなければならない（同3項）。

[H28]

理事長は，災害・事故等が発生した場合で，緊急に立ち入らないと共用部分等または他の専有部分に対して物理的・機能上重大な影響を与えるおそれがあるときは，専有部分または専用使用部分に自ら立ち入り，または委任した者に立ち入らせることができる（23条4項）。このような緊急の場合，当該専有部分の区分所有者の承諾は不要である。

ココも注意! 立入りをした者は，緊急性に基づく立入りの場合も含めて，速やかに立入りをした箇所を原状に復さなければならない（23条5項）。

重要度 B

問 31

理事長（区分所有法で定める管理者）は，共用部分に係る損害保険契約に基づく保険金の請求および受領について，区分所有者を代理する。

重要度 S★★★

問 32

管理費等の額については，各区分所有者の共用部分の共有持分に応じて算出するものとされている。

重要度 S★★★

問 33

管理費等の負担割合を定めるに当たっては，共用部分の使用頻度も勘案する。

重要度 A

問 34

管理組合の運営に要する費用については，組合費として管理費とは分離して徴収することができる。

重要度 B

問 35

議決権割合の設定方法について，１戸１議決権や価値割合を採用する場合，管理費等の負担もこの割合によらなければならない。

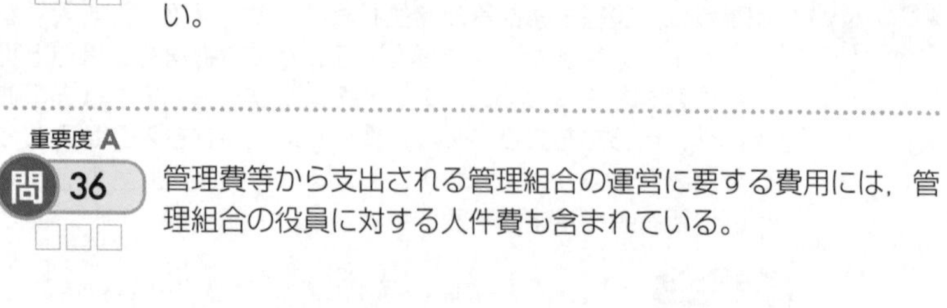

重要度 A

問 36

管理費等から支出される管理組合の運営に要する費用には，管理組合の役員に対する人件費も含まれている。

[H26]
答 31 ○

理事長は，区分所有法に定める管理者である（38条２項）。そして，**理事長**は，共用部分に係る損害保険契約に基づく保険金額の請求および受領について，区分所有者を代理する（24条２項）。

ココも注意! 区分所有者は，共用部分等に関し，管理組合が**火災保険，地震保険その他の損害保険の契約**を締結することを承認する（24条１項）。したがって，**標準管理規約**では，損害保険の契約の締結に，**総会の決議は不要**としている。

[H17]
答 32 ○

管理費等の額については，**各区分所有者の共用部分**の共有持分に応じて算出される（25条２項）。

[H24]
答 33 ×

管理費等の負担割合を定めるに当たっては，**共用部分の使用頻度**等は勘案しない（25条関係コメント①）。

[H17]
答 34 ○

管理費のうち，**管理組合の運営に要する費用**については，組合費として**管理費とは分離**して徴収することもできる（25条関係コメント②）。

[H30]
答 35 ×

議決権割合の設定方法について，「**１戸１議決権**」や「**価値割合**」を採用する場合であっても，これとは別に，**管理費等の負担額**については，「共用部分の共有持分**に応じて算出**する」こととできる（25条関係コメント③，25条２項）。

[H17]
答 36 ○

管理費は，一定の**通常の管理に要する経費**に充当することとされており，その中に，「**管理組合の運営に要する費用**」も含まれるが，この費用には「**管理組合の役員に対する人件費**」も含まれている（27条10号，27条関係コメント①）。

ココも注意! 「**管理員人件費**」も管理費から充当する（27条１号）。

重要度 A

問 37

□□□

公租公課は，管理費から支払う。

重要度 A

問 38

□□□

共用設備の保守，維持に要する経費は，修繕積立金を取り崩して充当することができる。

重要度 S★★★

問 39

□□□

共用部分に係る火災保険料，地震保険料その他の損害保険料は，管理費から充当する。

重要度 A

問 40

□□□

共用部分の階段のすべり止めに数箇所の剥離（はくり）が生じたため，その補修費に充当する場合，修繕積立金を取り崩して充当することができる。

重要度 B

問 41

□□□

管理組合は，マンション管理業者に対する管理委託業務費を支払うため，修繕積立金を取り崩して充当してはならない。

重要度 A

問 42

□□□

管理組合は，専門的知識を有する者の活用に要する費用の支出に充てるため，修繕積立金を取り崩して支払うことができる。

重要度 B

問 43

□□□

管理組合は，町内会等との渉外業務に要する費用に管理費を充当することができる。

[H16]

「**公租公課**」は，管理費から支払われる（27条2号）。

○

[H22]

「共用設備の**保守維持費**および**運転費**」は，通常の管理に要する経費として，管理費から充当する（27条3号）。

×

[H16]

「共用部分に係る**火災保険料**，**地震保険料**その他の損害保険料」は，通常の管理に要する経費として，管理費から充当する（27条5号）。

○

[R4]

「共用部分の**経常的な補修費**」（日常的に発生する修繕費）は，通常の管理に要する経費として，管理費から充当する（27条6号）。共用部分の階段のすべり止めに数箇所の剥離が生じた場合のその補修費は，**経常的な補修費**に該当する。

×

[R1]

「マンション管理業者に対して支払う**管理委託業務費**」は，通常の管理に要する経費として管理費から充当するものであるので，管理組合は，**修繕積立金**を取り崩して充当することはできない（27条8号）。

○

[H20]

「**専門的知識を有する者の活用**に要する費用」は，通常の管理に要する経費として，管理費から充当する（27条9号）。

×

ココも注意！ この専門的知識を有する者とは，マンション管理士のほか，弁護士，司法書士，建築士等が考えられる（33条および34条関係コメント②）。

[R5]

管理組合は，町内会等との**渉外業務**を行う（32条11号）。そして，「**渉外業務**に要する費用」は，管理組合の業務に要する費用として，管理費**から充当**する（27条11号）。

○

重要度 S★★★

各居住者が，各自の判断で自治会，町内会等に加入する場合に支払う自治会費，町内会費等の支払いについては，管理費からの支出は認められない。

重要度 A

不測の事故その他特別の事由により必要となる修繕の費用は，管理費から支出しなければならない。

重要度 S★★★

新たに整備された公共下水道に汚水を直接放流するので，不要となった浄化槽を解体し，その場所にプレイロットを新設するのに要した費用は，修繕積立金を充当することができる。

重要度 A

建替え決議の後であっても，建物の建替えに係る計画または設計等に必要がある場合には，その経費に充当するため，総会の決議を経て修繕積立金を取り崩すことができる場合がある。

重要度 B

管理組合は，敷地および共用部分等の管理に関し，区分所有者全体の利益のために通常必要となる管理に要する経費に充てるため，修繕積立金を取り崩して支払うことができる。

[H20]

各居住者が各自の判断で自治会または町内会等に加入する場合に支払うこととなる**自治会費**または**町内会費**等は地域住民相互の親睦や福祉，助け合い等を図るため居住者が任意に負担するものであり，マンションを維持・管理していくための費用である管理費等とは別のものである（27条関係コメント③）。

[H13]

「**不測の事故**その他特別の事由により必要となる修繕」の費用は，修繕積立金を取り崩して充当しなければならない（28条1項2号）。

[R5]

「**敷地**および**共用部分等の変更**」に要する経費は，修繕積立金を取り崩すことができる（28条1項3号）。不要となった**浄化槽を解体**し，その場所に**プレイロット**（遊び場）**を新設**することは，これに該当するので，修繕積立金**を充当**することができる（28条3号）。

[H28]

建替え決議または建替えに関する区分所有者全員の合意の後であっても，マンション建替組合の設立の認可またはマンション建替事業の認可までの間で，**建物の建替えに係る計画または設計等に必要がある**場合には，その経費に充当するため，管理組合は，修繕積立金を取り崩すことができる（28条2項）。そして，この場合，**総会の決議**が必要となる（48条7号）。

ココも注意！ ただし，この場合でも修繕積立金の「全額」を取り崩すことはできず，修繕積立金から管理組合の消滅時に建替え**不参加者に帰属する修繕積立金相当額を除いた金額が限度**となる。

[H20]

「敷地および共用部分等の管理に関し，**区分所有者全体の利益のために特別に必要となる管理**」に要する経費は，修繕積立金を取り崩して充当することができる（28条1項5号）。

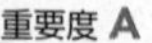

管理組合は，計画修繕に要する経費に充てるために借入れをしたときは，管理費をもってその償還に充てるものとする。

重要度 A

問 50

修繕積立金は，管理費とは区分して経理しなければならない。

重要度 A

分譲会社が分譲時において将来の計画修繕に要する経費に充当していくため，一括して購入者より修繕積立基金として徴収している場合は，特に区分経理する必要はない。

重要度 C

建替えに係る調査に必要な経費の支出は，マンションの実態にかかわらず，管理費から支出する旨を管理規約に規定することはできない。

重要度 S★★★

駐車場使用料は，その管理に要する費用に充てるほか，管理費に充当する。

重要度 C

機械式駐車場を有する場合，駐車場使用料は，管理費および修繕積立金とは区分して経理することもできる。

4 管理組合

重要度 B

町内会の防災対策についての情報収集のため町内会の会合に出席することは，管理組合の業務である。

[H28]

管理組合は，特別の管理に要する経費に充てるため**借入れ**をしたときは，修繕積立金をもってその償還に充てることができる(28条4項)。しかし，**管理費**をもってその償還に充てることはできない。

[H16]

修繕積立金は，**管理費**とは区分して経理しなければならない(28条5項)。

[H22]

「分譲会社が分譲時において将来の計画修繕に要する経費に充当していくため，**一括して購入者より**修繕積立基金**として徴収**している場合」や，「修繕時に，既存の修繕積立金の額が修繕費用に不足すること等から，一時負担金**が区分所有者から徴収**される場合」があるが，これらについても**修繕積立金**として積み立てられ，区分経理されるべきものである（28条関係コメント②)。

[H28]

「**建替え等に係る調査に必要な経費**の支出」は，各マンションの実態に応じて，管理費から支出する旨を**管理規約に規定することもできる**（28条関係コメント⑧)。

[H16]

駐車場使用料は，その管理に要する費用に充てるほか，管理費ではなく，修繕積立金として積み立てる（29条)。

[H27]

機械式駐車場を有する場合は，その維持および修繕に多額の費用を要することから，**管理費および修繕積立金とは**区分して経理することもできる（29条関係コメント)。

[H21]

官公署，町内会等との渉外**業務**は，管理組合の業務であり（32条11号)，「町内会の防災対策についての情報収集のため町内会の会合に出席すること」は，これに該当する。

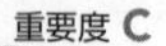

重要度 C

問 56

組合員向けに広報誌を発行することは，管理組合の業務である。

重要度 A

問 57

長期修繕計画の計画期間は，25年程度以上であることが最低限必要である。

重要度 B

問 58

計画修繕の対象となる工事として，外壁補修，屋上防水，給排水管取替え，窓および玄関扉等の開口部の改良等が掲げられ，各部位ごとに修繕周期，工事金額等が定められていることが必要である。

重要度 S★★★

問 59

長期修繕計画の内容については，定期的な見直しをすることが必要である。

重要度 A

問 60

長期修繕計画の作成または変更および修繕工事の実施の前提として，劣化診断（建物診断）を管理組合として併せて行うことが必要である。

重要度 S★★★

問 61

長期修繕計画の作成等のための劣化診断（建物診断）に要する経費の充当については，管理組合の財政状態等に応じて管理費または修繕積立金のどちらからでも取り崩すことができる。

重要度 S★★★

問 62

一定年数の経過ごとに計画的に行う修繕工事を前提に専門家に建物診断を委託した費用は，修繕積立金を充当することができる。

[H21]
答 56 ○

広報および連絡業務は，管理組合の業務であり（32条13号），「組合員向けに広報誌を発行すること」は，これに該当する。

ココも注意! 「長期修繕計画の作成または変更に関する業務および長期修繕計画書の管理」も，管理組合の業務である（32条３号）。

[H21]
答 57 ×

長期修繕計画の計画期間は，30年以上で，かつ大規模修繕工事が２回以上含まれる期間以上であることが最低限必要である（32条関係コメント②１）。

[H25]
答 58 ○

計画修繕の対象となる工事として外壁補修，屋上防水，給排水管取替え，窓および玄関扉等の開口部の改良等が掲げられ，各部位ごとに修繕周期，工事金額等が定められているものであることが最低限必要である（32条関係コメント②２）。

[H13]
答 59 ○

長期修繕計画の内容については，定期的な見直しをすることが必要である（32条関係コメント②３）。

[H25]
答 60 ○

長期修繕計画の作成または変更および修繕工事の実施の前提として，劣化診断（建物診断）を管理組合として併せて行う必要がある（32条関係コメント③）。

[H22]
答 61 ○

「長期修繕計画の作成・変更に要する経費」および「長期修繕計画の作成等のための劣化診断（建物診断）に要する経費」の充当については，管理組合の財産状態等に応じて管理費または修繕積立金のどちらからでもできる（32条関係コメント④）。

[R5]
答 62 ○

「修繕工事の前提としての劣化診断（建物診断）に要する経費」の充当については，修繕工事の一環としての経費であることから，原則として修繕積立金から取り崩すこととなる（32条関係コメント④）。

重要度 C

問 63

□□□

管理組合を代表する理事は理事長１名である。

重要度 S★★★

□□□

甲マンションに居住している組合員Ａが死亡し，同居する妻Ｂと，甲マンションの近隣に住む子Ｃが共同相続した場合，Ｃは，甲マンションに現に居住している組合員ではないので，管理組合の役員になることはできない。

重要度 B

□□□

組合員以外の者から理事または監事を選任する場合の選任方法については細則で定める。

重要度 C

□□□

理事の任期は規約により自由に定めることができ，再任することもできる。

重要度 S★★★

□□□

任期途中で解任された副理事長はその地位を失うが，後任の副理事長が就任するまでの間，引き続きその職務を行う。

[R2]

管理組合には，理事長，**副理事長○名**，**会計担当理事○名**，**理事**（理事長，副理事長，会計担当理事を含む）**○名**，**監事○名**の役員を置く（35条1項）。また，理事長は，管理組合を**代表**する（38条1項）。標準管理規約上，理事長については，複数名置くこととされていないため，**管理組合を代表する理事**は理事長**1名**である。

[H30]

役員（理事および監事）は，**総会の決議**によって，組合員のうちから，**選任**する（35条2項）。**役員**は「組合員」であればよく，マンションに「**現に居住している**」**必要はない**。組合員Aの子Cは，相続により甲マンションの組合員となったので，現に居住していなくとも，**役員**となることができる。

[R5]

組合員以外の者から**理事**または**監事**を選任する場合の**選任方法**については細則で定める（35条4項）。

[R2]

管理組合の**理事の任期**は**○年**とし，再任**を妨げない**（36条1項）。したがって，**理事の任期**は規約により**自由**に定めることができ，再任することもできる。

[H20]

任期の満了または辞任によって退任する役員は，**後任の役員が就任するまで**引き続きその職務を行う（**職務続行義務**，36条3項）。しかし，解任された者が職務を行うのは不適切であるから，後任の副理事長が就任していなくても，解任された副理事長に**職務続行義務**は発生しない。

ココも注意! 組合員である役員が転出，死亡その他の事情により任期途中で欠けた場合には，組合員から**補欠の役員**を理事会の決議で選任することができると，規約に規定することもできる（36条関係コメント④）。

重要度 C

問 68

暴力団員である者または暴力団員でなくなった日から５年を経過しない者は，管理組合の役員となることができない。

重要度 C

問 69

役員は，別に定めるところにより，役員としての活動に応ずる必要経費の支払と報酬を受けることができる。

重要度 A

問 70

理事長と管理組合との利益が相反する事項については，理事長は，管理組合が承認した場合を除いて，代表権を有しない。

重要度 C

問 71

理事長が管理組合の業務の遂行に際し，職員を採用し，または解雇するには，理事会の承認を必要とする。

重要度 B

問 72

理事長が他の理事に，その職務の一部を委任するには，理事会の承認が必要である。

重要度 C

問 73

管理組合と理事長との利益相反事項については，監事または理事長以外の理事が管理組合を代表する。

重要度 B

問 74

理事長が通常総会を欠席した場合，議長は，副理事長が理事長を代理して務める。

[H30]
答 68 ○

暴力団員等（暴力団員または暴力団員でなくなった日から5年を経過しない者）は，管理組合の役員にはなれない（36条の2第3号）。

[R5]
答 69 ○

役員は，別に定めるところにより，役員としての活動に応ずる必要経費の支払と報酬を受けることができる（37条2項）

[H28]
答 70 ×

役員は，自己または第三者のために管理組合と取引をする場合，理事会において，その取引につき重要な事実を開示し，その承認を受けなければならない（37条の2）。また，管理組合と理事長との利益が相反する事項については，理事長は代表権を有せず，監事または理事長以外の理事が管理組合を代表する（38条6項）。つまり，理事長と管理組合との利益が相反する事項については，たとえ管理組合が承認をした場合であっても，理事長は代表権を有しない。

[H29]
答 71 ○

理事長は，管理組合の業務の遂行に際し，理事会の承認を得て，職員を採用し，または解雇することができる（38条1項2号）。

[H29]
答 72 ○

理事長は，理事会の承認を受けて，他の理事に，その職務の一部を委任することができる（38条5項）。

[R2]
答 73 ○

管理組合と理事長との利益が相反する事項については，理事長は代表権を有しない。この場合においては，監事または理事長以外の理事が管理組合を代表する（38条6項）。

[H26]
答 74 ○

副理事長は，理事長を補佐し，理事長に事故があるときはその職務を代理し，理事長が欠けたときは，その職務を行う（39条）。そして，総会の議長は理事長の職務であるが（42条5項），理事長が欠席した場合は，副理事長が議長を務める。

重要度 A

問 75

□□□

理事長が，自己の経営する会社のために管理組合と取引をしようとする場合において，理事長以外の理事は，当該取引が管理組合に著しい損害を及ぼすおそれがあることを発見したときは，直ちに，その事実を監事に報告しなければならない。

重要度 S★★★

問 76

□□□

管理組合の役員には，管理費等の収納，保管，運用，支出等の会計業務を行うために会計担当理事を置くこととされており，会計担当理事は，理事のうちから，理事会で選任する。

重要度 C

□□□

監事は，管理組合の業務の執行および財産の状況を監査し，その結果を総会に報告しなければならない。

重要度 C

問 78

□□□

監事は，いつでも，理事に対して業務の報告を求め，または業務および財産の状況の調査をすることができる。

重要度 S★★★

問 79

□□□

監事は，管理組合の業務の執行と財産の状況を監査し，その結果を総会に報告するために通常総会を招集することができる。

重要度 S★★★

問 80

□□□

監事は，理事会に出席し，必要があると認めるときは，意見を述べなければならない。

[R1]

答 75 ○

理事は，管理組合に著しい損害を及ぼすおそれのある事実があることを発見したときは，直ちに，当該事実を監事**に報告**しなければならない（40条２項）。理事長が，利益相反取引をしようとする場合には，理事長以外の理事が，その事実を監事に報告する必要がある。

[H27]

答 76 ○

管理組合には，**会計担当理事**を置くこととされている（35条１項３号）。また，**会計担当理事**は，管理費等の収納，保管，**運用**，**支出**等の会計業務を行う（40条３項）。そして，**理事長**，**副理事長**および**会計担当理事**は，理事のうちから，理事会で選任する（35条３項）。

[H29]

答 77 ○

監事は，管理組合の業務の執行および財産の状況**を監査**し，その結果を総会**に報告**しなければならない（41条１項）。

[H29]

答 78 ○

監事は，いつでも，**理事**および**理事会の承認**を得て採用された**職員**に対して業務の報告を求め，または業務および財産の状況**の調査**をすることができる（41条２項）。

[H23]

答 79 ×

監事は，管理組合の業務の執行および財産の状況について不正があると認めるときは，臨時総会**を招集**することができる（41条３項）。通常総会を招集するのではない。

[H28]

答 80 ○

監事は，理事会**に出席**し，必要があると認めるときは，**意見を述べなければならない**（41条４項）。

重要度 A

問 81 □□□

監事は，理事が不正の行為をし，もしくは当該行為をするおそれがあると認めるときは，直ちに，理事会を招集することができる。

重要度 B

問 82 □□□

理事長は，毎年１回通常総会を招集しなければならない。

重要度 C

問 83 □□□

理事長は，必要と認める場合には，理事長の権限で臨時総会を招集することができる。

重要度 B

問 84 □□□

令和４年12月18日（日）が集会開催日なので，その２週間前の12月４日（日）に招集通知を発送したことは，標準管理規約の定めに反する（会議の目的は建替え決議またはマンション敷地売却決議でないものとする）。

[R4]

×

監事は，①**理事が不正の行為をし，もしくは当該行為をするおそれがあると認めるとき**，または②法令，規約，使用細則等，総会の決議もしくは理事会の決議に違反する事実もしくは著しく不当な事実があると認めるときは，遅滞なく，その旨を理事会に報告しなければならない（41条５項）。この場合，**監事は，必要があると認めるとき**は，**理事長に対し**，理事会の招集**を請求**することができる（同６項）。つまり，監事は，**理事長に対し**，理事会の招集**を請求**することができるのであり，監事が，直ちに，理事会を招集できるのではない。

[H16]

○

理事長は，**毎年１回**新会計年度開始以後**２ヵ月以内**に通常総会を招集しなければならない（42条３項）。

[R2]

×

理事長は，必要と認める場合には，理事会の決議を経て，いつでも**臨時総会を招集**することができる（42条４項）。理事長が**臨時総会を招集**するためには，理事会の決議が必要であり，理事長の権限で招集することはできない。

[H15]

○

総会を招集するには，少なくとも**会議を開く日の２週間前**（会議の目的が建替え決議またはマンション敷地売却決議であるときは２ヵ月前）**まで**に，会議の日時，場所および目的を示して，組合員に通知を**発しなければならない**（43条１項）。この「**２週間前まで**」とは，通知の発送の翌日から総会の前日までに**２週間**（**14日間**）必要であるということであるが，本問の場合，13日しかない。

比較しよう！ **区分所有法における集会の招集通知**は，会日より少なくとも**１週間前**に発しなければならないとされている（区分所有法35条１項）。

第４章　マンション標準管理規約

重要度 B

不在区分所有者で通知場所の届出をしていない者に対しては，マンションの登記簿の甲区事項欄記載の住所にあてて招集通知を発送することができる。

重要度 B

マンションの建物内に居住する組合員に対しては，招集通知の内容を所定の掲示場所に掲示することをもって招集通知の発送に代えることができる。

重要度 B

総会の目的が，管理組合を法人化する件であったので，集会の日時，場所および目的は通知したが，議案の要領は通知しなかった。

重要度 S★★★

住戸数100戸，うち２戸を所有する区分所有者が２名おり，３名の共有名義の住戸が１つあるマンションにおいて，組合員の総会招集権は，議決権20，組合員数20人の同意が必要である。なお，議決権については１住戸１議決権の定めがあるものとする。

重要度 A

問 89

組合員が組合員総数の１／５以上および議決権総数の１／５以上に当たる区分所有者の同意を得て，総会の招集を請求した場合において，理事長が規約の定めに従った期間内に臨時総会の招集通知を発したときの議長は，理事長が務める。

[H15]

×

総会招集の通知は，管理組合に対し組合員が届出をしたあて先**に発する**ものとする。ただし，その**届出のない組合員**に対しては，対象物件内の専有部分の所在地**あてに発する**ものとする（標準管理規約43条２項)。「登記簿の甲区事項欄記載の住所」ではない。

[H15]

○

総会招集の通知は，「対象物件内に居住する**組合員**」および「管理組合に対する届出のない**組合員**」に対しては，その内容を所定の掲示場所に掲示することをもって，これに代えることができる（43条３項)。

[H15]

○

総会招集の通知をする場合において，会議の目的が，**①規約の制定・変更・廃止**，**②共用部分等の重大変更**，**③大規模滅失の復旧の決議**，**④建替え決議**，**⑤マンション敷地売却決議**であるときは，その議案の要領をも通知しなければならない（43条４項)。しかし，会議の目的が「管理組合の法人化」である場合，上記①〜⑤には該当せず，議案の要領**の通知は不要**である。

[H20]

○

組合員が組合員総数の１／５**以上**および議決権総数の１／５**以上**にあたる組合員の同意を得て，総会の招集を請求した場合，理事長は，２**週間以内**にその請求日から４**週間以内**の日を会日とする臨時総会の招集の通知を発しなければならない（44条１項)。したがって，本問の場合は，議決権100の１／５**以上**である20，組合員総数98（２戸を有する組合員が２，共有名義の１戸を有する組合員が１，１戸有する組合員が残りの95）の１／５（19.6人）**以上**の20人の同意があれば招集できる。

[H26]

×

44条１項に基づく組合員の総会招集請求があり，理事長がこの規定に従った期間内に臨時総会の招集の通知を発した場合，当該総会の**議長**は，総会に**出席した組合員**（書面または代理人によって議決権を行使する者を含む）の議決権の過半数をもって，組合員の中から選任する（44条１項，３項)。この場合の総会の議長は，理事長が務めるのではない。

重要度 A

問 90

□□□

マンション管理業者の従業者は，自己の属する管理業者が管理組合の総会運営の補助業務を受託していても，総会に出席できるとは限らない。

重要度 S★★★

総会における意見陳述権を有する占有者が総会に出席して意見を述べようとする場合には，当該占有者は，あらかじめ理事長にその旨を通知しなければならない。

重要度 A

総会の議長が，１住戸が２名の共有の場合，あらかじめ議決権行使者としての届出のなかった共有者１名に議決権を行使させたことは，適切である。

重要度 S★★★

総会の議題が専有部分でのペットの飼育を禁止にする件であったため，同居しているペットの飼い主である甥を代理人として議決権を行使させたことは，適切である。

[H19]

○

組合員のほか，**理事会が必要と認めた者**は，総会に出席することができる（45条1項）したがって，管理業者の従業者は，自己の属する管理業者が管理組合の総会運営の補助業務を受託していても，総会に出席できるとは限らない。

ココも注意！ 理事会**が必要と認めた者**の例としては，管理業者，管理員，マンション管理士等がある（45条関係コメント）。

[H29]

○

区分所有者の承諾**を得て専有部分を占有する者**は，**会議の目的につき**利害関係を有する場合には，総会に出席して**意見を述べることができる**。この場合において，総会に出席して意見を述べようとする者は，あらかじめ理事長**にその旨を通知**しなければならない（45条2項）。

[H18]

×

1戸が数人の**共有**に属する場合，その議決権の行使については，これら**共有者をあわせて一の組合員**とみなされる（46条2項）。また，一の組合員とみなされる者は，議決権を行使する者1名を選任し，その者の氏名をあらかじめ総会開会までに理事長に届け出なければならない（同3項）。したがって，届出のなかった共有者に議決権を行使させたことは，適切とはいえない。

[R5]

○

組合員は，書面または代理人によって議決権を**行使できる**（46条4項）。組合員が**代理人により議決権を行使**しようとする場合において，その**代理人**は，①その組合員の配偶者（婚姻の届出をしていないが事実上婚姻関係と同様の事情にある者を含む）または一親等**の親族**，②**その組合員の住戸に**同居する親族，③他の組合員のいずれかの者でなければならない（46条5項）。したがって，**同居している甥**は，②**に該当**し，代理人となることができる。

重要度 B

標準管理規約に即した管理規約を定めているあるマンションの総会の決議に関する委任状に氏名欄に署名はあるが，押印がなかったので，有効な委任状として取り扱わなかったことは，適切である。

重要度 S★★★

総会において，全ての議案に「反対」の記載があり，当該区分所有者の署名はなされているが，押印がないため有効な議決権行使書として認めなかったことは，適切である。

重要度 B

総会において，２つの議決権を有する区分所有者が，同一議案について議決権の１つは反対する旨の，もう１つの議決権については賛成する旨の議決権行使書を提出したので，それらの議決権行使を認めたことは，適切である。

重要度 A

住戸数100戸，うち２戸を所有する区分所有者が２名おり，３名の共有名義の住戸が１つあるマンションの総会は，議決権51以上を有する組合員が出席しなければ成立しない。なお，議決権については１住戸１議決権の定めがあるものとする。

[H22]

×

代理人が議決権を行使する場合，**組合員**または代理人は，代理権**を証する書面**（委任状）を理事長に提出しなければならない（46条6項）。標準管理規約では委任状に**署名押印を義務付けていない**ので，押印がなかった場合でも有効な委任状として取り扱わなければならない。

ココも注意! **「代理人による議決権の行使」**とは，代理権を証する書面（委任状）によって，組合員本人から授権を受けた**代理人が総会に出席して議決権を行使**することである（46条関係コメント⑥）。

[R4]

×

「書面による議決権の行使」とは，総会には出席しないで，総会の開催前に各議案ごとの賛否**を記載した書面**（議決権行使書）を総会の招集者に提出することである（46条関係コメント⑥)。本問の場合，賛否**の記載**があり，**署名**がなされているので，押印がなくても区分所有者の意思は明確であり，**有効な議決権行使書**として認められる。したがって，押印がないため有効な議決権行使書として認めなかったことは，適切とはいえない。

[H24]

×

標準管理規約では，**議決権の**不統一行使を認める規定は存在しない。したがって，同一議案につき，議決権の1つを反対する旨の，もう1つの議決権については賛成する旨の議決権行使を認めたことは，適切とはいえない。

[H20]

×

総会の会議は，**議決権総数の**半数**以上**を有する組合員が出席しなければならない（47条1項）。したがって，総会の会議が成立するための議決権は，100の半数**以上**にあたる50**以上**となる。

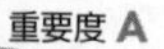

重要度 **A**

問 98 □□□

総会の議長が，普通決議事項につき，自分の賛成票を加えて可否同数になったので，議案が否決されたものとしたことは，適切である。

重要度 **B**

問 99 □□□

総会の議長が，あらかじめ通知した議案ではないが緊急動議が出たため，これを取り上げ採決したことは，適切である。

重要度 **A**

問 100 □□□

階段室部分を改造してエレベーターを新設する工事は，総会の普通決議で行うことができない。

重要度 **A**

問 101 □□□

階段にその基本的構造部分を変えずにスロープを併設し，手すりを追加するバリアフリー化の工事は，総会の普通決議で行うことができない。

重要度 **A**

問 102 □□□

耐震性が不足するため，柱やはりに炭素繊維シートや鉄板を巻き付けて補修する工事は，総会の普通決議ですることができる。

[H18]

○

総会の議事は，**出席組合員の議決権の**過半数で決する（47条2項)。この規定は，議長を含む出席組合員の議決権の過半数で決議し，過半数の賛成を得られなかった議事は否決とすることを意味する（47条関係コメント①)。したがって，自分の賛成票を加えて可否同数となった普通決議事項の議案を否決とした議長の行為は，適切である。

[H18]

×

総会においては，あらかじめ**招集通知で通知した事項**についてのみ，決議することができる（47条10項)。したがって，あらかじめ通知した議案でない緊急動議を取り上げて採決した議長の行為は，適切とはいえない。

[H17]

○

「エレベーターを新設する工事」は，特別多数**決議**によらなければならない（47条関係コメント⑤（ア))。

比較しよう! **計画修繕工事**に関し，**エレベーター設備の更新工事**は普通**決議**で実施可能である（47条関係コメント⑤（オ))。

[H17]

×

バリアフリー化の工事に関し，「**建物の基本構造部分を**取り壊す等の加工**を伴わずに階段にスロープを併設**し，**手すりを追加する工事**」は，普通**決議**により実施可能である（47条関係コメント⑤（ア))。

[H26]

○

耐震改修工事に関し，「**柱やはりに**炭素繊維シートや鉄板**を巻き付けて補修する工事**」は，普通**決議**により実施可能と考えられる（47条関係コメント⑤（イ))。

ココも注意! **構造躯体に筋かいなどの耐震部材を設置する工事**で，基本的構造部分への加工が小さいものも普通**決議**により実施可能である（47条関係コメント⑤（イ))。

マンションの地下に設けられた駐輪場を，壁と扉を設置して，災害用の備蓄倉庫とすることは，総会の普通決議で行うことができない。

重要度 A

玄関扉の一斉交換工事や不要になった高置水槽の撤去工事は，特別多数決議が必要である。

重要度 S★★★

管理組合の会計処理に関する細則の変更は，総会の特別多数決議を経なければならない。

重要度 A

役員活動費の額および支払方法を決定するには，総会の決議は必要ではない。

重要度 A

長期修繕計画の作成または変更を行うには，総会の決議は必要ではない。

重要度 B

管理費等および使用料の額ならびに賦課徴収方法は，総会の決議事項とされる。

重要度 S★★★

修繕積立金に係る銀行預金をおろして「マンションすまい・る債」（住宅金融支援機構が発行する債券）を購入するには，総会の決議は必要ではない。

[H30]

答 103 ○

「集会室，駐車場，駐輪場の増改築工事等で，**大規模なものや**著しい加工**を伴うもの**」は，特別多数**決議**により実施可能である（47条関係コメント⑤（カ））。本問の「工事」は，これに該当するので特別多数**決議**が必要であり，普通決議で行うことはできない。

[H20]

答 104 ×

「窓枠，窓ガラス，玄関扉等の一斉交換工事」「すでに不要**となったダストボックスや高置水槽等の撤去工事」**は普通**決議**により，実施可能と考えられる（47条関係コメント⑤（カ））。

[R4]

答 105 ×

「使用細則の制定・変更・廃止」は，総会**の議決事項**である（48条1号）。この場合，普通決議で足りる（47条2項）。

[H20]

答 106 ×

「役員活動費の額および支払方法」は，総会**の議決事項**である（48条2号）。

[H20]

答 107 ×

「長期修繕計画の作成または変更」は，総会**の議決事項**である（48条5号）。

[R5]

答 108 ○

「管理費等および使用料の額ならびに賦課徴収方法」は，総会**の決議事項**である（48条6号）。

[H20]

答 109 ×

「修繕積立金の保管および運用方法」は，総会**の議決事項**である（48条7号）。修繕積立金に係る銀行預金をおろして「マンションすまい・る債」（住宅金融支援機構が発行する債券）を購入することは，運用方法の変更にあたり総会の決議が必要である。

重要度 S★★★

問 110

□□□

専有部分である設備のうち共用部分と構造上一体となった部分の管理を共用部分の管理と一体として行う必要がある場合に，これを実施するには，総会の決議を要しない。

重要度 A

問 111

□□□

管理組合は，特別の管理に要する経費に充当するため，必要な範囲内において，借入れをすることができるが，それには総会の決議を経なければならない。

重要度 S★★★

問 112

□□□

総会の議長が，総会の議事録に，議長の指名する３名の総会出席者に署名をさせたが，議長本人は，署名をしなかったことは，適切である。

重要度 A

問 113

□□□

マンションの占有者は，総会の決議事項について利害関係を有する場合でも，総会議事録の閲覧請求をすることはできない。

重要度 C

問 114

□□□

会計担当理事の会計担当の職を解くことは，出席理事の過半数により決することができる。

[H17]

答 110 ×

専有部分である設備のうち共用部分と構造上一体となった部分の管理を共用部分の管理と一体として行う必要がある場合に，これを実施するには，総会の決議を要する(48条9号，21条2項)。

[H19]

答 111 ○

「特別の管理の実施ならびに借入れおよび修繕積立金の取崩し」は，総会の議決事項である（48条10号）。

ココも注意! 「組合管理部分に関する管理委託契約の締結」も総会の議決事項である（48条16号）。

[H18]

答 112 ×

総会の議事録には，議事の経過の要領およびその結果を記載し，議長および議長の指名する2名の総会に出席した組合員がこれに署名しなければならない（49条2項）。したがって，議長の指名する3名の総会出席者に署名させたが，議長本人が署名しなかった行為は，適切とはいえない。

[H17]

答 113 ×

理事長は，組合員または利害関係人の書面による請求があったときは，議事録の閲覧をさせなければならない（49条3項）。占有者は，利害関係人に含まれる。

[R4]

答 114 ○

理事会は，理事長，副理事長および会計担当理事の選任および解任を行う（51条2項3号）。そして，理事の互選により選任された理事長，副理事長および会計担当理事については，理事の過半数の一致によりその職を解くことができる（同関係コメント②）。

第4章　マンション標準管理規約

重要度 B

問 115

理事会開催日の１週間前に会議の日時と場所を通知するが，会議の目的は当日示すものとすることは，適切である。

重要度 B

理事会の会議は，理事の半数以上が出席しなければ開くことができず，その議事は出席理事の過半数で決するものとすることは，適切である。

重要度 S★★★

総会提出議案である収支予算案は，理事の過半数の承諾があるときは，電磁的方法により決議することができる。

重要度 C

理事長が，自己の経営する会社のために管理組合と取引をしようとする場合において，当該取引の承認について，理事長は，理事会の議決に加わることができない。

[H21]

×

理事会の招集手続については，総会**の招集手続**の規定が準用されている（52条４項，43条）。総会の場合は，原則として，総会開催日の２**週間前**に会議の日時，場所および目的を通知しなければならない（43条１項）。したがって，理事会についても，開催日の２**週間前**に会議の日時，場所および目的を通知しなければならない。

ココも注意！ ただし，**理事会の招集手続**について，**理事会において**別段の定めをすることができる（52条４項ただし書）。

[H21]

○

理事会の会議は，**理事の**半数**以上**が出席しなければ開くことができず，その議事は**出席理事の**過半数で決する（53条１項）。

[R4]

×

①専有部分の修繕工事，②共用部分等の保存行為，③窓ガラス等の改良工事についての承認または不承認については，**理事の**過半数の承諾があるときは，**書面または電磁的方法による決議**によることができる（53条２項，54条１項５号）。しかし，収支予算案については，書面または電磁的方法による決議をすることはできない。

[R1]

○

理事会の決議について特別の利害関係**を有する理事**は，議決に加わることができない（53条３項）。自己の利益相反取引への承認について，理事長は，特別の利害関係を有するので，理事会の議決に加わることはできない。

重要度 A

問 119

□□□

理事長は，理事会の議事録について，その保管場所を掲示しなければならない。

重要度 C

□□□

ＷＥＢ会議システムを用いて理事会を開催する場合は，当該理事会における議決権行使の方法等を，規約や細則において定めなければならない。

重要度 B

□□□

理事会の議決事項の中には，収支決算案，事業報告案，収支予算案および事業計画案がある。

重要度 B

□□□

災害等により総会の開催が困難である場合に，応急的な修繕工事の実施等を理事会で決議したときには，当該工事の実施に伴い必要となる資金の借入れを決めるにあたっても理事会の決議で足りる。

[H14]

理事会の議事録には，総会の議事録の規定が準用されているが，保管場所の掲示に関する規定は，準用されていない（53条4項）。したがって，理事長は，理事会の議事録について保管場所を掲示する必要はない。

ココも注意! 総会の議事録の規定が準用され，**理事会の議事録**には，議事の経過の要領およびその結果を記載し，**議長**および**議長の指名する**2名の理事会に出席した理事がこれに**署名**しなければならない（53条4項，49条2項）。

[R4]

ＷＥＢ会議システム等を用いて**理事会を開催**する場合は，当該理事会における**議決権行使の方法等**を，**規約や細則において定めることも**考えられる（53条関係コメント⑤）。したがって，「規約や細則において定めなければならない」わけではない。

[R3]

理事会の決議事項には，「**収支決算**案，**事業報告**案，**収支予算**案および**事業計画**案」がある（54条1項1号）。

[R5]

災害等により**総会の開催が困難**である場合における**応急的な修繕工事の実施等**は，理事会**の決議**で行うことができる（54条1項10号）。そして，理事会は，応急的な修繕工事の実施等の決議をした場合，その決議に係る**応急的な修繕工事の実施に充てるための**資金の借入れおよび**修繕積立金の取崩し**について**決議することができる**（同2項）。

重要度 S★★★

問 123

□□□

理事長は，その責任と権限の範囲内において，専門委員会を設置し，特定の課題を調査または検討させ，その結果を具申させることができる。

重要度 A

□□□

出席が予定されていた理事が急病になった場合，理事会の決議によって，その配偶者の出席を認め，議決権を代理行使してもらうことができる。

重要度 C

□□□

海外出張のため出席できない理事は，理事会の決議によって，議決権行使書により議決権を行使することができる。

5 会計

重要度 C

□□□

理事長は，毎会計年度の収支予算案を通常総会に提出し，その承認を得なければならない。

[H29]

理事会は，その**責任と権限の範囲内**において，**専門委員会を設置**し，**特定の課題を調査または検討**させることができる（55条1項）。また，**専門委員会**は，調査または検討した結果を**理事会に具申**する（同2項）。

ココも注意! 「検討対象が理事会の責任と権限を越える事項である場合」「理事会活動に認められている経費以上の費用が必要になる場合」「運営細則の制定が必要な場合」には，専門委員会の設置に総会の決議が必要となる（55条関係コメント①）。

[H30]

「理事に事故があり，**理事会に出席できない場合**は，その配偶者または一親等の親族に限り，**代理出席を認める**」旨を定める**規約の規定は有効**であると解される。しかし，この場合でも，あらかじめ，**総会**において，それぞれの理事ごとに，理事の職務を代理するにふさわしい資質・能力を有するか否かを審議の上，**その職務を代理する者を定めておくべき**である（53条関係コメント③）。したがって，理事の急病を理由に，理事会の決議によって，配偶者に議決権の代理行使を認めることはできない。

[H30]

理事会において，**理事がやむを得ず欠席**する場合には，代理出席によるのではなく，事前に「**議決権行使書**」または「**意見を記載した書面**」を出せるようにすることが考えられる。これを認める場合には，理事会に出席できない理事が，あらかじめ通知された事項について，書面をもって表決することを認める旨を，**規約の明文の規定で定める**ことが必要である（53条関係コメント④）。したがって，理事会の決議によって，欠席の理事が，議決権行使書により議決権を行使することはできない。

[H30]

理事長は，毎会計年度の**収支予算案**を**通常総会**に提出し，その**承認**を得なければならない（58条1項）。

重要度 A

問 127 □□□

収支予算を変更しようとするときは，理事長は，その案を臨時総会に提出し，その承認を得なければならない。

重要度 S★★★

問 128

新年度開始後に前年度理事長が理事会の承認を得て支出を行うことができるものは，経常的であり，かつ新年度の収支予算案が総会で承認する前に支出することがやむを得ないものに限られる。

重要度 A

問 129

管理組合の理事長は，毎会計年度の収支決算案を監事の会計監査を経て，通常総会に報告し，その承認を得なければならない。

重要度 B

問 130

管理費等の徴収方法について，組合員が各自開設する預金口座から口座振替の方法により徴収することは，適切である。

重要度 S★★★

問 131

管理費滞納者に対し，遅延損害金のほか，違約金としての弁護士費用，督促および徴収の諸費用を加算して請求することができる旨の管理規約の定めは有効である。

重要度 B

問 132

理事長が管理費等の滞納者に対して，管理組合を代表して管理費等の支払請求訴訟を提起するには，標準管理規約によれば，理事会の決議で行うことができる。

[H19]

〇

収支予算を変更しようとするときは，理事長は，その案を臨時総会に提出し，その承認を得なければならない（58条２項）。

[H25]

×

理事長が，新会計年度の開始後，通常総会における承認を得るまでの間に，理事会**の承認**を得てその支出を行うことができるものは，①通常**の管理に要する経費**のうち，経常的であり，かつ，通常総会の承認を得る前に支出することがやむを得ないと認められるもの ②総会の承認を得て実施している**長期の施工期間を要する**工事に係る経費であって，通常総会の承認を得る前に支出することがやむを得ないと認められるものの２つである（58条３項１号，２号）。

[H26]

〇

理事長は，毎会計年度の収支決算案を監事**の会計監査**を経て，通常総会に報告し，その承認を得なければならない（59条）。

[H14]

〇

管理組合は，**管理費等および使用料**について，組合員が各自開設する預金口座から口座振替の方法により徴収する（60条１項）。

[H19]

〇

管理費滞納者に対し，遅延損害金と，違約金としての弁護士費用ならびに**督促および徴収の諸費用**を加算して，滞納組合員に請求できる（60条２項）。したがって，この規約の定めは有効である。

ココも注意! この定めに基づき請求した**遅延損害金**，**弁護士費用**，**督促・徴収の諸費用**に相当する**収納金**は，管理費に充当する（60条５項）。

[H25]

〇

理事長は，**未納の管理費等および使用料**の請求に関して，理事会**の決議**により，管理組合を代表して，訴訟その他法的措置を追行することができる（60条４項）。

重要度 S★★★

問 133

□□□

管理組合は，収支決算の結果，管理費に余剰が生じた場合，区分所有者から返還の求めがあるときは，負担割合に応じて返還することができる。

重要度 S★★★

問 134

□□□

収支決算の結果，管理費等に不足が生じた場合には，管理組合は各区分所有者に対して，共用部分の共有持分に応じて，その都度必要な金額の負担を求めることができるが，それには理事会の決議を経なければならない。

重要度 S★★★

問 135

□□□

管理組合は，建物の建替えおよびマンション敷地売却に係る合意形成に必要となる事項の調査を行うため，必要な範囲内において借入れをすることができる。

[H27]

×

収支決算の結果，**管理費に余剰**を生じた場合には，その余剰は**翌年度における**管理費に充当する（61条1項）。また，組合員は，納付した管理費等および使用料について，その**返還請求**または**分割請求**をすることができない（60条6項）。

[H19]

×

収支決算の結果，**管理費等に不足**が生じた場合，管理組合は各区分所有者に対して，**共用部分の**共有持分に応じて，その都度必要な金額の負担を求めることができる（61条2項）。その際に，理事会の決議を経る必要はない。

[H25]

○

「**建物の建替えおよびマンション敷地売却**に係る**合意形成に必要となる事項の調査**」は，特別の管理に該当する（28条1項4号）。管理組合は，特別の管理に該当する業務を行うため必要な範囲内において，**借入れ**をすることができる（63条）。

重要度 S★★★

管理組合の理事長は，会計帳簿，什器備品台帳，組合員名簿およびその他の帳票類を書面または電磁的記録により作成して保管し，組合員または利害関係人から要請があったときは，直ちにこれらを閲覧させなければならない。

重要度 B

管理組合が消滅する場合，その残余財産については，各区分所有者の共用部分の共有持分割合に応じて各区分所有者に帰属するものとされている。

[H18]

×

理事長は，会計帳簿，什器備品台帳，組合員名簿およびその他の帳票類を書面または電磁的記録により作成して保管し，**組合員または利害関係人の**理由を付した書面による請求があったときはこれを**閲覧**させなければならない。この場合，**閲覧**につき相当な日時，場所等を指定できる（64条1項）。したがって，「直ちに」閲覧させる必要はない。

比較しよう！ **【議事録等の保管等】**

	総会議事録	理事会議事録	帳票類等	規約原本等
保管	○	○	○	○
閲覧	○	○	○	○
保管場所掲示	○	×	×	○

注：閲覧には，書面による請求が必要である（「帳票類等」の閲覧には「理由を付した書面」）。

ココも注意！ ここでいう**利害関係人**とは，敷地・専有部分に対する担保**権者，差押え債権者**，賃借人，**組合員からの媒介の依頼を受けた宅地建物取引業者等の法律上の利害関係がある者**をいい，単に事実上利益や不利益を受けたりする者，親族関係にあるだけの者等は対象とはならない（64条関係コメント①，49条関係コメント①）。

[H18]

○

管理組合が消滅する場合，その残余財産については，各区分所有者の共用部分の持分割合に応じて各区分所有者に帰属する（65条，10条）。

第4章 マンション標準管理規約

6 雑則

重要度 S★★★

管理規約上ペットの飼育が禁止されているマンションにおいて，住戸の賃借人がペットを飼育している場合，理事長は，理事会の決議を経て，賃貸人である区分所有者に対して警告をすることはできるが，当該賃借人に対して警告をすることはできない。

重要度 S★★★

規約違反の区分所有者に対し，その差止め訴訟を提起するには，理事会の決議で足り，総会決議を経なくてもよい。

重要度 C

区分所有者に対し，管理規約違反行為の差止めを求める訴訟を提起する場合は，理事長は当該区分所有者に対して違約金としての弁護士費用を請求することができる。

7 団地型

重要度 C

団地総会において，当該団地１号棟の組合員Ａが当該団地５号棟の組合員Ｂを代理人とする委任状を提出したので，Ｂによる Ａの議決権行使を認めたことは，適切である。

[R5]

×

区分所有者もしくは**その同居人**または専有部分の貸与**を受けた者**もしくは**その同居人**（区分所有者等）が，法令，規約または使用細則等に違反したとき，または対象物件内における**共同生活の秩序を乱す行為**を行ったときは，理事長は，理事会**の決議**を経て，その区分所有者等に対し，その**是正等のために必要な勧告**または**指示**もしくは**警告**を行うことができる（67条1項）。したがって，「専有部分の貸与**を受けた者**」として**賃借人**に対しても**警告**をすることができる。

[H21]

○

区分所有者等が，規約もしくは使用細則等に違反したときは，**理事長**は，理事会**の決議**を経て，行為の差止め，排除または原状回復のための必要な措置の請求に関し，管理組合を代表して，訴訟その他の措置を追行できる（67条3項1号）。総会決議は経なくてもよい。

[R5]

○

区分所有者に対し，管理規約違反行為の差止めを求める訴訟を提起する場合，理事長は，請求の相手方（**当該区分所有者**）に対し，**違約金としての**弁護士費用**および**差止め等の諸費用**を請求**することができる（67条4項）。

[R4]

○

組合員は，書面または**代理人によって議決権を行使**することができる（標準管理規約団地型48条4項）。そして，組合員が代理人により議決権を行使しようとする場合，その代理人となれる者は，①**配偶者**（婚姻の届出をしていないが事実上婚姻関係と同様の事情にある者を含む），②**一親等の親族**，③**同居する親族**，④他の組合員，のいずれかである（同5項）。さらに，**組合員**または代理人は，代理権を証する書面を**理事長**に**提出**しなければならない（同6項）。組合員Bは，④の他の組合員に該当し，代理人となることができる。また，組合員Aが組合員Bを代理人とする委任状を提出しているので，BによるAの議決権行使を認めたことは，適切である。

重要度 A

問 142

団地管理組合で計画的な修繕工事を実施するため，各棟修繕積立金を取り崩すには，団地総会での普通決議のほかに各棟の総会の普通決議も必要である。

重要度 B

問 143

修繕積立金の保管および運用方法については，団地修繕積立金は団地総会の決議を，各棟修繕積立金は各棟総会の決議を，それぞれ経なければならない。

重要度 C

１棟を同一規模の建物に建て替える場合の建替え決議の承認は，団地総会の決議を必要とせず，棟総会の決議のみで決することができる。

重要度 B

A棟の区分所有者が，専有部分を暴力団事務所として利用することを止めない場合，区分所有法第59条の競売請求の訴訟を提起するには，団地総会の決議を経なければならない。

重要度 B

ともに専有部分のある建物であるＡ棟およびＢ棟の２棟からなる団地において，Ｂ棟の建物の一部が滅失した場合，その共用部分を復旧するには，Ｂ棟の棟総会の決議が必要である。

8 複合用途型

重要度 C

管理組合は，区分所有者が納入する費用について，全体管理費，住宅一部管理費，店舗一部管理費および全体修繕積立金の４つに区分して経理しなければならない。

[H21]

×

計画的な修繕工事等の特別の管理の実施に充てるための**団地**修繕積立金または**各棟の**修繕積立金の取崩しには団地総会**の決議**が必要である（50条６号，28条１項１号）。つまり，団地総会の普通決議のみでよく，各棟の総会の普通決議は不要である。

[H27]

答 143

×

「**団地修繕積立金**および**各棟修繕積立金**の保管および運用方法」は，団地総会**で決議**することができ，棟総会**の決議**は不要である（50条８号）。

[R1]

×

「**１棟を同一規模の建物に建て替える**場合の**建替え決議の承認**」は，団地総会**の決議**を経なければならない（50条10号）。棟総会の決議のみで決することはできない。

[H27]

×

区分所有法59条の**競売請求の訴訟**を提起するためには，棟総会**の決議**を経なければならない（72条２号）。

[H29]

○

建物の一部が滅失した場合の滅失した棟の共用部分の復旧は，**棟総会の決議**を経なければならない（72条３号）。

[R1]

×

管理組合は，区分所有者が納入する費用について，「**全体管理費**」「**住宅一部管理費**」「**店舗一部管理費**」「**全体修繕積立金**」「住宅一部修繕積立金」「店舗一部修繕積立金」の**６つ**に区分して経理しなければならない（標準管理規約複合用途型32条）。

重要度 C

□□□

管理組合には，その意思決定機関として，住宅部分の区分所有者で構成する住宅部会および店舗部分の区分所有者で構成する店舗部会を置かなければならない。

[R1]

×

住宅部会および**店舗部会**は，管理組合としての意思を決定する機関**ではない**が，それぞれ住宅部分，店舗部分の一部共用部分の管理等について**協議する組織**として位置づけるものである（60条関係コメント①）。

1回目	2回目	3回目
月　日：　/148	月　日：　/148	月　日：　/148

第5章 不動産登記法

重要度 S★★★

区分建物の所有権に関する事項は，登記記録の甲区欄に記録され，所有権の仮登記，仮差押え登記は乙区欄に記録される。

重要度 C

登記の前後は，登記記録の同一の区にした登記相互間においても，別の区にした登記相互間においても，ともに順位番号による。

重要度 S★★★

登記記録の表題部には，表示に関する事項が記録され，土地建物いずれにおいても，当該不動産の評価額も記録される。

重要度 B

権利に関する登記を申請する場合には，登記識別情報を申請情報と併せて提供しなければならず，これを提供できないときには，登記申請をすることができない。

重要度 B

規約により共用部分とされた部分は，その旨の登記をすることができるが，団地共用部分はその旨の登記をすることができない。

受験対策としては，あまり深入りはせずに，過去問で出題されている範囲をしっかり押さえておけば十分である。

［R2］

×

登記記録は，表題部と権利部とに区分される（不動産登記法２条５号・７号・８号）。さらに権利部は，**所有権に関する登記**が記録される甲区と**所有権以外の権利に関する登記**が記録される乙区とに区分される（不動産登記規則４条４項）。**所有権の仮登記，仮差押えの登記**は，**所有権に関する登記**なので，権利部の「甲区」に記録される。

［H25］

×

登記の前後は，登記記録の同一の区にした登記相互間については順位**番号**，別の区にした登記相互間については受付**番号**による（不動産登記法２条１項）。

［H21］

×

登記記録の表題部には，表示に関する一定事項（所在・地番・地目・地積・構造・床面積等）が記録されるが，**不動産の**評価額は記録されない（不動産登記法２条20号，規則４条）。

［H25］

×

権利に関する登記の申請をする場合，申請人は，その申請情報と併せて**登記義務者の**登記識別情報を提供しなければならない。ただし，登記識別情報が通知されなかった場合等正当な理由があれば，登記識別情報を提供できないときでも，**登記申請をすることができる**（不動産登記法22条）。

［H15］

×

規約共用部分，団地共用部分のいずれも，**登記**をすることができる（不動産登記法44条１項６号）。

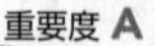

重要度 A

問 6

区分建物が属する一棟の建物が新築された場合における各区分建物についての表題登記の申請は，当該建物に属する他の区分建物についての表題登記の申請と併せてしなければならない。

重要度 B

問 7

所有権の移転の登記の申請は，法令に別段の定めがある場合を除き，登記権利者および登記義務者が共同してしなければならない。

重要度 C

問 8

権利に関する登記を申請する場合において，その申請情報と併せて登記原因を証する情報をその登記所に提供しなければならない。

重要度 B

問 9

区分建物の所有権の保存登記は，表題部所有者から所有権を取得した者も申請することができる。

重要度 C

問 10

敷地権付き区分建物において，表題部所有者から所有権を取得した者が，所有権の保存の登記を申請するときは，当該敷地権の登記名義人の承諾を得なければならない。

重要度 S★★★

問 11

区分建物の表示に関する登記における区分建物の床面積は，各階ごとに壁その他の区画の内側線で囲まれた部分の水平投影面積により算出する。

[H25]

○

区分建物が属する一棟の建物が新築された場合における当該**区分建物についての**表題登記**の申請**は，当該新築された一棟の建物に属する**他の区分建物についての**表題登記**の申請と併せて**しなければならない（48条1項）。

[H23]

○

権利に関する登記の申請は，法令に別段の定めがある場合を除き，登記権利者および登記義務者が共同してしなければならない（60条）。

[R2]

○

権利に関する登記を申請する場合には，申請人は，法令に別段の定めがある場合を除き，その**申請情報**と併せて登記原因を証する情報をその**登記所に提供**しなければならない（61条）。

[H21]

○

区分建物にあっては，表題部所有者から所有権を取得した者も，**直接自己名義で**所有権保存**登記**を申請することができる（74条2項）。

[H30]

○

敷地権付き区分建物において，表題部所有者から所有権を取得した者が，**直接自己名義で**所有権保存登記を申請する場合は，当該敷地権の登記名義人**の承諾**を得なければならない（74条1項・2項）。

[H23]

答 11

○

建物の床面積は，**区分建物**にあっては，**壁その他の区画の**内側線で囲まれた部分の水平投影面積により算出する（内のり計算，規則115条）。

1回目	2回目	3回目
月　日：　/11	月　日：　/11	月　日：　/11

第6章 宅地建物取引業法

重要度 B

宅地建物取引業者Aが中古マンションの売買の媒介をする場合，Aが当該マンションの広告をするときは，その代金の額またはその支払方法等について著しく事実に相違する表示をしてはならない。

重要度 C

宅地建物取引業者Aがマンションの売買の媒介をする場合において，Aは，マンションが建築に関する工事の完了前である場合は，当該工事に必要な開発許可，建築確認その他政令で定める許可等の処分があった後でなければ，当該マンションの売買の媒介をしてはならない。

重要度 C

宅地建物取引業者Ａが，あるマンションの一住戸の所有者Ｂからその住戸の売却の媒介依頼を受け，Ｂと専任媒介契約を締結した場合において，ＡがＢとの間で有効期間を３月とする媒介契約を締結する際，有効期間の更新について，３月を超えない期間であれば自動更新する旨の特約を定めることができる。

重要度 C

宅地建物取引業者Ａが，あるマンションの一住戸の所有者Ｂからその住戸の売却の媒介依頼を受け，Ｂと専任媒介契約を締結した場合において，ＡがＢに対して，当該媒介契約に係る業務の処理状況を７日に１回以上報告するという特約は無効である。

「重要事項」と「契約不適合責任の特約の制限」を中心に学習しよう。契約不適合責任は，民法，品確法，アフターサービスとの関係を整理しておこう。

[H20]

宅地建物取引業者（宅建業者）は，その業務に関して広告をするときは，その広告に係る宅地または建物の「**所在，規模，形質**」「現在・将来の利用の制限，環境，交通その他の利便」「**代金，借賃等の対価の額・その支払い方法**」「代金，交換差金に関する金銭の貸借のあっせん」について，著しく事実に相違する表示をし，または実際のものより著しく優良であり，もしくは有利であると人を誤認**させるような表示をしてはならない**（宅建業法32条）。

[H17]

宅建業者は，マンションが建築に関する**工事の**完了前においては，その工事に関し必要とされる開発許可，建築確認**その他政令で定める許可等の処分があった後**でなければ，その**売買の媒介をしてはならない**（36条）。

ココも注意! **「開発許可を申請中」や「建築確認を申請済」と表示した広告もすることができない。**

[H26]

専任媒介契約の有効期間は，**3ヵ月を超えることができない**（34条の2第3項）。そして，この有効期間は，依頼者の申出により，更新することができる（同4項）。したがって，自動更新**する旨の特約を定めることはできない。**

[H26]

専任媒介契約を締結した宅建業者は，依頼者に対し，業務の処理状況を2**週間に1回以上報告**しなければならない（34条の2第8項）。本問の特約は，2**週間に1回以上報告**することとなるので，有効である。

第6章 宅地建物取引業法

重要度 A

問 5

□□□

宅地建物取引業者Aが自ら売主として，宅地建物取引業者ではない買主Bにマンションの販売を行う場合において，Aは，Bの承諾が得られたため，宅地建物取引士に口頭で重要事項の説明を行わせ，重要事項説明書の交付を行わなかったことは，宅地建物取引業法第35条の規定に違反しない。

重要度 C

問 6

□□□

宅地建物取引業者Ａが，自ら売主として，宅地建物取引業者Ｂを買主として，マンションの一住戸の売買を行う場合，ＡＢ間の売買において，Ａは，Ｂに対して，重要事項について説明しなければならない。

重要度 S★★★

問 7

□□□

中古マンションの売買を媒介する宅地建物取引業者Aは，宅地建物取引業者ではない買主となろうとする者に対し，事務所ごとに置かれる成年者である専任の宅地建物取引士をして重要事項説明をさせなければならない。

重要度 C

問 8

□□□

法人である宅地建物取引業者Ａが，自ら売主として，宅地建物取引業者ではない買主Ｂに対してマンションの一住戸の売買を行う場合，ＡはＢに対して，当該マンションについて，私道に関する負担がない場合であっても，これがない旨の説明をしなければならない。

重要度 B

問 9

□□□

宅地建物取引業者Ａが，自ら売主として，宅地建物取引業者ではないＢを買主として，マンションの住戸の売買を行う場合，Ａは，Ｂに対して，当該マンションが既存の建物であるときは，建物状況調査（実施後国土交通省令で定める期間を経過していないものに限る。）を実施しているかどうか，およびこれを実施している場合におけるその結果の概要を説明しなければならない。

[H23]

×

宅建業者は，取引により宅地・建物について権利を取得しようとする者（宅建業者を除く）に対して，契約が成立するまでの間に，宅地建物取引士（宅建士）をして，**重要事項を記載した書面**（重要事項説明書）を**交付して説明させなければならない**（35条１項）。口頭での説明のみで重要事項説明書の交付を行わないのは，宅建業法35条の規定に違反する。

ココも注意！ 重要事項の説明場所については，特に規定されていない。

[R1]

×

買主Ｂは宅建業者であるので，ＡＢ間は，宅建業者間の取引となり，**重要事項の説明書面の交付**を行えば，**宅建士による説明を行う必要はない**（35条１項・６項）。

[H15]

×

宅建業者は，買主となろうとする者（宅建業者を除く）に対し，宅建士をして**重要事項の説明**をさせなければならない（35条１項）。そして，宅建士であればよく，成年者である専任の宅建士**には，限定されていない**。

[R5]

○

宅建業者は，**建物の売買**を行う場合，「私道**に関する負担**に関する事項」を重要事項として説明しなければならない（35条１項３号）。そして，私道**に関する負担がなければ，**「**なし**」と**説明しなければならず**，説明を省略することはできない。

[R2]

○

宅建業者は，売買の目的物であるマンションが**既存の建物**であるときは，買主となろうとする者（宅建業者を除く）に対して，「**建物状況調査**（実施後国土交通省令で定める期間を経過していないものに限る）を実施しているか否か，およびこれを実施している場合におけるその結果の概要」**を説明しなければならない**（35条１項６号の２イ）。

重要度 A

マンションの賃貸借の契約に当たって，当該賃貸借を媒介する宅地建物取引業者は，宅地建物取引業者ではない賃借人になろうとする者に対し，敷地に関する権利の種類および内容を当該契約が成立するまでの間に説明しなければならない。

重要度 S★★★

宅地建物取引業者が，自ら売主として，宅地建物取引業者ではない買主となろうとする者に対し，マンションの販売を行う場合，当該マンションの共用部分に関する規約が案の状態であったため，その案についての説明を行わなかったことは，宅地建物取引業法第35条の規定に違反しない。

重要度 A

マンションの賃貸借の契約に当たって，当該賃貸借を媒介する宅地建物取引業者は，宅地建物取引業者ではない賃借人になろうとする者に対し，専有部分の用途その他の利用の制限に関する規約の定めがあるときは，その内容を当該契約が成立するまでの間に説明しなければならない。

重要度 A

中古マンションの売買を媒介する宅地建物取引業者Aは，宅地建物取引業者ではない買主となろうとする者に対し，修繕積立金に関する規約の定めがあるときは，その内容の説明を行う必要があるが，既に積み立てられている額については説明することを要しない。

重要度 S★★★

マンションの賃貸借の契約に当たって，当該賃貸借を媒介する宅地建物取引業者は，宅地建物取引業者ではない賃借人になろうとする者に対し，通常の管理費用の額を当該契約が成立するまでの間に説明しなければならない。

[H14]

宅建業者は，区分所有建物の売買・交換**契約**の媒介をする場合，権利を取得しようとする者（宅建業者を除く）に対して，**「敷地に関する権利の種類および内容」**を説明しなければならない。しかし，賃貸借**契約**の媒介をする場合は，**説明しなくてもよい**（施行規則16条の２第１号）。

[H19]

宅建業者は，マンションの共用部分に関する**規約が案の状態**である場合には，買主となろうとする者（宅建業者を除く）に対して，**その案についての説明をしなければならない**（16条の２第２号）。したがって，共用部分に関する規約の案について説明を行わなかった場合，宅建業法に違反する。

[H14]

宅建業者は，区分所有建物の売買・交換・貸借**契約**の媒介をする場合，権利を取得しようとする者（宅建業者を除く）に対して，**「専有部分の用途その他の利用の制限に関する規約の定めがあるときは，その内容」を説明しなければならない**（16条の２第３号）。

[H15]

宅建業者は，区分所有建物の売買・交換**契約**の媒介をする場合，権利を取得しようとする者（宅建業者を除く）に対して，**「修繕積立金に関する規約の定めがあるときは，その内容**および**すでに積み立てられている額」を説明しなければならない**（16条の２第６号）。

[H14]

宅建業者は，区分所有建物の売買・交換**契約**の媒介をする場合，権利を取得しようとする者（宅建業者を除く）に対して，**「通常の管理費用の額」を説明しなければならない**（16条の２第７号）。しかし，貸借**契約**の媒介をする場合は，**説明しなくてもよい**。

ココも注意! 中古マンションの売買・交換の場合で，管理費と修繕積立金に滞納がある場合は，その滞納額についても説明をしなければならない。

第6章　宅地建物取引業法

重要度 S★★★

問 15 □□□

宅地建物取引業者Aが自ら売主として，宅地建物取引業者ではないBを買主として，マンションの１住戸の売買を行う場合に，Aは，当該マンションの管理が他の者に委託されているときは，その委託を受けている者の氏名（法人にあっては，その商号または名称），住所（法人にあっては，その主たる事務所の所在地）および主たる事務所に置かれる専任の管理業務主任者の氏名を，Bに説明しなければならない。

重要度 S★★★

問 16 □□□

中古マンションの売却依頼を受けた宅地建物取引業者は，宅地建物取引業者ではない買主となろうとする者に対し契約が成立するまでの間に，一棟の建物の維持修繕の実施状況が記録されているときは，その内容を説明しなければならない。

重要度 B

問 17 □□□

宅地建物取引業者Aが自ら売主としてマンションの売買を行う場合に，Aは，宅地建物取引業者ではない買主となろうとする者に対し，当該マンションが津波防災地域づくりに関する法律（平成23年法律第123号）第53条第１項により指定された津波災害警戒区域内にあるときは，その旨を説明しなければならない。

重要度 S★★★

問 18 □□□

宅地建物取引業者Aが中古マンションの売買の媒介をする場合，Aが，宅地建物取引業者ではない買主となろうとする者に対し，宅地建物取引士をして宅地建物取引業法第35条に規定する重要事項の説明を行わせるに当たり，当該マンションについて，石綿の使用の有無の調査の結果が記録されているときは，その内容についても説明させなければならない。

[H30]

×

宅建業者は，**自ら売主**として，区分所有建物の**売買**を行う場合，買主となろうとする者（宅建業者を除く）に対して，「一棟の建物およびその敷地の**管理が委託**されているときは，**その委託を受けている者の氏名**（**法人**にあっては，その商号・名称）および**住所**（**法人**にあっては，その主たる事務所**の所在地**）」を，重要事項として**説明しなければならない**（16条の2第8号）。しかし，「主たる事務所に置かれる**専任の管理業務主任者の氏名**」については，**説明する必要はない**。

[H13]

○

宅建業者は，買主となろうとする者（宅建業者を除く）に対して，区分所有建物の売買・交換**契約**の媒介をする場合，「**一棟の建物の維持修繕の実施状況が記録されているときは，その内容**」を**説明しなければならない**（16条の2第9号）。

[H25]

○

「**宅地または建物**が津波防災地域づくりに関する法律により指定された津波災害警戒区域内**にあるときは，その旨**」は，**重要事項に該当**するため，買主となろうとする者（宅建業者を除く）に対して，**説明しなければならない**（16条の4の3第3号）。

[H20]

○

宅建業者は，区分所有建物の売買・交換契約の媒介をする場合，買主となろうとする者（宅建業者を除く）に対して，「**石綿（アスベスト）の使用の有無の調査の結果が記録されているときは，その内容**」**を説明しなければならない**（16条の4の3第4号）。

重要度 C

宅地建物取引業者Aが自ら売主としてマンションの一住戸の売買を行う場合，Aは，「水防法施行規則」第11条第1号の規定により当該マンションが所在する市町村の長が提供する図面に当該マンションの位置が表示されているときは，当該図面における当該マンションの所在地を買主に説明しなければならない。

重要度 A

宅地建物取引業者Aが自ら売主として建物を売却する場合において，Aは，当該建物が昭和56年5月31日以前に新築の工事に着手したものであるときは，自らその耐震診断を実施した上で，その結果の内容を説明しなければならない。

重要度 B

宅地建物取引業者Aが自ら売主として，宅地建物取引業者ではない買主Bにマンションの販売を行う場合において，Aは，Bに対し，当該マンションが住宅性能評価を受けた新築マンションである旨を説明したが，具体的な評価内容についての説明を行わなかったことは，宅地建物取引業法第35条の規定に違反しない。

重要度 C

法人である宅地建物取引業者Aが，自ら売主として，宅地建物取引業者ではない買主Bに対してマンションの一住戸の売買を行う場合，AはBに対して，当該住戸の台所や浴室などの設備の整備状況について，説明をしなければならない。

[R3]

○

宅建業者は，**マンションが所在する市町村の長が提供する図面（ハザードマップ）**に**マンションの位置が表示**されているときは，当該図面におけるマンションの所在地について，買主（宅建業者を除く）に対して，**説明しなければならない**（16条の4の3第3号の2）。

[H22]

×

「当該建物（**昭和56年6月1日以降に新築工事に着手したものを除く**）が耐震改修法に規定する基本方針のうち技術上の指針となるべき事項に基づいて一定の者が行う耐震診断を受けたものであるときは，**その内容**」は，**重要事項に該当**し，買主となろうとする者（宅建業者を除く）に対して，**説明しなければならない**（16条の4の3第5号）。しかし，自ら耐震診断を実施することまでは求められていない。

[H23]

○

「建物が住宅の品質確保の促進等に関する法律に規定する**住宅性能評価を受けた新築住宅であるときは，その旨**」は，**重要事項**である（16条の4の3第6号）。しかし，具体的な**評価内容**までは，**重要事項とはされていない**。

[R5]

×

宅建業者は，**建物の貸借**の媒介・代理を行う場合，「**台所，浴室，便所**その他の当該**建物の設備の整備の状況**」は，**重要事項に該当**し，借主となろうとする者（宅建業者は除く）に対して，**説明しなければならない**（宅建業法35条1項14号，施行規則16条の4の3第7号）。しかし，**建物の売買**の場合は，**説明は不要**である。

重要度 C

宅地建物取引業者Aが自ら売主として，宅地建物取引業者ではないBとの間で，マンションの住戸の売買を行う場合，AB間の売買において，Aは，飲用水，電気およびガスの供給ならびに排水のための施設の整備の状況について，これらの施設が整備されていない場合，これら施設の整備に関して説明する必要はない。

重要度 C

マンションの１住戸の売買の際に，宅地建物取引業者が，宅地建物取引業法第35条の規定に基づく重要事項の説明を行う場合，新築マンションの売買においては，所有権の保存登記の申請の時期，中古マンションの売買の媒介においては，所有権の移転登記の申請の時期を説明しなければならない。

重要度 S★★★

宅地建物取引業者Aが自ら売主としてマンションの売買を行う場合に，Aは，宅地建物取引業者ではない買主となろうとする者に対して，天災その他不可抗力による損害の負担に関する事項を説明しなければならない。

重要度 C

宅地建物取引業者の媒介によりマンションの売買契約が成立した場合，宅地建物取引業者は，専有部分の用途その他の利用の制限に関する規約において，ペットの飼育が禁止されているときは，その旨を37条書面に記載しなければならない。

[H29]

答23

×

「**飲用水**，**電気**および**ガスの供給**ならびに排水のための施設**の整備の状況**（これらの施設が整備されていない場合においては，その整備の見通しおよび**その整備についての特別の負担に関する事項**）」は，**重要事項に該当**し，買主となろうとする者（宅建業者を除く）に対して，**説明しなければならない**（宅建業法35条1項4号）。

[H28]

答24

×

「所有権の**保存登記**または所有権の**移転登記**の申請の時期」は，**重要事項に該当しない**（35条参照）。なお，**移転登記**の申請の時期は，**契約締結時の書面**（37条書面）**の記載事項**である（37条1項5号）。

ココも注意! **「物件の引渡しの時期」**は重要事項に該当しないが，**37条書面の記載事項**である（37条1項4号）。

[H25]

答25

×

「**天災その他不可抗力による損害の負担**に関する事項」は，37条書面**の記載事項**であるが，**重要事項とはされていない**（37条1項10号，35条参照）。したがって，**説明をする必要はない**。

[R4]

答26

×

宅建業者は，区分所有建物の売買の媒介をする場合，ペットの飼育が禁止されているなどの「**専有部分の用途その他の利用の制限に関する規約の定め**があるときは，その内容」については，重要事項説明書に記載して説明しなければならない（宅地建物取引業法35条1項6号，規則16条の2第3号）。しかし，37条書面**に記載する必要はない**（37条1項参照）。

重要度 S★★★

問 27

□□□

宅地建物取引業者である売主Aが，宅地建物取引業者でない買主Bにマンションの1住戸甲を売却した場合において，甲の売買契約の特約において，Aは，契約内容に適合しない瑕疵を原因とする担保責任を負わない代わりに，甲の引渡しの日から5年間，当該瑕疵の修補を行う旨の定めは有効である。

重要度 S★★★

問 28

□□□

宅地建物取引業者が，新築分譲マンションを宅地建物取引業者でない者に売却した場合において，「売主は，当該マンションを買主に引き渡した日から1年間当該マンションの種類・品質に関する契約不適合責任を負う」旨の特約をした場合，売主は買主に対し，引き渡した日から2年間契約不適合責任を負うことになる。

[H28]

答 27 ×

宅建業者が自ら売主となり，**宅建業者でない者が買主**となる売買契約では，原則として，民法に定める売主の契約不適合責任の規定より**買主に**不利になる特約をすることはできない。例外として，**通知期間**については，特約で「**引渡しの日から**2年**以上**」と定めることができる（40条1項）。本問の特約は，修補請求以外を認めないという**民法の規定に比べ買主に不利な内容**であるから，無効である。

[H22]

答 28 ×

宅建業法の規定では，契約不適合責任に関し，民法に規定する**通知期間**については**引渡日から2年以上**とすることができるが，「契約不適合責任を負う期間を引渡日から1年間」とする特約は，この規定に反するので無効となる（40条）。特約が無効となった場合は民法の規定が適用され，その不適合を**知った日から**1**年以内**に**売主に**通知しないときは，その不適合を理由として，契約不適合責任を追及することが，原則としてできなくなる（民法562～564条，566条，宅建業法40条）。

第6章 宅地建物取引業法

1回目	2回目	3回目
月 日： /28	月 日： /28	月 日： /28

第7章 住宅品質確保法

重要度 S★★★

「新築住宅」とは，新たに建設された住宅で，かつ，まだ人の居住の用に供したことのないもので，建設工事完了の日から起算して２年を経過していないものをいう。

重要度 B

住宅性能評価の制度は，新築住宅のみを対象とし，既存住宅には適用されない。

重要度 B

住宅性能表示制度における新築住宅の性能表示事項は必須と選択に区分され，そのうち「空気環境に関すること」，「光・視環境に関すること」，「高齢者等への配慮に関すること」については，選択分野に含まれる。

重要度 A

既存住宅（評価住宅に限る）の維持管理対策等級は，等級１から等級３の３段階で示されているが，等級１が最も性能が高い。

重要度 B

品確法に定める住宅性能評価制度について，請負人または売主が注文者または買主と，これを適用しない旨の合意をしたとしても無効である。

「瑕疵担保責任」から出題されることが多い。民法の契約不適合責任に関する特則として，民法の規定をどのように修正しているかに着目して学習しよう。

[R5]

答 1 ×

品確法の「**新築住宅**」とは，新たに建築された住宅で，まだ人の居住**の用に供したことのないもの**であり，建設工事完了の日から起算して1**年を経過していないもの**をいう（品確法2条2項）。

ココも注意! 品確法の「**新築住宅**」には，一戸建住宅だけではなく，マンションも含まれる。マンションが建設工事の完了の日から起算して1**年を経過**して初めて分譲された場合，「**新築住宅**」に該当しないので，品確法上の**瑕疵担保責任は問えない**。

[H15]

答 2 ×

住宅性能評価の制度は，新築住宅のみならず，既存住宅も対象としている。瑕疵担保責任の規定は，**新築住宅のみを対象**としているが，このことと混同しないように。

[H28]

答 3 ○

性能表示事項は**必須**と**選択**に区分され，「空気環境に関すること」「光・視環境に関すること」「高齢者等への配慮に関すること」は，選択**分野**に含まれる。

[H18]

答 4 ×

日本住宅性能表示基準では，既存住宅の維持管理等級に関して，等級（等級１～等級３）を設けているが，この等級は性能が高いものほど**数字が大きい**。

[H22]

答 5 ×

住宅性能評価制度は，任意**の制度**であり，これを利用するか否かは当事者の判断にゆだねられている。したがって，当事者がこれを利用しない旨の合意をした場合，その**合意は**有効である。

重要度 B

問 6

□□□

建設住宅性能評価書の交付を受けた住宅について，建設工事の請負契約または売買契約に関する紛争が生じた場合，当該紛争の当事者は，指定住宅紛争処理機関に対し，当該紛争のあっせん，調停および仲裁を申請することができる。

重要度 S★★★

問 7

□□□

瑕疵担保責任を負う期間は，売買契約の場合は契約締結の日から10年間，請負契約の場合は引き渡した日から10年間である。

重要度 S★★★

問 8

□□□

売主が，品確法上の特例によって，買主に引き渡した時から10年間，瑕疵担保責任を負うべき部位は，住宅のうち構造耐力上主要な部分または雨水の浸入を防止する部分として政令で定められたものである。

重要度 S★★★

問 9

□□□

新築の分譲マンションの売買契約において，当該マンションの構造耐力上主要な部分等の瑕疵（かし）については，売主とは別の建築請負会社が建築したものである場合，当該売主が瑕疵担保責任を負う期間は，当該売主がその建築請負会社から引渡しを受けた時から10年間とされる。

[H15]

○

指定住宅紛争処理機関は，建設住宅性能評価書が交付された建設工事の請負契約または売買契約に関する紛争の当事者からの申請により，**紛争の**あっせん，調停**および**仲裁**の業務**を行うものとする（67条1項）。

⚠ココも注意! **性能評価書**には，施工・完成段階の検査を経た評価結果をまとめた「建設住宅**性能評価書**」（本問）の他にも設計図書の作成段階の評価結果をまとめた「設計住宅**性能評価書**」がある。

[H16]

×

瑕疵担保責任を負う期間は，売買契約・請負契約の場合ともに，引き渡した**時から**10**年間**である（94条1項，95条1項）。

[H14]

○

売主が，品確法上の特例によって，**瑕疵担保責任を負うべき部位**は，住宅のうち構造耐力上主要な部分または雨水の浸入を防止する部分として政令で定められたもの（住宅の構造耐力上主要な部分等）である（95条1項）。

⚠ココも注意! 品確法の**瑕疵担保責任の規定**は，一時使用のために建設されたことが明らかな建物については，**適用されない**(96条)。

[R4]

○

品確法の瑕疵担保責任の期間は，引渡しの時から10年間であるが，**新築住宅の売買契約**において，その**新築住宅が住宅新築請負契約**に基づき請負人から注文者である売主に引き渡されたものである場合は，その**引渡しの時から**10**年間**，住宅の構造耐力上主要な部分等の瑕疵について，売主は，買主に対して**担保責任を負う**（95条1項）。

重要度 S★★★

新築住宅の瑕疵担保責任について，瑕疵を修補する責任に限定し，契約の解除や損害賠償の請求はできないこととする特約は無効である。

重要度 S★★★

新築住宅の売買契約において，特約により，構造耐力上主要な部分および雨水の浸入を防止する部分だけでなくその他の部分も含め，瑕疵担保責任の期間を引き渡した時から20年以内とすることができる。

重要度 B

品確法が適用される売買契約については，宅地建物取引業法第40条（契約不適合責任についての特約の制限）の規定の適用はない。

[R1]

○

新築住宅の瑕疵担保責任について，注文者または買主は，それぞれ請負人または売主に対し，①**損害賠償請求**，②**解除**，③履行の追完請求（**修補請求等**），④**代金**（報酬）**減額請求**をすることができる（94条1項，95条1項）。これらの規定に反する特約で，**注文者**または**買主に不利**なものは**無効**である（94条2項，95条2項）。したがって，新築住宅の瑕疵担保責任を「瑕疵を修補する責任に限定する特約」は，注文者または買主に不利であり無効である。

[H22]

○

瑕疵担保責任の対象部位に構造耐力上主要な部分等だけではなく，特約で他の部位も含めるとする特約は，**買主に不利ではない**ので，有効である（95条2項）。また，特約で責任追及期間を**買主に引き渡した時から20年以内**とすることもできる（97条）。

[H14]

×

品確法が適用される**構造耐力上主要な部分**および**雨水の浸入を防止する部分**以外の部位には，宅建業法40条（契約不適合責任についての特約の制限）の規定が適用される。

1回目	2回目	3回目
月　日：　/12	月　日：　/12	月　日：　/12

第8章 アフターサービス

重要度 A

問 1

不動産業者の団体が制定している「アフターサービス規準」により，アフターサービスに関する特約をしても，売主は民法上の契約不適合責任を免れるものではない。

重要度 A

問 2

A社が，新築の分譲マンションを買主Bに売却した場合において，アフターサービスについて責任を負うべき期間は，AとBとの間で約定された期間である。

重要度 A

問 3

アフターサービスを行う期間の起算日は，対象となる部位や欠陥の種類にかかわらず，マンションを買主に引き渡した日とすることが多い。

アフターサービスは「あくまで当事者の契約に基づく約定責任である」点に注意して，法律に基づく担保責任との違いを明確にしておこう。

[H21]

○

不動産業者の団体が制定している「**アフターサービス規準**」により，アフターサービスに関する特約から生じる責任は，**契約に基づく**約定責任である。これに対して民法上の契約不適合責任は，**法律に基づく**法定責任である。両者は併存し，アフターサービスに関する特約をしても，売主は民法上の契約不適合責任を免れるものではない。

[H23]

○

売主がアフターサービスについて**責任を負うべき期間**は，アフターサービスが当事者間の契約に基づくものであることから，その期間も当事者間で約定した期間となる。

ココも注意! **アフターサービスの対象**は，売買契約締結時に存在していた欠陥に限られず，**契約に定めた期間内**に発生した欠陥も含まれるのが通常である。

[H19]

×

アフターサービスを行う期間の**起算日**は，対象となる部位や欠陥の種類によって異なることが多い。

比較しよう! **【アフターサービス規準による起算日】**

① 構造耐力上主要な部分・雨水の浸入を防止する部分において10年間アフターサービスを行うべき部分	建設会社から分譲会社（売主）に引き渡された日
② ①以外の共用部分	供用を開始した日（区分所有者の1人が最初に使用した日）
③ その他の部分	物件の引渡し日

第8章 アフターサービス

重要度 A

問 4

□□□

アフターサービスの対象範囲は，マンションの専有部分に限られず，共用部分も対象とすることが多い。

重要度 S★★★

問 5

□□□

アフターサービスの対象となる部位は，住戸内の内装や各種の設備に限られ，構造耐力上主要な部分および雨水の浸入を防止する部分は含まれないことが多い。

重要度 A

□□□

アフターサービスは，地震や台風等の不可抗力による損壊の場合は，その対象としないことが多い。

重要度 A

□□□

アフターサービスの内容は，欠陥の補修であり，損害賠償の請求は定めないことが多い。

[H19]

○

アフターサービスの対象範囲は，マンションの専有部分に限られず，共用部分も対象とすることが多い。

[H27]

×

アフターサービスの対象部位は，住戸（専有部分）内の内装や各種の設備に限られることはなく，構造耐力上主要な部分および雨水の浸入を防止する部分等の基本的構造部分も範囲に含めるのが一般的である。

[H22]

○

アフターサービスは，地震や台風等の不可抗力による損壊の場合は，その対象としないことが多い。「アフターサービス規準」でも，その適用上の留意事項の中で，天災地変（地震，火災，風・水・雪害）等，不可抗力による場合を除外している。

ココも注意! 次の場合もアフターサービスの対象とはならない。
①経年変化，使用材料の自然特性による場合，②管理不十分，使用上の不注意による場合，③増改築等により形状変更が行われた場合，④第三者の故意または過失による場合

[H20]

○

アフターサービスの内容は，一般的には欠陥の補修であり，損害賠償の請求は定めないことが多い。

1回目	2回目	3回目
月　日：　/7	月　日：　/7	月　日：　/7

第9章 消費者契約法

重要度 A

問 1

□□□

消費者契約法において「事業者」とは，会社等の法人その他の団体をいい，個人が「事業者」に該当することはない。

重要度 B

問 2

□□□

売主と買主双方が消費者であっても，宅地建物取引業者が当該売買契約を媒介する場合は，当該売買契約に消費者契約法が適用される。

重要度 A

問 3

□□□

株式会社が株式会社にマンションの１室を売却する契約は，それが居住用のものであっても消費者契約法は適用されない。

重要度 C

問 4

□□□

マンションの分譲業者が，マンションの一住戸を合同会社に，その従業員の個人居住用として使用することの明示を受けて売却する契約には，消費者契約法が適用される。

CHECK POINT

「消費者契約の定義（消費者契約法の適用範囲）」と「消費者契約の免責条項の無効」に関する本書収録の基本事項を押さえておこう。

[H18]

×

事業者とは，会社等の法人その他の団体および事業者としてまたは事業のために契約の当事者となる場合における個人をいう（２条２項）。したがって，個人が「事業者」に該当することもある。

[H17]

×

消費者契約法とは，消費者と事業者との間で締結される契約（消費者契約）に適用される（２条３項）。したがって，消費者間の契約には適用がない（２条３項）。宅建業者が媒介したとしても，消費者間の取引には変わりがないので，消費者契約法は適用されない。

ココも注意！【消費者契約法の適用】

消費者と事業者間	消費者と消費者間	事業者と事業者間
適用あり	適用なし	

[H18]

○

株式会社が株式会社にマンションの１室を売却する契約は，事業者間の契約であるから，それが居住用のものであっても消費者契約法は適用されない（２条３項）。

[R3]

×

合同会社の従業員の個人居住用として使用することの明示があっても，本問の契約はマンションの分譲業者と合同会社という事業者間の契約となるので，消費者契約法は適用されない。

重要度 C

問 5

複合用途の賃貸用共同住宅を経営する個人Aが，個人経営者であるBに，当該共同住宅の1階の店舗部分をBの事業のために賃貸する契約には，消費者契約法が適用される。

重要度 B

問 6

宅地建物取引業者である個人Aが，賃貸用共同住宅を経営する個人Bから，自らの居住用として当該共同住宅の1室を賃借する契約には，消費者契約法が適用される。

重要度 A

問 7

売主が事業者で買主が消費者であるマンションの売買契約において，目的物の種類・品質に関する契約不適合による売主の損害賠償責任を免除する契約条項は，売主が宅地建物取引業者でなければ有効である。

重要度 C

問 8

消費者契約法が適用されるマンションの賃貸借契約において，賃貸借契約終了時に賃借人に返還されるべき敷金から一定額を償却する（敷引き）特約は，同法に抵触し無効である。

重要度 A

問 9

事業者と消費者との間で締結される契約の条項の効力について宅地建物取引業法に別段の定めがある場合でも，消費者契約法の規定が優先して適用される。

[H30]

「複合用途型の賃貸用共同住宅を経営する個人A」は事業者であり，「個人経営者であるB」も事業者である。したがって，Aが賃貸用共同住宅の１階の店舗部分をBの事業のために賃貸する契約は，事業者**間の契約**となり，消費者契約法は適用されない。

[H30]

「宅建業者である個人A」は**事業者**であり，「賃貸用共同住宅を経営する個人B」も**事業者**である。しかし，Aは事業のためではなく，「**自らの居住用**」として個人（**消費者**）の立場で賃貸借契約を締結するので，当該契約は消費者契約にあたり，消費者契約法が適用される。

[H23]

消費者契約の目的物の種類・品質に関して契約不適合があるときに，事業者の損害賠償責任**を免除する条項**を設けても**無効**となる（８条２項）。この規定は，売主が宅建業者であるか否かにかかわらず，事業者**であれば適用**される。

[H23]

消費契約法が適用されるマンションの賃貸借契約において，賃貸借契約終了時に敷金**から一定額を償却する**（**敷引き**）特約は，敷引金の額が高額であるなどの評価がされない限り，信義則に反するとはいえず消費者契約法には抵触しないので，**有効**である（最判H23．３．24）。

[H26]

１つの契約に消費者契約法と宅建業法の規定が重ねて適用となる場合は，宅建業法**の規定が優先**して適用される（11条２項）。

第９章　消費者契約法

1回目	2回目	3回目
月　日：　/9	月　日：　/9	月　日：　/9

第10章 個人情報保護法

重要度 S★★★

「個人情報」とは，生存する個人に関する情報であって，当該情報に含まれる氏名，生年月日その他の記述等（文書，図画もしくは電磁的記録）に記載され，もしくは記録され，または音声，動作その他の方法を用いて表された一切の事項（個人識別符号を除く。）により特定の個人を識別することができるもの，または個人識別符号が含まれるものをいう。

重要度 A

マンションの防犯カメラに映る映像は，特定の個人が判別できるものであっても，個人情報保護法上の「個人情報」ではない。

重要度 S★★★

管理組合の組合員の氏名が記載されている組合員名簿が，電子計算機を用いて検索することができるように体系的に構成したものではなく，紙面で作成されている場合，五十音順など一定の規則に従って整理することにより，容易に検索できるようなときであっても，その組合員名簿は「個人情報データベース等」に該当しない。

CHECK POINT

「用語の定義」と「個人情報取扱事業者の義務」から出題される。本書の基本事項を押さえておけば十分である。

[H30]

答 1 ○

「**個人情報**」とは，生存**する個人に関する情報**であって，次の①②のどちらかに該当するものである（個人情報保護法２条１項）。

① その情報に含まれる氏名・**生年月日**その他の記述等により**特定の個人を識別できる情報**（他の情報と容易に照合することができ，特定の個人を識別できる情報を含む）
② **個人識別符号**が含まれる情報

ココも注意! 「**個人識別符号**」とは，次の①②のいずれかに該当するものをいう（２条２項）。

① 特定の個人の**身体の一部の特徴を電子計算機のために変換した符号**（**【例】**顔認識データ・指紋認識データ）
② 対象者ごとに異なるものとなるように**役務の利用，商品の購入または書類に付される符号**（**【例】**旅券番号・免許証番号）

[H25]

答 2 ×

防犯カメラの映像も，特定の個人を識別できるのであれば，個人情報に該当する。

[R5]

答 3 ×

「**個人情報データベース等**」とは，**個人情報を含む情報の**集合物であって，①特定の個人情報を**電子計算機（コンピュータ）を用いて検索**することができるように**体系的に構成したもの**，②**電子計算機を用いていなくても**，一定の規則に従って整理された特定の個人情報を**目次・索引等により**容易に検索することができるように，**体系的に構成したもの**をいう（２条４項，個人情報保護法施行令１条）。本問の「**組合員名簿**」は，**②に該当**する。

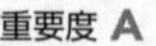

問 4

取り扱う個人情報によって識別される特定の個人の数の合計が，過去６ヵ月以内のいずれの日においても5,000を超えない管理組合は，個人情報取扱事業者に該当しない。

重要度 B

問 5

個人情報取扱事業者は，あらかじめ本人の同意を得ないで，特定された利用目的の達成に必要な範囲を超えて，個人情報を取り扱ってはならない。

重要度 S★★★

問 6

個人情報取扱事業者であるマンション管理業者は，個人情報を取得した場合は，あらかじめその利用目的を公表している場合であっても，必ず，速やかに，その利用目的を，本人に通知しなければならない。

重要度 B

問 7

個人情報取扱事業者であるマンション管理業者が，管理を受託している管理組合の組合員のデータを第三者に提供する場合は，一定の場合を除き，あらかじめ本人の同意を得なければならない。

重要度 A

問 8

個人情報取扱事業者であるマンション管理業者が，管理費を滞納している組合員の氏名および滞納額が記載されたリストを，その管理事務を受託する管理組合に提出するときは，当該組合員の同意を得なければならない。

重要度 B

問 9

個人情報取扱事業者であるマンション管理業者は，本人から，当該本人が識別される保有個人データの開示を求められたときは，その開示に関し，手数料を徴収することができる。

[R3]
答 4
×

「個人情報取扱事業者」とは，個人情報データベース等**を事業の用に供している者**をいう（２条５項）。そして，個人情報データベース等を事業の用に供している者であれば，取り扱う**個人情報の件数に関わらず，個人情報取扱事業者**に該当する。

[H20]
答 5
○

個人情報取扱事業者は，あらかじめ**本人の**同意を得ないで，特定された利用目的**の達成に必要な範囲を超えて**，個人情報を取り扱ってはならない（18条１項）。

[H22]

個人情報取扱事業者は，個人情報を取得した場合，あらかじめ利用目的を公表している場合を**除き**，速やかに，その利用目的を**本人に通知**し，または**公表**しなければならない（21条１項）。

[H20]

個人情報取扱事業者が，個人データを**第三者に提供する場合**は，法令に基づく場合，人の生命，財産**の保護**のため必要がある場合等であって，本人の同意を得ることが困難であるとき等を**除き**，あらかじめ本人の同意を得なければならない（27条１項）。

[R1]

個人情報取扱事業者は，財産**の保護**のために必要がある等一定の場合であって，本人の同意を得ることが困難であるときは，本人の同意を得ないで，個人データを**第三者に提供**できる（27条１項２号）。管理費の滞納者のリストを管理者に提供することは，これに該当し，当該組合員の同意は**不要**である。

[R2]

個人情報取扱事業者は，**本人から**，保有個人データ**の開示を求められたときは**，原則として，遅滞なく，**開示**しなければならない（33条２項）。この場合，個人情報取扱事業者は，**開示の実施**に関し，手数料**を徴収できる**（38条１項）。

1回目	2回目	3回目
月　日：　　/9	月　日：　　/9	月　日：　　/9

第3編

マンション管理適正化法・マンション標準管理委託契約書等

第11章 マンション管理適正化法

1 総則

重要度 S★★★

2人以上の区分所有者が居住している専有部分のある建物およびその敷地のほかに，駐車場，ごみ集積所等の附属施設もマンションに含まれる。

重要度 S★★★

二以上の区分所有者が存在し居住の用に供されている建物で，居住している者がすべて賃借人である建物とその敷地および附属施設は，マンションに該当する。

重要度 A

二以上の区分所有者が存在し，事務所および店舗の用にのみ供されている建物は，マンションに該当する。

重要度 S★★★

二以上の区分所有者が居住の用に供する建物を含む5棟の建物の所有者の共有に属する一団地内の土地および附属施設は，マンションに該当する。

CHECK POINT

全範囲を網羅的に学習する必要がある。類似の問題が出題されるので，過去問の演習が最も効果的。繰り返し解いて正確な知識を身につけよう。

[H26]

答 1 ○

「マンション」とは，次のものをいう（マンション管理適正化法2条1号）。

① **二以上の区分所有者**が存し，かつ，人の居住の用**に供する専有部分がある建物**と，その敷地・附属施設（駐車場・ごみ集積所等）

② 一団地内の**土地・附属施設**が上記①の建物を含む数棟の建物の所有者の共有に属する場合の，その団地内の土地・附属施設

つまり，建物だけではなく，敷地および附属施設も**「マンション」**である。

[H16]

答 2 ○

実際に居住している者がすべて賃借人であっても，**二以上の区分所有者**が存在し，**居住の用**に供されているのであれば，建物とその敷地および附属施設は**「マンション」**である。

比較しよう! **全戸を1人で所有し**，各戸を居住用としてそれぞれ異なる人に賃貸しても，その建物は**「マンション」ではない**（**二以上の区分所有者が存在しないため**）。

[H20]

答 3 ×

二以上の区分所有者が存在しても，すべて事務所および店舗の用にのみ供されていて，1戸も人の居住の用に供されていない建物は，**「マンション」**ではない。

[H16]

答 4 ○

一団地内の土地・附属施設が**「マンション」**を含む数棟の建物の所有者の共有に属する場合の，その団地内の土地・附属施設も**「マンション」**である。**二以上の区分所有者**が**居住の用**に供する建物は**「マンション」**なので，それを含む5棟の建物の所有者の共有に属する一団地内の土地および附属施設も**「マンション」**である。

重要度 C
問 5
□□□

管理事務とは，マンションの管理に関する事務であって，管理組合の会計の収入および支出の調定および出納ならびに専有部分を除くマンションの維持または修繕に関する企画または実施の調整を含むものをいう。

重要度 C
問 6
□□□

マンション管理業とは，管理組合から委託を受けて，基幹事務を含むマンションの管理事務を行う行為で業として行うものであり，当該基幹事務すべてを業として行うものをいうが，「業として行う」に該当するためには，営利目的を要し，また，反復継続的に管理事務を行っている必要がある。

重要度 C

問 7
□□□

都道府県等は，マンション管理適正化推進計画に基づく措置の実施に関して特に必要があると認めるときは，関係地方公共団体，管理組合，マンション管理業者に対し，調査を実施するため必要な協力を求めることができる。

重要度 C

問 8
□□□

市長は，区域内のマンションにおいて管理組合の運営がマンション管理適正化指針に照らして著しく不適切であることを把握したときは，当該管理組合の管理者等に対し，マンション管理適正化指針に即したマンションの管理を行うよう勧告することができる。

重要度 C

問 9
□□□

管理組合の管理者等は，管理計画の認定を受けるために申請する当該管理計画の中には，当該マンションの修繕その他の管理に係る資金計画を必ず記載しなければならない。

[H30]

○

「管理事務」とは，マンションの管理に関する事務であって，基幹事務（①管理組合の会計の収入・支出の調定，②管理組合の出納事務，③専有部分を除くマンションの維持・修繕に関する企画・実施の調整）を含むものをいう（2条6号）。

[H30]

×

「マンション管理業」とは，管理組合から委託を受けて，基幹事務を含む管理事務を行う行為で「業として行う」もの（区分所有者等が当該マンションについて行うものを除く）をいう（2条6号・7号）。そして，「業として行う」に該当するためには，営利目的か否かを問わないが，反復継続的に管理事務を行っている必要がある（国総動第51号）。

[R5]

○

都道府県等は，マンション管理適正化推進計画に基づく措置の実施に関して特に必要があると認めるときは，関係地方公共団体，管理組合，管理業者に対し，調査を実施するため必要な協力を求めることができる（マンション管理適正化法3条の2第6項）

[R5]

○

知事（市またはマンション管理適正化推進行政事務を処理する町村の区域内では，それぞれの長）は，管理組合の運営がマンション管理適正化指針に照らして著しく不適切であることを把握したときは，当該管理組合の管理者等に対し，マンション管理適正化指針に即したマンションの管理を行うよう勧告できる（5条の2第2項）。

[R5]

○

管理組合の管理者等は，管理計画の認定を受けるために申請する当該管理計画の中には，当該「マンションの修繕その他の管理に係る資金計画」等を必ず記載しなければならない（5条の3第2項）

2 管理業務主任者

管理業務主任者試験に合格した者は，管理事務に関し２年以上の実務の経験を有していれば，国土交通大臣の登録を受けていなくても，管理業務主任者証の交付を申請することができる。

偽りその他不正の手段により登録を受けたとして，国土交通大臣よりマンション管理士の登録を取り消された者は，その取消しの日から２年を経過しなければ，管理業務主任者の登録を受けることができない。

管理業務主任者登録簿に，氏名，生年月日その他必要な事項を登載された者は，登録の更新申請を行わなければ，登録日以後５年をもってその登録の効力を失う。

[H17]

×

試験に合格した者で，「2年以上の実務の経験を有する者」，または「国土交通大臣がその実務の経験を有する者と同等以上の能力を有すると認めた者」は，国土交通大臣の登録を受けることができる（59条1項，適正化法施行規則69条）。登録を受けている者は国土交通大臣に対し，管理業務主任者証の交付を申請することができる（マンション管理適正化法60条1項）。したがって，実務経験があったとしても，登録を受けずに管理業務主任者証の交付の申請をすることはできない。

ココも注意! 管理業務主任者とは，管理業務主任者証の交付を受けた者をいう。試験に合格しても，登録を受けても，管理業務主任者証の交付を受けていないと管理業務主任者ではないことに注意。

[H20]

答 11

○

偽りその他不正の手段により登録を受けたとして，国土交通大臣よりマンション管理士の登録を取り消された者は，その取消しの日から2年を経過しなければ，管理業務主任者の登録を受けることができない（59条1項4号，33条1項2号）。

[H27]

答 12

×

管理業務主任者試験に合格した者の登録は，国土交通大臣が，管理業務主任者登録簿に，氏名・生年月日その他国土交通省令で定める事項を登載してする（59条2項）。この登録に，有効期間の定めはないので，登録の更新申請という手続きはそもそも存在しない。

比較しよう! 「マンション管理士」の登録および登録証には有効期間がないので，登録の更新申請の必要がない。「マンション管理業者」の登録の有効期間は，5年であり（登録証はない），登録の更新申請が必要である。

重要度 S★★★

問 13

□□□

管理業務主任者は，登録を受けている事項のうち，転職によりその業務に従事していたマンション管理業者に変更があったときは，遅滞なく，その旨を国土交通大臣に届け出なければならないが，この場合において，管理業務主任者証を添えて提出し，その訂正を受ける必要はない。

重要度 B

□□□

管理業務主任者は，登録を受けている事項のうち，その住所に変更があった場合には，遅滞なく，その旨を国土交通大臣に届け出るとともに，管理業務主任者証を添えて提出し，その訂正を受けなければならない。

重要度 S★★★

問 15

□□□

管理業務主任者証の有効期間は５年であるが，有効期間の更新を受けようとする場合，交付の申請の日前６月以内に行われる登録講習機関が行う講習を受けなければならない。

重要度 B

□□□

管理業務主任者証の交付を受けようとする者で，管理業務主任者試験に合格した日から１年以内に交付を受けようとする者については，国土交通大臣の登録を受けた者（登録講習機関）が行う講習を受けなくても交付を申請することができる。

[H27]

答 13 ○

管理業務主任者は，登録事項変更があったときは，遅滞なく，その旨を**国土交通大臣に届け出**なければならない（適正化法62条１項）。「管理業者の業務に従事する者にあっては，当該**管理業者の**商号・**名称**，登録番号」は，登録事項なので，転職によりこれらに変更があったときは，届け出なければならない（規則72条１項６号）。そして，この届出をする場合，**管理業務主任者証**の記載事項にも変更があったときは，当該届出に**管理業務主任者証**を添えて提出し，その**訂正**を受けなければならない（適正化法62条２項）。しかし，「**管理業者の**商号・**名称**，登録番号」は，そもそも記載事項ではないので，**訂正**を受ける必要はない（規則74条１項）。

ココも注意! **主任者証の記載事項**は，①氏名，②生年月日，③登録番号・登録年月日，④交付年月日，⑤有効期間の満了日，の5つである（60条1項，規則74条）。「**住所**」がないことに注意。

[H29]

答 14 ×

管理業務主任者は，**住所**に変更があった場合，**遅滞なく**，その旨を**国土交通大臣に届け出**なければならない（適正化法62条１項，規則72条１項１号）。しかし，**住所**は**管理業務主任者証の**記載事項ではないので，訂正を受ける必要はない（74条１項）。

[H24]

答 15 ○

管理業務主任者証の有効期間は，５**年**である（適正化法60条３項）。この有効期間は更新することができるが，更新を受けようとする場合，登録講習機関が行う講習で**交付の申請の日前**６**ヵ月以内**に行われるものを受けなければならない（同２項）。

[H25]

答 16 ○

管理業務主任者証の交付を受けようとする者は，登録講習機関が行う講習を受講しなければならない。ただし，試験合格日から１**年以内**に管理業務主任者証の交付を受けようとする者は，この講習の**受講義務がない**（60条２項）。

重要度 B

管理業務主任者は，登録が消除されたとき，または管理業務主任者証がその効力を失ったときは，速やかに，管理業務主任者証を国土交通大臣に返納しなければならない。

□□□

重要度 S★★★

管理業務主任者は，他人に自己の名義の使用を許し，当該他人がその名義を使用して管理業務主任者である旨を表示したとして，国土交通大臣より事務の禁止処分を受けたときは，速やかに，管理業務主任者証を国土交通大臣に提出しなければならない。

□□□

重要度 S★★★

マンション管理業者は，特定の場合を除き，その事務所ごとに，管理事務の委託を受けた管理組合の数を30で除したもの以上の数の成年者である専任の管理業務主任者を置かなければならない。

□□□

重要度 C

マンション管理業者（法人である場合においては，その役員）が管理業務主任者であるときは，その者が自ら主として業務に従事するマンション管理業を営む事務所については，その者は，その事務所に置かれる成年者である専任の管理業務主任者とみなされる。

□□□

[H24]

管理業務主任者は，登録が消除されたとき，または管理業務主任者証がその効力を失ったときは，速やかに，**管理業務主任者証を国土交通大臣に**返納しなければならない（60条４項）。

ココも注意! 管理業務主任者は，管理業務主任者証の亡失によりその再交付を受けた後，**亡失した管理業務主任者証**を発見したときは，速やかに，再交付を受けた管理業務主任者証ではなく，発見した方の管理業務主任者証を**返納しなければならない**（規則77条４項）。

[H20]

管理業務主任者は，他人に自己の名義の使用を許し，当該他人がその名義を使用して管理業務主任者である旨を表示したとして，国土交通大臣より事務の禁止**処分**を受けたときは，速やかに，**管理業務主任者証を国土交通大臣に**提出しなければならない（適正化法60条５項，64条１項２号）。

[H18]

管理業者は，**原則として**，その事務所**ごと**に，管理事務の委託を受けた**管理組合の数を**30**で除したもの以上**の数の成年者**である専任の管理業務主任者**を置かなければならない（56条１項，規則61条）。

比較しよう! 例外として，人の居住の用に供する独立部分が５以下の管理組合から委託を受けた管理事務を，その業務とする事務所については，成年者である専任の管理業務主任者の設置義務はない（62条）。

[H30]

管理業者（**法人**である場合，**その**役員）が**管理業務主任者**であるときは，その者が自ら主として業務に従事する事務所については，その事務所に置かれる**成年者である専任の管理業務主任者**とみなされる（適正化法56条２項）。

重要度 A

問 21

マンション管理業者甲のA事務所は，人の居住の用に供する独立部分の数が全て6以上の150の管理組合から管理事務の委託を受けている。A事務所において，5人の成年者である管理業務主任者がいる場合に，その中の1人が退職したときは，1ヵ月以内に新たに専任の管理業務主任者を1人置かなければならない。

重要度 C

管理業務主任者が，管理業務主任者証がその効力を失ったにもかかわらず，速やかに，管理業務主任者証を国土交通大臣に返納しない場合は，10万円以下の過料に処せられる。

重要度 C

マンション管理業者Aが，管理組合から管理事務を受託する際に，マンション管理適正化法第72条の規定に基づく重要事項の説明を行う場合で，Aは，人の居住の用に供する独立部分の数が5戸であるマンションの管理組合Bと管理受託契約を新たに締結しようとするときに，重要事項の説明会を開催したが，管理業務主任者ではないAの事務所の代表者をして重要事項について説明させたことは，マンション管理適正化法の規定に違反する。

重要度 A

管理業務主任者は，その事務を行うに際し，マンションの区分所有者等その他の関係者から請求があったときは，管理業務主任者証を提示しなければならない。

[H26]

×

A事務所が委託を受けた管理組合は，**人の居住の用に供する独立部分**の数が6**以上**である管理組合であり，その組合数150を30で除すると5であるから，設置すべき**成年者である専任の管理業務主任者**数は5**人**である。そして，その中の1人が退職したときは，2**週間以内**に新たに専任の管理業務主任者を1人置かなければならない（56条3項）。

[R3]

○

管理業務主任者は，**管理業務主任者証がその効力を失った**ときは，速やかに，管理業務主任者証を国土交通大臣に返納しなければならない（60条4項）。この規定に違反した場合は，10**万円以下の過料**に処せられる（113条2号）。

[H28]

×

管理業者は，**人の居住の用に供する独立部分**が5**以下**の管理組合から委託を受けた場合の管理事務については，管理業務主任者に代えて，その事務所を代表する者またはこれに準ずる地位にある者に，**管理業務主任者としてすべき事務**（本問では，重要事項の説明）を行わせることができる（78条）。

[H19]

○

管理業務主任者は，その事務を行うに際し，マンションの区分所有者等その他の**関係者から**請求があったときは，管理業務主任者証**を提示**しなければならない（適正化法63条）。

ココも注意！ 管理業務主任者は，①**登録が**消除されたとき，②主任者証が効力を失ったとき（**有効期間の**満了等），③亡失し，再交付を受けた後，**亡失した主任者証を**発見したときは，速やかに**管理業務主任者証**を**国土交通大臣に**返納しなければならない。また，事務の禁止**処分**を受けたときは，速やかに提出しなければならない。

重要度 B

問 25

管理業務主任者が，マンション管理業者に自己が専任の管理業務主任者として従事している事務所以外の事務所の専任の管理業務主任者である旨の表示をすることを許し，当該マンション管理業者がその旨の表示をし，その情状が特に重いときは，国土交通大臣は，当該管理業務主任者の登録を取り消さなければならない。

重要度 S★★★

問 26

管理業務主任者が，管理業務主任者として行う事務に関し，不正または著しく不当な行為をしたときは，国土交通大臣から，1年以内の期間を定めて，管理業務主任者としてすべき事務を行うことを禁止されることがある。

3 マンション管理業者

重要度 A

問 27

マンション管理業の更新の登録を受けようとする者は，登録の有効期間満了の日の90日前から30日前までの間に登録申請書を提出しなければならないが，当該有効期間の満了の日までにその申請に対する処分がなされないときは，従前の登録は，当該有効期間の満了後もその処分がなされるまでの間は，なお効力を有する。

重要度 C

問 28

□□□

マンション管理業を営もうとする者は，法人でその役員のうちに，「暴力団員による不当な行為の防止等に関する法律」第2条第6号に規定する暴力団員または同号に規定する暴力団員でなくなった日から5年を経過しない者がいた場合は，マンション管理業の登録を受けることができない。

[H15]

答 25 ○

管理業務主任者が，マンション管理業者に自己が**専任の管理業務主任者**として従事している**事務所**以外の事務所の専任**の管理業務主任者**である旨の表示をすることを許し，マンション管理業者がその旨の表示をし，その情状が特に重いときは，国土交通大臣は，**管理業務主任者の登録を**取り消さなければならない（64条1項1号，65条1項4号）。

[H17]

答 26 ○

管理業務主任者は，**管理業務主任者として行う事務に関し**，不正または著しく不当**な行為を**したときは，国土交通大臣から，1**年以内**の期間を定めて，管理業務主任者としてすべき事務を行うことを**禁止**されることがある（64条1項3号・2項）。

ココも注意! 管理業務主任者が，**管理業務主任者として行う事務**に関し，**不正または著しく不当な行為**をし，その情状が特に重いときは，国土交通大臣は，**管理業務主任者の登録を**取り消さなければならない（65条1項4号）。

[R1]

答 27 ○

管理業者の**登録の有効期間**（5**年間**）の満了後も，引き続きマンション管理業を営もうとする者は，**更新の登録**を受けなければならない（44条3項）。そして，**更新の登録**を受けようとする者は，登録の**有効期間満了の日の**90**日前から**30**日前までの間**に登録申請書を提出しなければならないが（規則50条），有効期間の満了日までにその申請に対する処分がなされないときは，従前の登録は，**有効期間の満了後も**その処分がなされるまでの間はなお**効力を有する**（適正化法44条4項）。

[R3]

答 28 ○

法人でその役員のうちに，暴力団員による不当な行為の防止等に関する法律2条6号に規定する**暴力団員または暴力団員でなくなった日から**5**年を経過しない者**に該当する者があるものは，管理業者の**登録を受けることができない**（47条7号，10号）。

重要度 C

問 29 □□□

マンション管理業を営もうとする者は，その役員のうちに，破産手続開始の決定を受けた後，復権を得てから２年を経過しない者がいる場合には，マンション管理業の登録を受けることができない。

重要度 A

問 30 □□□

直前１年の各事業年度の貸借対照表に計上された資産の総額から負債の総額に相当する金額を控除した額が100万円である法人は，マンション管理業者の登録を受けることができない。

重要度 B

マンション管理業に関し成年者と同一の行為能力を有しない未成年者で，その法定代理人が，禁錮以上の刑に処せられ，その執行を終わり，または執行を受けることがなくなった日から２年を経過しないものは，マンション管理業者の登録を受けることができない。

重要度 B

マンション管理業者が法人である場合において，その役員の氏名に変更があったときは，その日から30日以内に，当該マンション管理業者は，その旨を国土交通大臣に届け出なければならない。

重要度 S★★★

マンション管理業者は，事務所ごとに置かれる成年者である専任の管理業務主任者の変更があったときは，その日から30日以内に，その旨を国土交通大臣に届け出なければならないが，変更があった事項が登録している専任の管理業務主任者の婚姻による氏名変更のみである場合には，変更の届出の必要はない。

重要度 C

マンション管理業の登録を受けていた個人が死亡した場合に，その相続人は，当該個人が死亡した日から30日以内にその旨を国土交通大臣に届け出なければならない。

[R2]

×

法人である管理業者の**役員**が，**破産手続開始の決定を受けて**復権**を得ない場合**には，当該法人は登録を受けることができない（47条1号・8号）。しかし，復権**を得れば**，2年を経過しなくても，当該法人は**直ちに登録を受けることができる**。

[H18]

○

基準資産額（直前1年の各事業年度の貸借対照表に計上された資産**の総額**から負債**の総額**に相当する金額を控除した額）を300**万円以上**有しない者は，管理業者の**登録を受けることができない**（47条10号，規則54条，55条1項）。

[H18]

○

マンション管理業に関し**成年者と同一の行為能力を**有しない**未成年者**で，その**法定代理人**が，禁錮**以上**の刑に処せられ，その執行を終わり，または執行を受けることがなくなった日から2**年**を経過しないものは，管理業者の**登録を受けることができない**（適正化法47条7号・5号）。

[H18]

○

管理業者が法人である場合において，その**役員の**氏名に変更があったときは，その日から30**日以内**に，管理業者は，その旨を国土交通大臣に**届け出**なければならない（48条1項）。

[H22]

×

管理業者は，**事務所ごと**に置かれる成年者である**専任の管理業務主任者**の氏名に変更があったときは，30**日以内**に，その旨を国土交通大臣に**届け出**なければならない（45条1項5号，48条1項）。

[R2]

×

個人のマンション管理業者が**死亡**した場合，その**相続人**は，「**その事実を知った時**」から30**日以内**に，その旨を国土交通大臣に**届け出**なければならない（50条1項1号）。「死亡した日」からではない。

第11章　マンション管理適正化法

重要度 B

法人であるマンション管理業者Aが，法人であるマンション管理業者Bとの合併により消滅し，Bが当該合併後も存続することとなった場合は，Bを代表する役員が，当該合併によりAが消滅した日から30日以内に，その旨を国土交通大臣に届け出なければならない。

重要度 C

マンション管理業者がマンション管理業を廃止した場合においては，マンション管理業者であった個人またはマンション管理業者であった法人を代表する役員は，その日から30日以内に，その旨を国土交通大臣に届け出なければならない。

重要度 S★★★

マンション管理業者は，その事務所ごとに，公衆の見やすい場所に，「登録番号」，「登録の有効期間」，「商号，名称または氏名」，「代表者氏名」，「この事務所に置かれている専任の管理業務主任者の氏名」，「主たる事務所の所在地（電話番号を含む）」が記載された標識を掲げなければならない。

重要度 S★★★

マンション管理業者は，管理受託契約を締結しようとするときは，その契約締結日の１週間前までに，説明会を開催し，管理組合を構成するマンションの区分所有者等および当該管理組合の管理者等に対し，管理業務主任者をして，重要事項について説明をさせなければならない。

重要度 S★★★

管理業者は，重要事項の説明会を行うときは，説明会の前日までに重要事項ならびに説明会の日時および場所を記載した書面をマンションの区分所有者等および当該管理組合の管理者等の全員に対し交付するとともに，説明会の日時および場所を記載した書面を見やすい場所に掲示しなければならない。

[H22]

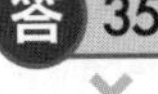

答 35 ×

法人である管理業者Aが，法人である管理業者Bとの合併により消滅し，Bが合併後も存続する場合，消滅した**Aの代表役員であった者**が，合併によりAが消滅した日から**30日以内**に，その旨を国土交通大臣に**届け出**なければならない（50条１項２号）。

比較しよう! 「**破産手続開始の決定**」があった場合には，**届出**をするのは，裁判所が選任した破産管財人である（50条１項３号）。

[R1]

答 36 ○

管理業者が，マンション管理業を**廃止**（廃業）した場合，**管理業者であった個人**または**管理業者であった法人を代表する役員**は，その日から**30日以内**に，その旨を国土交通大臣に**届け出**なければならない（50条１項５号）。

[H23]

答 37 ○

管理業者は，その事務所**ごと**に，公衆の見やすい場所に，「**登録番号**」，「**登録の有効期間**」，「**商号・名称・氏名**」，「**代表者氏名**」，「**この事務所に置かれている専任の管理業務主任者の氏名**」，「**主たる事務所の所在地**（電話番号を含む）」が記載された標識を掲げなければならない（71条，規則81条，別記様式26号）。

[R5]

答 38 ×

管理業者は，管理受託契約を締結しようとするときは，あらかじめ，**説明会を開催**し，管理組合を構成する**区分所有者等**および当該管理組合の**管理者等**に対し，**管理業務主任者をして**，**重要事項について説明**をさせなければならない（72条１項前段）。説明会の開催は「契約締結日の１週間前まで」ではない。

[H13]

答 39 ×

管理業者が重要事項の説明会を開催するときは，**説明会の**１**週間前**までにマンションの区分所有者等および管理組合の管理者等の全員に対し，重要事項説明書面**を交付**するとともに，**説明会の日時および場所**について，区分所有者等および管理組合の管理者等の見やすい場所**に掲示**しなければならない（適正化法72条１項，規則83条２項）。

重要度 B

問 40

□□□

マンション管理業者は，重要事項の説明会を開催するときは，できる限り説明会に参加する者の参集の便を考慮して開催の日時および場所を定め，管理事務の委託を受けた管理組合ごとに開催する。

重要度 S★★★

問 41

□□□

マンション管理業者は，新たに建設されたマンションが分譲された場合，当該マンションの人の居住の用に供する独立部分の引渡しの日のうち最も早い日から１年の間に契約期間が満了する管理組合との管理受託契約を締結しようとするときであっても，当該管理組合を構成するマンションの区分所有者等および当該管理組合の管理者等に対し，重要事項を記載した書面を交付し，管理業務主任者をして，説明をさせなければならない。

重要度 S★★★

問 42

□□□

管理者等が置かれていない管理組合との管理受託契約を従前と同一の条件で更新するに当たって，マンション管理業者は，あらかじめ，マンションの区分所有者等全員に対し，重要事項を記載した書面を交付したが，説明会における管理業務主任者からの説明を行わなかったことは，マンション管理適正化法の規定に違反する。

重要度 S★★★

問 43

□□□

マンション管理業者は，管理者の置かれた管理組合と従前の管理受託契約と同一の条件で管理受託契約を更新しようとするときは，当該管理者に対し，管理業務主任者をして，重要事項について，これを記載した書面を交付して説明すれば足り，区分所有者等全員に対し，交付する必要はない。

[R2]

答 40 ○

重要事項の説明会は，できる限り**説明会に参加する者の参集の便を考慮して**開催の日時および場所を定め，管理事務の委託を受けた管理組合**ごとに開催**する（適正化法72条1項，規則83条1項）。

[R3]

答 41 ×

管理業者は，管理受託契約を締結するに当たって，①**新たに建設されたマンションを分譲した場合**には，専有部分の**引渡日のうち最も早い日から**1**年間**で契約が**満了**するとき，②**既存のマンションの区分所有権の全部を1人または複数の者が買い取り，そのマンションを分譲（再分譲）した場合**には，再分譲後の専有部分の**引渡日のうち最も早い日から**1**年間**で契約が**満了**するときは，あらかじめ，管理業務主任者をして，**重要事項について説明させる必要**はない（72条1項，規則82条）。本問は①に該当し，重要事項の説明は不要である。

[H17]

答 42 ×

管理者等が置かれていない**管理組合**との管理受託契約を従前と同一の条件で更新するに当たって，管理業者は，あらかじめ，区分所有者等全員に対し，**重要事項を記載した書面を交付**しなければならないが，**説明会を開催**し，管理業務主任者をして，**説明させる必要**はない（適正化法72条2項・3項）。

比較しよう! 従前の管理受託契約の条件を変更**して更新**するときは，新規に契約する場合と同様に説明会**を開催**して重要事項の説明を行わなければならない。

[H23]

答 43 ×

管理者等が置かれている**管理組合**との管理受託契約を従前と同一の条件で更新するに当たって，管理業者は，あらかじめ，**区分所有者等全員**に対し，重要事項を記載した**書面を交付**しなければならない（72条2項）。これに加えて管理業者は，その管理者等に対し，**管理業務主任者**をして，重要事項について，これを記載した**書面を**交付**して**説明をさせなければならない（同3項）。

重要度 S★★★

問 44 □□□

マンション管理業者は，管理受託契約を更新しようとする場合において，従前の管理受託契約に比して管理事務の内容および実施方法の範囲を拡大し，管理事務に要する費用の額を同一としまたは減額しようとする場合，あらかじめ，重要事項の説明会を開催する必要はない。

重要度 A

問 45 □□□

マンション管理業者が管理受託契約を更新しようとするときに，従前の管理受託契約に比して更新後の契約期間を短縮したが，重要事項の説明会は開催しなかったことは，マンション管理適正化法の規定に違反する。

重要度 C

問 46 □□□

マンション管理業者は，当初の管理受託契約に係る変更契約を締結しようとする場合においては，同一の条件でない管理受託契約に変更するときであっても，管理組合の管理者等に対して，管理業務主任者をして，重要事項について記載した書面を交付して説明すれば足りる。

重要度 S★★★

問 47 □□□

管理業務主任者は，重要事項を記載した書面の説明をするときは，説明の相手方に対し，管理業務主任者証を提示しなければならない。

重要度 C

問 48 □□□

マンション管理業者が，重要事項を記載した書面の交付に代えて，当該書面に記載すべき事項を電子情報処理組織を使用する方法その他の情報通信の技術を利用する方法により提供する場合において，管理組合を構成するマンションの区分所有者等または当該管理組合の管理者等の承諾を得る必要はない。

[H30]

○

管理業者が，管理組合との管理受託契約を**従前と**同一の条件**で更新**する場合は，あらかじめ，**重要事項の説明会**を開催する必要はない（72条２項・３項）。「管理事務の内容および実施方法の**範囲を拡大**し，管理事務に要する**費用の額を同一**としまたは**減額**しようとする場合」は，同一の条件**の更新**に該当する。

[H21]

×

管理業者が，管理組合との管理受託契約を**従前と**同一の条件**で更新**する場合は，あらかじめ，**重要事項の説明会**を開催する必要はない（72条２項・３項）。「従前の管理受託契約に比して更新後の契約期間を短縮する場合」は，同一の条件**の更新**に該当する。

[R1]

×

管理業者は，当初の管理受託契約に係る変更契約を締結しようとする場合は，**新規契約の扱い**となる（国総動第309号）。したがって，同一の条件**でない管理受託契約に変更**するときは，管理組合の「**管理者等**」に対してだけではなく，説明会を開催して「**区分所有者等全員**」に対しても，**管理業務主任者**をして，**重要事項説明書を交付**して**説明**させる必要がある。

[H23]

○

管理業務主任者は，重要事項を記載した書面の説明をする場合，説明の相手方に対し，**管理業務主任者証**を提示しなければならない（72条４項）。相手方から**請求がなくても**提示しなければならない。

[R5]

×

管理業者が，重要事項を記載した**書面の交付に代えて**，「書面に記載すべき事項を**電子情報処理組織を使用する方法**その他の情報通信の技術を利用する方法」**により提供**する場合，管理組合を構成する**区分所有者等または管理組合の管理者等**の承諾**を得る必要がある**（72条６項）。

重要度 S★★★

□□□

マンション管理業者は，管理組合から管理事務の委託を受けることを内容とする契約を締結したときは，当該管理組合の管理者等に対し，遅滞なく，管理業務主任者をして，契約の成立時の書面を交付して説明をさせなければならない。

重要度 S★★★

□□□

マンション管理業者は，マンション管理適正化法第73条の規定により，同条第1項各号に定める事項を記載した書面を作成するときは，専任の管理業務主任者をして，当該書面に記名させなければならない。

重要度 B

□□□

マンション管理業者は，法第73条第1項の規定に基づく書面の交付に代えて，当該書面に記載すべき事項を，電子情報処理組織を使用する方法その他の情報通信の技術を利用する方法により提供する場合においては，管理組合の管理者等または管理組合を構成するマンションの区分所有者等の承諾を得る必要はない。

重要度 B

□□□

マンション管理業者は，管理業務主任者をして，重要事項として免責に関する事項を説明させなければならないが，契約の成立時の書面には免責に関する事項を記載する必要はない。

[R2]

管理業者は，管理組合から管理事務の委託を受けることを内容とする契約を締結したときは，**管理組合の管理者等**（管理業者が当該管理組合の管理者等である場合または管理組合に管理者等が置かれていない場合には，管理組合を構成する**区分所有者等全員**）に対し，遅滞なく，適正化法73条１項に定める事項を記載した書面（**契約の成立時の書面**）を交付**しなければならない**（73条１項）。しかし，**管理業務主任者**をして，交付**して説明をさせる必要はない**。

⚠ココも注意! **管理業者**は，73条１項の規定に違反して，**虚偽の記載のある契約書面を交付**したときは，30**万円以下の罰金**に処せられる（109条１項６号，73条１項）。

[H27]

管理業者は，適正化法73条１項に定める事項を記載した書面を作成するときは，**管理業務主任者**をして，その書面に記名させなければならないが（73条２項），この場合の管理業務主任者は，**専任でなくてもかまわない**。

⚠ココも注意! **記名をしていない**契約の成立時の書面を交付した場合には，30万円**以下の罰金**に処される（111条）。

[R3]

管理業者は，73条１項の規定に基づく書面の交付に代えて，当該書面に記載すべき事項を，**電子情報処理組織を使用する方法その他の情報通信の技術を利用する方法により提供**する場合は，**管理組合の管理者等または管理組合を構成する区分所有者等**の承諾を得る必要がある（73条３項）。

[H25]

管理業者は，**管理業務主任者**をして，重要事項として「**免責に関する事項**」を説明させなければならない（規則84条８号）。また，この事項は，契約成立時に交付すべき書面に必ず記載すべき事項でもある（85条８号）。

重要度 S★★★

問 53

□□□

マンション管理業者は，管理組合から委託を受けた管理事務のうち基幹事務については，その一部であっても他人に委託してはならない。

重要度 S★★★

問 54

□□□

マンション管理業者は，管理組合から委託を受けた管理事務について，管理受託契約を締結した年月日や管理組合の名称等を記載した帳簿を作成し，また，当該帳簿を各事業年度の末日をもって閉鎖するものとし，閉鎖後５年間当該帳簿を保存しなければならない。

重要度 A

問 55

□□□

マンション管理業者は，管理組合から委託を受けて管理する修繕積立金等については，自己の固有財産および他の管理組合の財産と分別して管理しなければならない。

重要度 S★★★

問 56

□□□

マンション管理適正化法第76条の規定により，財産の分別管理の対象となる財産とは，管理組合から委託を受けて管理する修繕積立金および管理組合またはマンションの区分所有者等から受領した管理費用に充当する金銭または有価証券である。

重要度 A

問 57

□□□

マンション管理業者は，管理組合から委託を受けて有価証券を管理する場合においては，金融機関または証券会社に，当該有価証券の保管場所を自己の固有財産および他の管理組合の財産である有価証券の保管場所と明確に区分させ，かつ，当該有価証券が受託契約を締結した管理組合の有価証券であることを判別できる状態で管理させなければならない。

[H27]

×

管理業者は，管理組合から委託を受けた管理事務のうち**基幹事務**については「一括して」**他人に委託**してはならない（74条）。しかし，**基幹事務の**一部であれば，再委託をすることができる。

[R4]

○

管理業者は，管理組合から委託を受けた管理事務について，**帳簿**を作成し，これを**保存**しなければならない（75条）。また，管理業者は，**帳簿**（ファイルまたは磁気ディスク等を含む）を各事業年度の末日**をもって閉鎖**し，**閉鎖後**5**年間**，**帳簿を保存**しなければならない（規則86条３項）。

[R3]

○

管理業者は，管理組合から委託を受けて管理する**修繕積立金**および管理組合または区分所有者等から受領した**管理費用に充当する金銭または有価証券**については，整然と管理する方法として国土交通省令で定める方法により，自己の固有財産および**他の管理組合の財産**と**分別して管理**しなければならない（76条，規則87条１項）。

[H22]

○

「**財産の分別管理の対象となる財産**」とは，管理組合から委託を受けて管理する修繕積立金および管理組合または区分所有者等から受領した**管理費用に充当する**金銭または有価証券である（適正化法76条，規則87条１項）。

[R1]

○

管理業者は，管理組合から委託を受けて**有価証券**を管理する場合，金融機関や証券会社に，その有価証券の保管場所を自己の固有財産および他の管理組合の財産である有価証券の保管場所と**明確に区分**させ，かつ，その有価証券が**受託契約を締結した管理組合の有価証券であることを判別できる状態**で管理させなければならない（87条２項２号）。

重要度 S★★★

問 58 □□□

収納口座とは，マンションの区分所有者等から徴収された修繕積立金等金銭またはマンション管理適正化法施行規則第87条第１項に規定する財産を預入し，一時的に預貯金として管理するための口座であって，マンション管理業者を名義人とすることもできるものをいう。

重要度 S★★★

問 59 □□□

収納・保管口座とは，マンションの区分所有者等から徴収された修繕積立金等金銭を預入し，預貯金として管理するための口座であって，マンション管理業者を名義人とするものをいう。

重要度 A

問 60 □□□

マンションの区分所有者等から徴収された修繕積立金を保管口座に預入し，当該口座において預貯金として管理するとともに，マンションの区分所有者等から徴収された管理費を収納口座に預入し，毎月，その月分として徴収された管理費から当該月中の管理事務に要した費用を控除した残額を，翌月末日までに収納口座から保管口座に移し換え，当該保管口座において預貯金として管理する方法は，マンション管理適正化法の規定に違反する。なお，保管口座は管理組合を名義人とする。

[H30]

〇

「**収納口座**」とは，区分所有者等から徴収された**修繕積立金等金銭**または国土交通省令で定める一定の財産を預入し，一時的に**預貯金として管理**するための口座をいう（規則87条６項１号）。「**収納口座**」は，保証契約を締結することによって「管理業者**を名義人**」とすることもできる（同３項）。

[H24]

×

「**収納・保管口座**」とは，区分所有者等から徴収された**修繕積立金等金銭**を預入し，**預貯金として管理**するための口座であって，「管理組合等**を名義人**」とするものをいう（87条６項３号）。

ココも注意！　「**保管口座**」とは，区分所有者等から徴収された**修繕積立金**を預入し，または修繕積立金等金銭もしくは国土交通省令で定める一定の財産の**残額を「収納口座」から移し換え**，これらを**預貯金として管理**するための口座であって「管理組合等**を名義人**」とするものをいう（同２号）。

[H22]

×

区分所有者等から徴収された**修繕積立金**を保管口座に預入し，当該口座において預貯金として管理するとともに，区分所有者等から徴収された**管理費**を収納口座に預入し，毎月，その月分として徴収された管理費から当該月中の管理事務に要した費用を控除した**残額**を，**翌月末日までに**収納口座から保管口座に**移し換え**，保管口座において預貯金として管理する方法は，**適正化法に規定されている方法**である（**ロ方式**，87条２項１号ロ）。

マンションの区分所有者等から徴収された修繕積立金等金銭を収納・保管口座に預入し，当該収納・保管口座において預貯金として管理する方法は，マンション管理適正化法の規定に違反する。なお，収納・保管口座は管理組合を名義人とする。

マンション管理業者は，規則第87条第２項第１号イに定める方法により修繕積立金等金銭を管理する場合において，マンション管理業者から委託を受けた者がマンションの区分所有者等から修繕積立金等金銭を徴収するときは，マンションの区分所有者等から徴収される１ヵ月分の修繕積立金等金銭の合計額以上の額につき，有効な保証契約を締結していなければならない。

マンション管理業者は，修繕積立金等金銭を管理するにあたり，管理組合に管理者等が置かれていない場合で管理者等が選任されるまでの比較的短い期間を除き，保管口座または収納・保管口座に係る管理組合等の印鑑，預貯金の引出用のカードその他これらに類するものを管理してはならない。

[H22]

区分所有者等から徴収された**修繕積立金等金銭**を収納・保管口座に預入し，その収納・保管口座において**預貯金として管理**する方法は，**適正化法に規定されている方法**である（**ハ方式**，87条2項1号ハ）。

比較しよう！ **イ方式**とは，「区分所有者等から徴収された**修繕積立金等金銭**を収納口座に預入し，毎月，その月分として徴収された修繕積立金等金銭から当該月中の管理事務に要した費用を控除した**残額**を，**翌月末日まで**に収納口座から保管口座に移し換え，保管口座において預貯金として管理する方法」である（87条2項1号イ）。

[H30]

管理業者は，**イ方式**または**ロ方式**により**修繕積立金等金銭**を管理する場合，区分所有者等から徴収される1ヵ**月分の修繕積立金等金銭または一定の財産の合計額以上の額**につき有効な保証契約を締結しなければならない。ただし，次の①②の**どちらにも該当する場合**は，保証契約**は不要**となる（87条3項）。

① 修繕積立金等金銭が，**管理組合・その管理者等を名義人とする**収納口座**に直接預入される**場合，または**管理業者や管理業者から委託を受けた者が修繕積立金等金銭を**徴収しない場合

② 管理業者が，管理組合等を名義人とする収納口座に係る**管理組合等の**印鑑，預貯金の引出用のカード**等を管理しない**場合

本問では，**上記①に該当しない**ので，保証契約を締結しなければならない。

ハ方式による場合は保証契約を締結する**必要はない**。

[R2]

管理業者は，修繕積立金等金銭を管理する場合，原則として，保管**口座または収納・保管口座に係る管理組合等の印鑑・預貯金の引出用のカード**その他これらに類するものを**管理することは禁止**されている。ただし，管理組合に**管理者等が置かれていない**場合で，管理者等が選任されるまでの比較的短い期間に限り保管する場合は，**例外として認められている**（87条4項）。

重要度 S★★★

問 64

管理事務の委託を受けた管理組合に管理者等が置かれているときは，マンション管理業者は，当該管理組合の事業年度終了後，遅滞なく，当該管理者等に管理事務に関する報告をしなければならないが，管理事務報告書を作成して交付する必要はない。

重要度 S★★★

マンション管理業者は，管理事務に関する報告を行うときは，報告の対象となる期間，管理組合の会計の収入および支出の状況ならびに管理受託契約の内容に関する事項を記載した管理事務報告書を管理業務主任者をして作成させ，当該書面に記名させなければならない。

重要度 S★★★

管理事務の委託を受けた管理組合に管理者等が置かれていないときは，マンション管理業者は，当該管理組合の事業年度終了後，遅滞なく，管理事務報告書を作成し，説明会を開催すれば，当該報告書を区分所有者等に交付する必要はない。

重要度 S★★★

管理業務主任者は，管理事務の報告を行うときは，その相手方から求められなければ，管理業務主任者証を提示する必要はない。

[H23]

64 ×

管理業者は，管理事務の委託を受けた管理組合に**管理者等が置かれている場合**において，管理事務に関する報告を行うときは，管理組合の事業年度終了後，**遅滞なく**，管理の状況について，一定事項を記載した**管理事務報告書**を作成し，**管理業務主任者**をして，**管理者等に**交付して説明させなければならない（適正化法77条1項，規則88条）。

[H27]

65 ×

管理業者は，管理事務に関する報告を行うときは，①**対象となる期間**，②**管理組合の会計の収入・支出の状況**，③**管理受託契約の内容**に関する事項を記載した**管理事務報告書**を作成し，**管理者等**に対し，**管理業務主任者**をして，管理事務に関する報告をさせなければならない（適正化法77条1項，規則88条）。しかし，この管理事務報告書を「**管理業務主任者**に作成させ，記名させなければならない」とする**規定はない**。

[H23]

66 ×

管理業者は，管理事務の委託を受けた管理組合に**管理者等が置かれていない場合**，管理組合の事業年度終了後，遅滞なく，管理事務報告書を作成し，説明会**を開催**し，**管理業務主任者**をして，**区分所有者等に交付して説明**させなければならない（適正化法77条2項，規則89条1項）。

ココも注意! この説明会の開催日の1**週間前**までに，**説明会の**日時・場所について，**見やすい場所に掲示**しなければならない（89条3項）。

[H30]

67 ×

管理業務主任者は，管理事務の報告を説明するときは，請求の有無**にかかわらず**，説明の相手方に対し，**管理業務主任者証**を提示しなければならない（適正化法77条3項）。

重要度 S★★★

問 68

□□□

マンション管理業者Aは，毎月，マンションの管理適正化法施行規則第87条第５項に規定する管理組合Bのその月の会計の収入および支出の状況に関する書面を作成し，Bの管理者に交付している場合，Bの事業年度に係る会計の収入および支出の状況については管理事務の報告を省略することができる。

重要度 S★★★

問 69

□□□

マンション管理業者は，当該マンション管理業者の業務状況調書，貸借対照表および損益計算書またはこれらに代わる書面をその事務所ごとに備え置き，その備え置かれた日から起算して３年を経過する日までの間，当該事務所の営業時間中，その業務に係る関係者の求めに応じ，これを閲覧させなければならない。

重要度 A

問 70

□□□

マンション管理業者は，正当な理由がなく，その業務に関して知り得た秘密を漏らしてはならないが，マンション管理業者でなくなった場合は，その義務を負わない。

[H28]

×

管理業者は，**毎月**，管理事務の委託を受けた管理組合の対象月における「会計の収入・支出の状況**に関する書面**（**5項書面**）」を作成し，翌月末日**までに**，その書面を**管理組合の管理者等に交付**しなければならない（規則87条5項前段）。そして，この書面の交付を行っていたとしても，管理事務の報告としての事業年度に係る「管理組合の会計の収入・支出の状況」の報告は，省略することはできない（適正化法77条）。

ココも注意! **管理者等が置かれていない**場合は，5項書面の交付に代えて，**対象月の属する管理組合の事業年度の終了の日から2ヵ月を経過する日までの間，5項書面をその事務所ごとに備え置き**，管理組合を構成する区分所有者等の求めに応じ，管理業者の業務時間内において，これを閲覧させなければならない（規則87条5項後段）。

[H27]

答 69

○

管理業者は，「**管理業者の業務および財産の状況を記載した書類**」を，その事務所ごとに備え置き，その業務に係る関係者の求めに応じ，これを閲覧させなければならない（適正化法79条）。この書類は，業務状況調書・貸借対照表・損益計算書・これらに代わる書面をいう（規則90条1項）。また，この書類は，**事務所に備え置かれた日**から3**年**を経過する日までの間，当該事務所に備え置くものとし，事務所の営業時間中，その業務に係る関係者の求めに応じて閲覧させなければならない（同4項）。

[H24]

×

管理業者は，正当な理由がなく，その**業務に関して知り得た秘密**を，漏らしてはならない。管理業者でなくなった後においても，同様である（適正化法80条）。

比較しよう! 秘密保持義務違反をした管理業者や使用人その他の従業者は，**罰金**30**万円以下**に処せられる（111条）。これに対して，秘密保持義務違反をしたマンション管理士は，1**年以下の懲役**または30**万円以下の罰金**に処せられる（107条）。

重要度 B

問 71

□□□

マンション管理業者が，マンション管理業に関し，不正または著しく不当な行為をしたときは，国土交通大臣は，当該マンション管理業者に対し，２年以内の期間を定めて，その業務の全部または一部の停止を命ずることができる。

重要度 C

問 72

□□□

国土交通大臣は，マンション管理業者の役員が，「暴力団員による不当な行為の防止等に関する法律」第２条第６号に規定する暴力団員であることが判明した場合は，当該マンション管理業者に対し，１年以内の期間を定めて，その業務の全部または一部の停止を命ずることができる。

重要度 B

問 73

□□□

マンション管理業者の従業者である管理業務主任者は，その事務を行うに際し，管理業務主任者証を携帯しているため，マンション管理業者の従業者であることを証する証明書の携帯は省略することができる。

重要度 C

問 74

□□□

マンション管理業者Ａは，管理組合Ｂとの管理委託契約の有効期間中に，マンション管理業を廃止し，その旨を国土交通大臣に届け出たが，Ｂとの管理委託契約の期間が満了する日まで，当該管理委託に係る管理事務を結了する目的の範囲内における業務を行ったことは，マンション管理適正化法の規定に違反する。

[H25]

×

管理業者が，マンション管理業に関し，不正または著しく不当な行為をしたときは，国土交通大臣は，当該管理業者に対し，1年以内の期間を定めて，その**業務の全部または一部の**停止を命ずることができる（82条5号）。

[R5]

×

国土交通大臣は，登録申請者が暴力団員による不当な行為の防止等に関する法律2条6号に規定する**暴力団員であることが判明**した場合は，その**登録を**拒否しなければならない（47条7号）。そして，登録後にその事実が判明した場合，国土交通大臣は，その**登録を**取り消さなければならない（83条1号）。「業務の全部または一部の停止」では足らない。

[H29]

×

管理業者は，**使用人その他の従業者**に，その従業者であることを証する証明書（**従業者証明書**）を携帯させなければ，業務に従事させてはならない（88条1項）。従業者証明書と管理業務主任者証は，**全く別のもの**であり，管理業務主任者証を携帯していても従業者証明書の携帯を省略することはできない。

[H28]

×

管理業者の登録が効力を失った場合でも，管理業者であった者は，管理業者の**管理組合からの委託に係る**管理事務を結了する目的の範囲内では，なお**管理業者とみなされる**（89条）。本問のように，管理業の廃止の届出により登録が効力を失った場合でも，契約期間の満了日までは管理業者とみなされ，管理事務を結了する目的の範囲内の業務を行うことができる。

4 マンション管理適正化基本方針

重要度 C

都道府県等は，あらかじめマンション管理適正化推進計画を作成したうえで，管理組合の管理者等（管理者等が置かれていないときは，当該管理組合を構成するマンションの区分所有者等。）に対し，マンションの管理の適正化を図るために必要な助言および指導をしなければならない。

重要度 C

管理組合の管理者等は，国土交通省令で定めるところにより，当該管理組合による管理計画を作成し，計画作成都道府県知事等の認定を申請することができる。

重要度 A

マンションの管理の主体は，マンションの区分所有者等で構成される管理組合から管理事務の委託を受けたマンション管理業者であり，マンション管理業者は，マンションの区分所有者等の意見が十分に反映されるよう，また，長期的な見通しをもって，適正な運営を行うことが重要である。

重要度 S★★★

管理組合を構成するマンションの区分所有者等は，管理組合の一員としての役割を十分認識して，管理組合の運営に関心を持ち，積極的に参加する等，その役割を適切に果たすよう努める必要がある。

重要度 S★★★

マンションの管理は，専門的な知識を必要とすることが多いため，管理組合は，マンション管理士やマンション管理業者等専門的知識を有する者にその管理を任せるよう心がけることが重要である。

[R4]

×

都道府県等は，マンション管理適正化指針**に即し**，管理組合の**管理者等**（管理者等が置かれていないときは，当該管理組合を構成する**区分所有者等**）に対し，マンションの管理の適正化を図るために**必要な**助言および指導**をすることができる**（５条の２)。「マンション管理適正化推進計画を作成したうえで」，「必要な助言および指導をしなければならない」ということではない。

[R4]

○

管理組合の**管理者等**は，国土交通省令で定めるところにより，当該管理組合による**管理計画を作成**し，計画作成都道府県知事等の認定**を申請**できる（５条の３第１項)。

[H19]

×

マンション管理の主体は，**区分所有者等**で構成される管理組合であり，管理組合は，**区分所有者等**の意見が十分に反映されるよう，また，長期的な見通しを持って，適正な運営を行うことが重要である（基本方針三マンション管理適正化指針１⑴)。

[H19]

○

管理組合を構成する**区分所有者等**は，管理組合の一員としての役割を十分認識して，管理組合の運営に関心を持ち，積極的に参加する等，その役割を適切に果たすよう努める必要がある（指針１⑵)。

[H23]

×

マンションの管理は，専門的な知識を必要とすることが多いため，管理組合は，問題に応じ，**マンション管理士等**専門的知識を有する者の支援を得ながら，主体性をもって適切な対応をするよう心がけることが重要である（指針１⑶)。

重要度 B

問 80

□□□

集会は，管理組合の最高意思決定機関であるため，管理組合の管理者等は，その意思決定にあたっては，事前に必要な資料を整備し，集会において適切な判断が行われるよう配慮する必要がある。

重要度 A

問 81

□□□

管理組合は，マンション管理の自治規範である管理規約を作成する必要があるが，マンションの区分所有者等間の個別のトラブルに柔軟に対応するため，使用細則等の具体的な住まい方のルールを定めておくことは望ましくない。

重要度 S★★★

問 82

□□□

専有部分と共用部分の区分，専用使用部分と共用部分の管理および駐車場の使用等に関してトラブルが生じることが多いことから，共用部分の範囲を明確にする一方で，トラブル解決のため管理費用の支出は柔軟に行うことが重要である。

重要度 A

問 83

□□□

管理組合の経理について，管理組合の管理者等は，必要な帳票類を作成してこれを保管するとともに，マンションの区分所有者等の請求があった時は，これを速やかに開示することにより，経理の透明性を確保する必要がある。

重要度 A

問 84

□□□

長期修繕計画の作成および見直しにあたっては，「長期修繕計画作成ガイドライン」を参考に，必要に応じ，マンション管理士等専門的知識を有する者の意見を求め，また，あらかじめ建物診断等を行って，その計画を適切なものとするよう配慮する必要がある。

[H25]

答 80 ○

集会は，管理組合の最高意思決定機関である。したがって，管理組合の管理者等は，その意思決定にあたっては，事前に必要な資料を整備し，集会において適切な判断が行われるよう配慮する必要がある（指針２(1)）。

[H15]

答 81 ×

マンションの区分所有者等間の**トラブルを未然に防止**するために，使用細則等マンションの実態に即した具体的な住まい方のルールを定めておくことが肝要である（指針２(2)）。

[H21]

答 82 ×

管理組合は，マンションの快適な居住環境を確保するため，あらかじめ，共用部分の範囲および管理費用を明確にし，トラブルの未然防止を図ることが重要である。特に，**専有部分と共用部分の区分**，**専用使用部分と共用部分の管理**および**駐車場の使用**等に関してトラブルが生じることが多いことから，適正な利用と公平な負担が確保されるよう，各部分の範囲およびこれに対する区分所有者等の負担を明確に定めておくことが重要である（指針２(3)）。

[H25]

答 83 ○

管理組合の管理者等は，必要な帳票類（会計帳簿，管理委託契約書，駐車場使用契約書，保険証券等）を作成してこれを保管するとともに，区分所有者等の請求があった時は，これを速やかに**開示**することにより，**経理の**透明性**を確保**する必要がある（指針２(4)）。

[H16]

答 84 ○

長期修繕計画の作成および見直しにあたっては，「長期修繕計画作成ガイドライン」を参考に，必要に応じ，マンション管理士等専門的知識を有する者の意見を求め，また，あらかじめ建物診断等を行って，その計画を適切なものとするよう配慮する必要がある（指針２(5)）。

重要度 B

問 85 □□□

長期修繕計画の実効性を確保するためには，修繕内容，資金計画を適正かつ明確に定め，それらをマンションの区分所有者等に十分周知させることが必要である。

重要度 S★★★

問 86 □□□

管理組合の管理者等がマンションの維持修繕を円滑かつ適切に実施するため，マンション管理業者は，設計に関する図書等を保管することが重要であり，この図書等について，マンションの区分所有者等の求めに応じ，適時閲覧できるようにすることが重要である。

重要度 S★★★

問 87 □□□

建築後相当の期間が経過したマンションにおいては，長期修繕計画の検討を行う際には，必要に応じ，建替え等についても視野に入れて検討することが望ましい。

重要度 A

問 88 □□□

建替え等の検討にあたっては，その過程をマンションの区分所有者等に周知させるなど透明性に配慮しつつ，各区分所有者等の意向を十分把握し，合意形成を図りながら進めることが必要である。

重要度 C

問 89 □□□

マンションにおけるコミュニティ形成については，自治会および町内会等は管理組合と異なり，各居住者が各自の判断で加入するものであることに留意するとともに，特に管理費の使途については，マンションの管理と自治会活動の範囲・相互関係を整理し，管理費と自治会費の徴収，支出を分けて適切に運用することが必要である。

重要度 A

問 90 □□□

マンションが団地を構成する場合には，棟ごとに管理組合が組織されるため，各棟固有の事情を最優先に管理組合の運営をすることが重要であるが，必要に応じて，他棟との連携をとることが望ましい。

[H25]

○

長期修繕計画の実効性を確保するためには，**修繕内容**，資金計画を適正かつ明確に定め，それらを区分所有者等に十分周知させることが必要である（指針 2(5)）。

[H26]

×

管理組合**の管理者等**は，維持修繕を円滑かつ適切に実施するため，**設計に関する**図書等を保管することが重要である。また，この図書等について，区分所有者等の求めに応じ，適時閲覧できるようにすることが重要である（指針 2(5)）。

[H20]

○

建築後相当の期間が経過したマンションにおいては，長期修繕計画**の検討**を行う際には，必要に応じ，建替え等についても視野に入れて検討することが望ましい（指針 2(5)）。

[H16]

○

建替え等の検討にあたっては，その過程をマンションの区分所有者等に周知させるなど透明性に配慮しつつ，各区分所有者等の意向を十分把握し，合意形成を図りながら進めることが必要である（指針 2(5)）。

[H28]

○

マンションにおけるコミュニティ形成については，自治会および町内会等は，管理組合と異なり，**各居住者が各自の判断で加入する**ものであることに留意するとともに，特に管理費**の使途**については，マンションの管理と自治会活動の範囲・相互関係を整理し，管理費**と自治会費の徴収，支出を分けて適切に運用する**ことが必要である（指針 2(7)）。

[H21]

×

マンションが**団地**を構成する場合には，各棟固有の事情**を踏まえつつ**，全棟の連携をとって，全体としての適切な管理がなされるように配慮することが重要である（指針 2(8)）。

重要度 S★★★

問 91

□□□

複合用途型マンションにあっては，住宅部分と非住宅部分はそれぞれ別々の管理を行い，費用負担等についても特段配慮することなく，住宅部分の利害を中心に管理することが望ましい。

重要度 S★★★

問 92

□□□

マンションの区分所有者等は，マンションの居住形態が戸建てのものとは異なり，相隣関係等に配慮を要する住まい方であることを十分に認識し，その上で，マンションの快適かつ適正な利用と資産価値の維持を図るため，管理組合の一員として，進んで，集会その他の管理組合の管理運営に参加するとともに，定められた管理規約，集会の決議等を遵守する必要がある。

重要度 A

問 93

□□□

専有部分の賃借人等の占有者は，建物またはその敷地もしくは附属施設の使用方法につき，マンションの区分所有者等が管理規約または集会の決議に基づいて負う義務と同一の義務を負うものではないが，マンションに居住する一員として，管理組合の管理運営に協力するように努める必要がある。

重要度 A

問 94

□□□

管理委託契約先を選定する場合には，管理組合の管理者等は，事前に必要な資料を収集し，マンションの区分所有者等にその情報を公開するとともに，マンション管理業者の行う説明会を活用し，適正な選定がなされるように努める必要がある。

重要度 A

問 95

□□□

万一，マンション管理業者の業務に関して問題が生じた場合には，管理組合は，当該マンション管理業者にその解決を求めるとともに，必要に応じ，マンション管理業者の所属する団体にその解決を求める等の措置を講じる必要がある。

[H24]

答 91 ×

複合用途型マンションにあっては，住宅部分と非住宅部分との利害の調整を図り，その管理，費用負担等について適切な配慮をすることが重要である（指針 2(8)）。

[H27]

答 92 ○

区分所有者等は，マンションの居住形態が**戸建て**のとは異なり，相隣関係等に配慮を要する住まい方であることを十分に認識し，その上で，マンションの快適かつ適正な利用と資産価値の維持を図るため，管理組合の一員として，進んで，集会その他の管理組合の管理運営に参加するとともに，定められた**管理規約**，**集会の決議**等を遵守する必要がある（指針 3）。

[H22]

答 93 ×

専有部分の賃借人等の**占有者**は，建物またはその敷地もしくは附属施設の使用方法につき，区分所有者等が管理規約または集会の決議に基づいて負う義務と同一の義務を負うことに十分に留意することが必要である（指針 3）。

[H22]

答 94 ○

管理委託契約先を選定する場合には，管理組合の管理者等は，事前に必要な資料を収集し，区分所有者等にその**情報を公開**するとともに，管理業者の行う説明会**を活用**し，適正な選定がなされるように努める必要がある（指針(4)）。

[H22]

答 95 ○

万一，管理業者の業務に関して問題が生じた場合には，管理組合は，当該**管理業者にその解決を求める**とともに，必要に応じ，管理業者の所属する団体にその解決を求める等の措置を講じる必要がある（指針 4）。

第12章 マンション標準管理委託契約書

重要度 B

標準管理委託契約書は，管理組合と管理業者の間で協議が調った事項を記載した管理委託契約書を，マンション管理適正化法第73条に規定する「契約成立時の書面」として交付する場合に使用するよう義務づけられたものである。

重要度 S★★★

標準管理委託契約書は，管理組合が管理事務をマンション管理業者に委託する場合を想定しており，警備業法に定める警備業務，消防法に定める防火管理者が行う業務は，管理事務に含まれない。

重要度 C

エレベーターホールは，「専有部分に属さない建物の部分」に含まれる。

過去問を解きながら，テキスト等で内容を確認しよう。標準管理委託契約書の内容は適正化法の規定に基づいていることも意識してほしい。

[H17]

×

管理業者は，管理組合から管理事務の委託を受けることを内容とする契約を締結したときは，遅滞なく，一定の事項を記載した書面を交付しなければならない（適正化法73条）。**標準管理委託契約書**はその際の指針として作成されたものであり，使用が**義務づけられているわけではない**（標準管理委託契約書全般関係コメント①）。

ココも注意！　標準管理委託契約書は，**典型的な住居専用の単棟型マンション**に共通する管理事務に関する標準的な契約内容を定めたものであり，実際の契約書作成に当たっては，個々の状況や必要性に応じて**適宜内容の追加・修正・削除**を行いつつ活用されるべきものである（全般関係コメント②）。

[R4]

○

標準管理委託契約書では，マンション管理適正化法２条６号に定める管理事務を管理業者に委託する場合を想定しているため，マンション管理計画認定制度および民間団体が行う評価制度等に係る業務，**警備業法に定める**警備業務，**消防法に定める**防火管理者が行う業務は，管理事務に**含まれない**（全般関係コメント③）。

ココも注意！　これらの業務に係る委託契約については，本契約と**別個の契約**にすることが望ましい（全般関係コメント③）。

[H29]

○

管理対象部分である「専有部分に属さない建物の部分」とは，エントランスホール，廊下，階段，エレベーターホール，パイプスペース，内外壁，床，天井，柱，**バルコニー**等である（２条５号ロ）。

重要度 C

問 4 □□□

テレビ共同受信設備は，「専有部分に属さない建物の附属物」に含まれる。

重要度 B

問 5 □□□

附属施設である駐車場，自転車置場は，管理対象部分に含まれない。

重要度 S★★★

問 6 □□□

管理業者が行う管理対象部分は，管理契約により管理組合が管理すべき部分のうち，管理業者が受託して管理する部分であり，区分所有者が管理すべき部分は含まないため，専用使用部分（バルコニー，トランクルーム，専用庭等）については管理事務の対象には含まれない。

重要度 B

問 7 □□□

共用部分の設備等の故障等発信機器やインターネット等の設備等が設置され，当該設備等の維持・管理業務をマンション管理業者に委託するときは，管理事務の対象となる部分に係るマンション標準管理委託契約書の定めを適宜追加・修正・削除をすることが必要である。

重要度 B

問 8 □□□

管理業者に委託する管理事務として契約書に記載する事項は，事務管理業務，管理員業務，清掃業務，建物・設備管理業務のほか，植栽管理業務などを個々の委託の状況や必要性に応じて，適宜追加してもよい。

[H29]

答 4 ○

管理対象部分である「専有部分に属さない建物の附属物」とは，**エレベーター設備**，電気設備，給水設備，排水設備，テレビ共同受信設備，消防・防災設備，各種の配線・配管等である（2条5号ハ）。

[H21]

答 5 ×

管理対象部分である「附属施設」とは，塀，フェンス，駐車場，通路，自転車置場，排水溝，排水口等である（2条5号ホ）。

[H24]

答 6 ×

専用使用部分（バルコニー，トランクルーム，専用庭等）については，管理組合が管理すべき部分の範囲内において**管理業者が管理事務を行う**（2条関係コメント②）。

ココも注意! 「**規約共用部分**（管理事務室，管理用倉庫，清掃員控室，集会室，トランクルーム，倉庫）」も**管理対象部分**に含まれている（2条5号ニ）。

[H26]

答 7 ○

共用部分の設備等の故障等発信機器やインターネット等の設備等が設置され，当該**設備等の維持・管理業務**を管理業者に委託するときは，標準管理委託契約書の定めを**適宜**追加・修正・削除をすることが必要である（2条関係コメント③本文）。

ココも注意! **管理事務の対象となるマンション**が次のものである場合も適宜追加・修正・削除をすることが必要である（2条関係コメント③一・二）。

① **単棟**で，大多数の組合員がマンション外に所在地を有する「**リゾートマンション**」，専有部分の用途が住居以外の用途（事務所等）が認められている「複合用途型**マンション**」

② **数棟のマンション**が所在する団地

[H24]

答 8 ○

実際の契約書の作成に当たっては，植栽管理**業務**（施肥，剪定，消毒，害虫駆除等）等の業務を管理業者に委託する場合は，個々の状況や必要性に応じて**適宜**追加・修正・削除**する**ものとする（3条関係コメント①）。

重要度 C

問 9

マンションの専有部分である設備のうち共用部分と構造上一体となった部分の管理を，管理組合が行うとされている場合において，管理組合から管理業者に対して依頼があるときには，当該部分の管理を管理委託契約に含めることも可能である。

重要度 C

問 10

管理組合の事業年度開始の○月前までに，管理組合の会計区分に基づき，次年度の収支予算案の素案を作成し，管理組合に提出する。

重要度 C

問 11

管理組合の事業年度終了後○月以内に，管理組合の会計区分に基づき，前年度の収支決算案の素案を作成し，管理組合に提出する。

重要度 S★★★

問 12

保証契約を締結して管理組合の収納口座と管理組合の保管口座を設ける場合，管理組合の経費の支払いに関して，管理業者は，管理組合の収支予算に基づき，管理組合の経費を，管理組合の承認を得て，管理組合の収納口座または管理組合の保管口座から支払う。

重要度 S★★★

問 13

保証契約を締結して管理組合の収納口座と管理組合の保管口座を設ける場合にあっては，管理業者は，管理組合の管理費等の収納口座および保管口座に係る通帳と印鑑の双方を保管するものと定めている。

[R5]

○

管理業者の管理対象部分は，原則として敷地および共用部分等であるが，**専有部分である設備のうち共用部分と構造上一体となった部分（配管，配線等）は共用部分と一体で管理を行う必要がある**ため，管理組合**が管理を行う**とされている場合において，管理組合**から依頼**があるときに**管理委託契約に含めることも可能**である（３条関係コメント③）。

[H17]

○

管理業者は，**管理組合の**会計年度開始の**○月前**までに，管理組合の会計区分に基づき，**管理組合の次年度**の**収支予算案の素案**を作成し，管理組合に提出しなければならない（別表第１の１（１）①）。なお，「○月」は，契約時に定める。

[H17]

○

管理業者は，**管理組合の**会計年度終了後**○月以内**に，管理組合の会計区分に基づき，**管理組合の前年度**の**収支決算案の素案**を作成し，管理組合に提出しなければならない（別表第１の１（１）②）。なお，「○月」は，契約時に定める。

[H23]

×

本問の出納方法の場合には，管理業者は，収納**口座**からは管理組合の「**承認の下に**」，保管**口座**からは管理組合の「**承認を得て**」経費を支払うこととなる。管理業者は，保証契約を締結しているので，管理組合の収納**口座**の印鑑等を保管することができ，収納**口座**からの経費の支払いについては，管理組合の「**承認の下に**」支払う。そして，保管口座から経費を支払う場合には，保管**口座**の印鑑等を管理業者が保管することはできないので，その都度管理組合の「**承認を得て**」支払いをしなければならない（別表第１の１（２）④）。

[H16]

×

管理業者は，管理組合の収納**口座**にかかる通帳と印鑑の双方を保管することができるが，保管**口座にかかる印鑑**は，適正化法で禁止されているので，**保管することができない**（別表第１の１（２）関係コメント③）。

重要度 B

問 14

管理業者の収納口座と管理組合の保管口座を設ける場合，管理組合の経費の支払いに関して，管理業者は，管理組合の収支予算に基づき，管理組合の経費を，管理組合の承認の下に管理業者の収納口座から，または管理組合の承認を得て，管理組合の保管口座から支払う。

重要度 A

保証契約を締結する必要がないときに管理組合の収納口座と管理組合の保管口座を設ける場合，管理組合の経費の支払いに関して，管理業者は，管理組合の収支予算に基づき，管理組合の経費を，管理組合の承認を得て，管理組合の収納口座または管理組合の保管口座から支払う。

重要度 B

管理組合の収納・保管口座を設ける場合，管理組合の経費の支払いに関して，管理業者は，管理組合の収支予算に基づき，管理組合の経費を，管理組合の承認を得て，管理組合の収納・保管口座から支払う。

重要度 B

管理業者は，管理組合の管理規約等の定めもしくは総会決議，組合員名簿もしくは組合員異動届または専用使用契約書に基づき，毎月，組合員別管理費等負担額一覧表を管理組合に提出するものとする。

重要度 B

管理業者が管理費等の収納事務を集金代行会社に再委託する場合，再委託先の集金代行会社の名称および代表者名を管理委託契約書に記載しなければならない。

[H23]

○

「**管理業者の収納口座を設ける場合**」には，**保証契約**を締結しているので，収納**口座**からの経費の支払いについては，管理組合から包括的に認められているという意味で「**承認の下に**」と表現する。そして，保管**口座**から支払う経費がある場合は，その都度管理組合の「**承認を得て**」支払いをしなければならない（別表第１の１（２）④)。

[H23]

○

収納口座についても，**保管口座**についても管理業者が印鑑等を保管していないので，管理組合の経費の支払いに関して，管理組合の経費を，その都度「**承認を得て**」，管理組合の収納口座または管理組合の保管口座から支払う（別表第１の１（２）④)。

[H23]

○

適正化法で禁止されているので，管理業者は，**収納・保管口座**の印鑑等を保管できず，管理組合の経費を，その都度「**承認を得て**」，管理組合の収納・保管口座から支払う（別表第１の１（２）④)。

[H19]

×

管理業者は，**出納業務**として管理組合の管理規約の定めや総会決議，組合員名簿もしくは**組合員異動届**または**専用使用契約書**に基づき，**組合員別の１月当たりの組合員別管理費等負担額一覧表**を管理組合に提出する（別表第１の１（２）①一)。しかし，この一覧表は，管理費等の変更や組合員の異動等で，組合員別の負担額に変動が生じた場合に提出すればよく，毎月**提出する必要はない**。

[H24]

×

管理業者が管理費等の収納事務を**集金代行会社**に**再委託**する場合は，「**再委託先の**名称および所在地」を委託契約書に記載しなければならない（別表第１の１（２）関係コメント②)。「代表者名」は記載事項とされていない。

重要度 S★★★

問 19

管理業者は管理費等滞納者に対する督促について，電話もしくは自宅訪問または督促状の方法により，その支払の督促を行い，毎月，管理業務主任者をして管理費等の滞納状況を，管理組合に報告しなければならない。

重要度 B

管理業者が保証契約を締結している場合，保証契約の契約内容の記載については，保証契約書等の添付により確認できる場合は，解除に関する事項，免責に関する事項，保証額の支払に関する事項など，一部の記載を省略することができる。

重要度 C

管理組合の管理費等のうち余裕資金については，管理業者の判断により，定期預金，金銭信託等に振り替える。

重要度 A

管理業者は，管理組合の会計に係る帳簿等を整備，保管し，当該管理組合の定期総会終了後，遅滞なく，当該管理組合に引き渡さなければならない。

重要度 S★★★

管理業者は，管理組合の長期修繕計画における修繕積立金の額が著しく低額である場合もしくは設定額に対して実際の積立額が不足している場合または管理事務を実施する上で把握した本マンションの劣化等の状況に基づき，当該計画の修繕工事の内容，実施予定時期，工事の概算費用もしくは修繕積立金の見直しが必要であると判断した場合には，書面をもって管理組合に助言する。

[H24]

×

管理業者は，毎月，管理組合の組合員の管理費等の**滞納状況**を，**管理組合に報告**することとされているが（別表第１の１（２）②一・二），管理業務主任者をして報告する必要はない。

[H24]

○

保証契約の内容のうち，①**解除**に関する事項，②**免責**に関する事項，③**保証額の支払**に関する事項については，保証契約書**等を添付**することにより，これらが確認できる場合は記載を**省略することができる**（別表第１の１（２）関係コメント⑤）。

ココも注意！ 保証契約の内容は，①保証契約の額および範囲，②保証契約の期間，③更新に関する事項，④**解除**に関する事項，⑤**免責**に関する事項，⑥**保証額の支払**に関する事項，である（別表第１の１（２）①四）。

[H17]

×

管理組合の管理費等のうち**余裕資金**については，必要に応じ，管理組合**の指示**に基づいて，定期預金，金銭信託等に振り替える（別表第１の１（２）③三）。管理業者の判断で勝手に行うことはできない。

[H27]

○

管理業者は，管理組合の**会計に係る帳簿等**を整備，保管する（別表１の１（２）⑤一）。また，管理業者は，当該帳簿等を，管理組合の定期総会終了後，遅滞なく，管理組合に**引き渡す**こととされている（同二）。

[H22]

○

管理業者は，管理組合の**長期修繕計画における修繕積立金の額が著しく**低額**である場合**もしくは**設定額に対して実際の積立額が**不足**している場合**または管理事務を実施する上で把握した本マンションの劣化等の状況に基づき，**長期修繕計画の**修繕工事の内容，**実施予定時期**，工事の概算費用もしくは**修繕積立金の見直しが必要**であると判断した場合，書面をもって管理組合に**助言**する（別表第１の１（３）一）。

重要度 S★★★

問 24

□□□

管理業者は，長期修繕計画案の作成業務ならびに建物・設備の劣化状況等を把握するための調査・診断の実施およびその結果に基づき行う当該計画の見直し業務を実施する場合は，管理委託契約の一部として追加・変更することで対応する。

重要度 A

□□□

管理業者は，管理組合がマンションの維持または修繕（大規模修繕を除く修繕または保守点検等）を第三者に外注する場合には，見積書の受理，管理組合と受注業者との取次ぎ，実施の確認を行う。

重要度 B

□□□

長期修繕計画案の作成および見直しは，長期修繕計画標準様式，長期修繕計画作成ガイドライン，長期修繕計画作成ガイドラインコメントを参考にして作成することが望ましい。

[R4]

答 24 ×

長期修繕計画案の作成業務ならびに建物・設備の劣化状況などを把握するための調査・診断の実施およびその結果に基づき行う当該**計画の見直し業務**を実施する場合は，**管理委託契約とは別個の契約**とする（別表第1の1（3）一）。「追加・変更」で対応するのではない。

[H19]

答 25 ○

管理業者は，管理組合がマンションの**維持または修繕**（**大規模修繕を除く修繕または保守点検等**）を**外注**により管理業者以外の業者に行わせる場合には，**見積書の受理**，**管理組合と受注業者との取次ぎ**，**実施の確認**を行う（別表第1の1（3）二）。

ココも注意！　このうち「**大規模修繕**」とは，建物の全体または複数の部位について，**修繕積立金を充当して行う計画的な修繕または特別な事情により必要となる修繕等**をいう。また，「**見積書の受理**」には，**見積書の提出を依頼する業者への現場説明や見積書の内容に対する管理組合への助言等**（見積書の内容や依頼内容との整合性の確認の範囲を超えるもの）は**含まれない**（別表第1の1⑶関係コメント④⑤）。

[H22]

答 26 ○

長期修繕計画案の作成および見直しは，**長期修繕計画標準様式**，**長期修繕計画作成ガイドライン**，長期修繕計画作成ガイドラインコメントを**参考**にして作成することが**望ましい**（別表第1の1（3）関係コメント①）。

重要度 A

長期修繕計画案の作成業務以外にも，必要な年度に特別に行われ，業務内容の独立性が高いという業務の性格から，建物・設備の性能向上に資する改良工事の企画または実施の調整の業務をマンション管理業者に委託するときは，管理委託契約とは別個の契約にすることが望ましい。

重要度 C

別表第1に掲げる事務管理業務のうち，理事会の円滑な運営を支援する理事会支援業務は，管理業者自らが理事会の運営主体となって行う業務である。

重要度 C

管理業者は，管理組合の組合員等異動届に基づき，組合員および賃借人等の氏名，連絡先（緊急連絡先を含む）を記載した名簿を整備し，書面をもって理事長に提出する。

重要度 C

管理業者Aは，管理組合Bに代わって，Bが行うべき共用部分に係る損害保険契約，マンション内の駐車場等の使用契約，マンション管理士その他マンション管理に関する各分野の専門的知識を有する者との契約等に係る事務を行う。

[H30]

○

「**長期修繕計画案の作成業務**（長期修繕計画案の作成のための建物等劣化診断業務を含む）」**以外**にも，必要な年度に特別に行われ，業務内容の独立性が高いという業務の性格から，次の業務を委託するときは，管理委託契約とは別個の契約にすることが**望ましい**（別表第1の1（3）関係コメント②）。

> ① **修繕工事の前提としての**建物等劣化診断**業務**（耐震診断を**含む**）
> ② **大規模修繕工事実施設計・**工事監理**業務**
> ③ **建物・設備の**性能向上に資する改良工事**の企画または実施の調整**（耐震改修工事・防犯化工事・バリアフリー化工事・ＩＴ化工事等）
> ④ マンション建替え**支援業務**

[R5]

×

理事会支援業務は，理事会の円滑な運営を支援するものであるが，**理事会の運営主体**があくまで管理組合であることに留意する（別表第1の2関係コメント①）。

[H19]

○

管理業者は，管理組合の**組合員の異動届**に基づき，組合員および賃借人等の氏名，連絡先（緊急連絡先を含む）を記載した**名簿を整備**し，書面をもって**理事長に提出**する（別表第1の2（1）①）。

[H16]

○

管理業者は，管理組合に代わって，管理組合が行うべき共用部分にかかる**損害保険契約**，マンション内の駐車場**等の使用契約**，マンション管理士**その他マンション管理に関する各分野の専門的知識を有する者**との契約等に係る事務を行う（別表第1の2（1）③）。

重要度 S★★★

問 31 □□□

管理業者は，管理対象部分に係る各種の点検，検査等を実施した場合，その結果を管理組合に報告すると共に，改善等の必要がある事項については，具体的な方策を管理組合に助言するが，この報告および助言は，書面または口頭をもって行うものとする。

重要度 B

問 32 □□□

管理業者は，管理規約の原本，総会議事録，総会議案書等を，管理業者の事務所で保管するものとする。

重要度 C

問 33 □□□

管理業者は，解約等により管理委託契約が終了した場合には，管理業者が保管する設計図書，管理規約の原本，総会議事録，総会議案書等の図書等に加え，組合員等の名簿および出納事務のため管理業者が預かっている管理組合の口座の通帳等を遅滞なく管理組合に引き渡さなければならない。

重要度 C

問 34 □□□

管理員業務のうち，受付等の業務には，利害関係人に対する管理規約の閲覧，共用部分の鍵の管理および貸出し等が含まれる。

重要度 C

問 35 □□□

別表第２に掲げる管理員業務のうち，立会業務における実施の立会いとは，外注業者の業務中，管理員が常に立ち会うことをいう。

[H20]

×

管理業者は，管理対象部分に係る**各種の点検，検査等の結果**を管理組合に提出すると共に，改善等の必要がある事項については，**具体的な方策**を管理組合に助言するが，この**報告および助言**は，書面をもって行う（別表第1の2（3）①）。

[H20]

×

管理業者は，管理組合の**管理規約の原本，総会議事録，総会議案書等**を，管理組合**の事務所**で保管する（別表第1の2（3）③二）。

[H28]

○

管理業者は，**管理委託契約が終了**した場合には，管理業者が保管する**設計図書等，管理規約の原本，総会議事録，総会議案書等**，組合員等の名簿および出納事務のためマンション管理業者が預っている**管理組合の口座の**通帳**等**を遅滞なく，管理組合に引き渡す（別表第1の2（3）③三）。

[R4]

○

管理員業務のうち，**受付等の業務**には，**利害関係人に対する**管理規約等の閲覧，共用部分**の鍵の管理および貸出し**が含まれる（別表第2の2（1）三・四）。

[R5]

×

管理員業務のうち，立会業務における「**実施の立会い**」とは，**終業または業務の**完了確認**等を行うもの**であり，外注業者の業務中，**常に立会うことを意味しない**。また，工事の完了確認を行う場合は，工事が設計図書のとおりに実施されているかいないかを確認するものではなく，**外観目視等によりその完了を確認することや外注業者から業務終了の報告を受ける**ことをいう（別表2関係コメント⑨）。

重要度 S★★★

管理業者は，事務管理業務，管理員業務，清掃業務，建物・設備等管理業務の管理事務の全部を第三者に再委託することができる。

重要度 S★★★

管理業者は，管理事務を第三者に再委託した場合においては，再委託した管理事務の適正な処理について，管理組合に対して責任を負う。

重要度 C

管理業者が管理事務を第三者に再委託する場合，管理委託契約締結時に再委託先の名称が明らかな場合または契約締結後に明らかになったときには，管理組合に通知することが望ましい。

重要度 A

管理業者は，定額委託業務費の内訳について，マンション管理適正化法第72条に基づく重要事項の説明の際に管理組合に対して見積書等であらかじめ明示している場合には，管理組合との合意を得ていなくても，管理委託契約に定額委託業務費の内訳を記載しないことができる。

重要度 S★★★

問 40

定額委託業務費とは，委託業務費のうち，その負担方法が定額でかつ精算を要しない費用のことをいう。

重要度 B

管理事務として管理業者に委託する事務のために支払う委託業務費については，管理組合が指定する口座に振り込む方法により支払う。

[H25]
答 36
×

管理業者は，**事務管理業務**の管理事務の一部または**管理員業務**，**清掃業務**もしくは**建物・設備等管理業務**の管理事務の**全部**もしくは一部を，**第三者に**再委託（再委託された者が更に委託を行う場合以降も含む）することができる（4条1項）。**事務管理業務**については，一部**の再委託しかできない。**

[H21]
答 37
○

管理業者は，管理事務を**第三者に**再委託した場合，再委託した管理事務の適正な処理について，管理組合に対して，**責任を**負う（4条2項）。

[R2]
答 38
○

管理業者が管理事務を**第三者に**再委託する場合，契約締結時に**再委託先の名称が明らかな場合**または**契約締結後に明らかになったとき**には，**管理組合に**通知することが望ましい（4条関係コメント③）。

[H28]
答 39
×

管理組合と管理業者が管理委託契約を締結する場合，**定額委託業務費**に関して，別紙を添付して内訳を明示しなければならない（6条2項）。ただし，重要事項説明の際に，管理業者が管理組合に対して見積書等で**あらかじめその**内訳**を明示**し，**当事者間で**合意をしていれば，内訳**の記載は不要**である（6条関係コメント①）。

[H23]
答 40
○

管理組合は，委託業務費のうち，その負担方法が**定額でかつ精算を要しない費用**（定額委託業務費）を，管理業者に対し，**毎月支払う**（6条2項）。

[H21]
答 41
×

管理組合は，委託業務費については，管理業者**が指定する口座に振り込む方法**により支払う（6条2項2号，3項）。

重要度 A

管理業者が，理事会の設置する各種専門委員会の運営支援業務を実施する場合は，その業務内容，費用負担について，別途，管理組合と管理業者が協議して定める。

重要度 S★★★

管理組合は，管理事務として委託する事務（マンション標準管理委託契約書別表第１から第４までに定める事務）のために管理業者に支払われる委託業務費のほか，管理業者が管理事務を実施するのに必要となる共用部分の水道光熱費，通信費，消耗品費等の諸費用も負担する。

重要度 C

管理業者は，管理委託契約の契約期間が１年である場合において，３年ごとに実施する特定建築物定期調査のように，当該管理委託契約の契約期間をまたいで実施する管理事務を定額委託業務費に含める場合は，実施時期や費用を管理組合に明示するとともに，当該管理事務を実施しない場合の精算方法をあらかじめ明らかにすべきである。

重要度 S★★★

問 45

管理業者は，管理事務を行うために不可欠な管理事務室の使用料および管理事務室の使用に係る諸費用（水道光熱費，通信費，備品，消耗品費等）を負担する義務を負う。

[H28]

○

管理業者が大規模修繕や長期修繕計画変更，管理規約改正等，**理事会が設置する**各種専門委員会の運営支援業務を実施する場合は，その業務内容・費用負担について，別途，**管理組合と管理業者が**協議**して定める**（別表第１の２関係コメント⑥）。

[H20]

○

管理組合は，管理事務として委託する事務のために管理業者に支払われる委託業務費のほか，管理業者が管理事務を実施するのに必要となる（共用部分の）**水道光熱費**，**通信費**，**消耗品費等の諸費用**を負担する（６条４項）。

[H28]

○

３年ごとに実施する特定建築物定期調査のように，**契約期間をまたいで実施する管理事務の取扱い**は，「**①管理委託契約と**別個の契約**とする方法**」「**②**定額委託業務費**に含める方法**」「**③**定額委託業務費**以外の業務費とする方法**」のいずれかとし，「**②**定額委託業務費**に含める方法**」をとる場合は，実施時期や費用を明示し，管理事務を実施しない場合の精算方法をあらかじめ明らかにすべきである（６条関係コメント⑤）。

[H26]

×

管理組合は，管理業者に管理事務を行わせるために不可欠な管理事務室，管理用倉庫，清掃員控室，器具，備品等（**管理事務室等**）を無償で使用させるものとする（７条１項）。また，**管理事務室等の使用に係る諸費用**（水道光熱費，通信費，備品，消耗品費等）は，管理組合または管理業者のどちらが負担するかについて協議して決める（同２項）。

重要度 S★★★

□□□

管理業者は，台風の影響により，管理組合のために，緊急に行う必要がある業務で，管理組合の承認を受ける時間的な余裕がないものについて，管理組合の承認を受けないで実施した場合においては，速やかに，口頭でその業務の内容およびその実施に要した費用の額を管理組合に通知すれば足りる。

重要度 S★★★

□□□

管理業者は，管理組合に対し，管理事務の処理状況および管理業者の会計の収支の結果を記載した書面を交付し，管理業務主任者をして，報告をさせなければならない。

重要度 B

 48

□□□

管理業者は，毎月，管理組合の収支状況および収納状況が確認できる書面を作成し，管理業務主任者をして管理組合に報告させなければならない。

[R5]

×

管理業者は，地震，台風，火災等一定の災害または事故等の事由により，管理組合のために，**緊急に行う必要がある業務**で，管理組合の承認を受ける時間的余裕がないものについては，**承認を受けないで実施**することができる。この場合において，管理業者は，速やかに，書面をもって，その**業務の内容**およびその**実施に要した費用**の額を管理組合に通知しなければならない（9条1項）。

⚠ココも注意！ この場合，管理組合は，管理業者の責めによる事故等の場合を除いて，その**業務の遂行上やむを得ず支出した費用**については，速やかに，**管理業者に支払わなければならない**（9条2項）。

[H24]

×

管理業者は，管理組合の事業年度終了後○**月以内**に，管理組合に対し，その年度における管理事務の処理状況および管理組合の会計の収支の結果を記載した**書面**を交付し，**管理業務主任者**をして，**報告させなければならない**（10条1項）。「マンション管理業者の会計の収支の結果」ではない。

⚠ココも注意！ **「管理組合の会計の収支の結果を記載した書面」**は，別表に定める「収支決算案**の素案**」を提出することで代えることができる（10条関係コメント①）。

[H27]

×

管理業者は，毎月末日までに，管理組合に対し，前月における管理組合の**会計の収支状況に関する書面**を交付しなければならない（10条2項）。そして，この**会計の収支状況に関する書面**として，収支状況および収納状況**が確認できる書面**の作成が必要である（別表第1の1⑴関係コメント③）。しかし，この場合，**管理業務主任者**をして**報告をさせる必要はない。**

重要度 S★★★

管理業者は，管理組合から請求があるときは，管理事務の処理状況および管理組合の会計の収支状況について報告を行わなければならないが，この報告については，当事者間の合意があれば，あらかじめ期日を定めて行う方法とすることもできる。

重要度 C

管理業者が，管理組合に対し，管理事務の処理状況および管理組合の会計の収支状況について報告を行う場合に，管理組合は，管理業者に対し，それらに係る関係書類の提示を求めることができる。

重要度 S★★★

管理業者が管理組合の組合員に対し，管理委託契約の定めに従った管理費等の督促を行っても，なお当該組合員が支払わないときは，その後の収納の請求は管理組合が行うものとし，管理組合が管理業者の協力を必要とするときは，管理組合および管理業者は，その協力方法について協議するものとする。

重要度 C

52

組合員が滞納した管理費等の督促については，弁護士法第72条の規定を踏まえ，債権回収はあくまで管理組合が行うものであることに留意し，管理業者の協力について，事前に協議が調っている場合は，協力内容，費用の負担等に関し，具体的に規定する。

[H21]

答 49 ○

管理業者は，管理組合から請求**があるときは**，**管理事務の処理状況および会計の収支状況**について**報告**を行わなければならない（10条３項）。この**報告**については，**当事者間の合意**により，あらかじめ期日**を定めて行う方法**とすることもできる（10条関係コメント⑤）。

ココも注意！ この場合も**管理業務主任者**をして報告させる必要はない。

[R3]

答 50 ○

管理業者が，管理組合に対し，**管理事務の処理状況および管理組合の会計の収支状況**について報告を行う場合に，管理組合は，マンション管理業者に対し，**管理事務の処理状況**および**管理組合の会計の収支に係る関係書類の**提示を求めることができる（10条４項）。

[H26]

答 51 ○

管理業者は，出納業務を行う場合において，管理組合の組合員に対し，電話，**自宅訪問**および督促状による督促を行っても，なお当該組合員が支払わないときは，その責め**を免れる**ものとし，その後の収納の請求は管理組合**が行う**ものとする（11条１項）。この場合において，管理組合が管理業者の協力を必要とするときは，**管理組合および管理業者**は，その**協力方法について**協議する（同２項）。

[R4]

答 52 ○

管理費等の滞納者に対する督促は，弁護士法72条の規定を踏まえ，**債権回収はあくまで**管理組合**が行う**ものであることに留意し，管理費等滞納者に対する督促に関する管理業者の協力について，事前に協議が調っている場合は，**協力内容**（管理組合**の名義による配達証明付内容証明郵便による督促等**），**費用の負担等**に関し，**具体的に規定する**（11条関係コメント①）。

重要度 B

問 53

□□□

管理会社は，管理組合員の管理規約に違反する行為に対しては，その中止を求めることができるが，使用細則に違反する行為に対しては，中止を求めることができない。

重要度 S★★★

問 54

□□□

管理業者は，管理事務を行うため必要なときは，管理組合の組合員およびその所有する専有部分の占有者に対し，管理組合に代わって，建物の保存に有害な行為の中止を求めることができるが，管理業者が中止を求めても，なおその行為を中止しないときは，書面をもって管理組合にその内容を報告しなければならない。

重要度 S★★★

問 55

□□□

管理組合または管理業者は，マンションにおいて滅失，き損，瑕疵等の事実を知った場合においては，速やかに，その状況を相手方に通知しなければならない。

重要度 A

問 56

□□□

マンションの管理組合の組合員がその専有部分を第三者に貸与したときは，管理組合は，書面をもって，管理業者に通知する必要はないが，管理組合の役員または組合員が変更したときは，管理組合は，速やかに，書面をもって，管理業者に通知しなければならない。

重要度 A

問 57

□□□

管理業者は，商号または住所を変更したときは，速やかに，口頭または書面をもって，管理事務の委託を受けている管理組合に通知しなければならない。

[H17]

×

管理業者は，管理事務を行うため必要なときは，管理組合の組合員およびその所有する専有部分の占有者（組合員等）に対し，管理組合に代わって，**法令**，管理規約，使用細則**または総会決議等に違反する行為の中止を求める**ことができる（12条1項1号）。

[H20]

○

管理業者は，管理業務を行うため必要なときは，管理組合の組合員およびその所有する専有部分の占有者（組合員等）に対し，管理組合に代わって，**建物の保存に有害な行為等の一定の行為に対して**中止**を求める**ことができる（12条1項2号）。また，**管理業者**が，これらの中止を求めても，なお組合員等がその行為を中止しないときは，**書面**をもって**管理組合にその内容を**報告しなければならない（同3項）。なお，この報告を行った場合，**管理業者**はさらなる**中止要求の責務を免れ**，その後の**中止等の要求**は管理組合が行う（同4項）。

[H26]

○

管理組合または管理業者は，マンションにおいて滅失，き損，瑕疵等の事実を知った場合においては，速やかに，その状況を相手方**に通知**しなければならない（13条1項）。

[H25]

×

管理組合の**役員または組合員が変更**したときも，管理組合の組合員がその**専有部分を第三者に**貸与したときも，管理組合は，書面をもって，**管理業者に通知**しなければならない（13条2項1・2号）。

[H21]

×

管理業者は，**商号**または**住所**を変更したときは，速やかに，書面をもって，管理事務の委託を受けている**管理組合に通知**しなければならない（13条2項3号）。

重要度 S★★★

問 58 □□□

管理業者は，管理業者の登録の取消しの処分を受けたときは，速やかに，書面をもって，管理組合に通知しなければならない。

重要度 B

問 59 □□□

管理業者が会社更生手続，民事再生手続の申立てを受けたときは，書面をもって，管理組合に通知する必要はないが，銀行の取引を停止されたとき，もしくは破産手続の申立てを受けたときは，速やかに，書面をもって，管理組合に通知をしなければならない。

重要度 S★★★

問 60 □□□

管理業者は，漏水の発生により，管理組合のために緊急に行う必要がある場合，専有部分等に立ち入ることができるが，この場合において，管理業者は，管理組合および管理業者が立ち入った専有部分等に係る組合員等に対し，事後速やかに，報告をしなければならない。

重要度 B

問 61 □□□

宅地建物取引業者が，マンションの管理組合の組合員から，当該組合員が所有する専有部分の売却の依頼を受け，その媒介等の業務のために，管理業者に確認を求めてきた場合において，管理業者は，当該管理組合の名簿および各組合員の連絡先を書面をもって開示することができる。

[H17]

答 58 ○

管理業者は，**適正化法の規定に基づき処分**を受けたときは，速やかに，書面をもって，**管理組合に通知**しなければならない（13条２項５号）。

[H25]

答 59 ×

管理業者が，①銀行の取引**を停止**されたとき，②管理業者に，破産**手続**，会社更生**手続**，民事再生**手続**その他法的**倒産手続開始の申立て**，もしくは**私的整理の開始**があったときは，速やかに，書面をもって，**管理組合に通知**しなければならない（13条２項６号，20条２項１・２号）。

[R3]

答 60 ○

管理業者は，管理事務を行うため必要があるときは，**管理組合の組合員等**に対して，その専有部分または専用使用部分への**立入りを請求**できる（14条１項）。また，一定の災害または事故等の事由により，管理組合のために緊急**に行う必要がある**場合，**専有部分等に立ち入ることができる**。この場合，管理業者は，**管理組合**および管理業者が**立ち入った専有部分等に係る組合員等**に対し，事後速やかに，報告をしなければならない（同３項）。

[H18]

答 61 ×

管理業者は，**宅建業者**が，管理組合の組合員から，その組合員が所有する専有部分の売却等の依頼を受け，その媒介等の業務のために，**理由を付した**書面**または**電磁的方法により**管理規約**，管理組合が作成し保管する**会計帳簿**，**什器備品台帳**およびその他の帳票類ならびに管理組合が保管する**長期修繕計画書**および**設計図書（管理規約等）の提供**および**一定事項の開示**を求めてきたときは，管理組合に代わって，その宅建業者に対し，**管理規約等の写しを提供**し，**一定事項**について書面**または**電磁的方法**により開示**することができる（15条１項，別表第５）。しかし，「当該管理組合の名簿および各組合員の連絡先」は，開示できる一定事項に**含まれていない**。

重要度 A

宅地建物取引業者から，その行う業務の用に供する目的でマンションに関する情報の提供を要求された場合において，管理業者は，管理組合の修繕積立金積立総額については，書面をもって開示することができる。

重要度 B

宅地建物取引業者が，マンションの管理組合の組合員から，当該組合員が所有する専有部分の売却の依頼を受け，その媒介等の業務のために，管理業者に情報の提供・開示を求めてきた場合，管理業者は，マンションの修繕の実施状況については，当該組合員の所有する専有部分に関する修繕の実施状況を含めて，書面をもって開示することができる。

重要度 B

宅地建物取引業者が，マンションの管理組合の組合員から，当該組合員が所有する専有部分の売却の依頼を受け，その媒介等の業務のために，管理業者に確認を求めてきた場合において，管理業者が提供・開示できる範囲は，原則として管理委託契約書に定める範囲となるため，範囲外の事項については，組合員または管理組合に確認するよう求めるべきである。

重要度 S★★★

宅地建物取引業者が，管理組合の組合員から，当該組合員が所有する専有部分の売却の依頼を受け，その媒介等の業務のために，理由を付した書面等により管理費等の変更予定等について開示を求めてきたときは，変更予定の有無のいずれかを記載するが，変更について検討中の場合は，「変更予定有」と記載する。

[H19]

〇

「**管理組合の修繕積立金積立総額**」は，「管理組合収支関係」の「修繕積立金会計繰越額」として開示できる一定事項に**含まれている**（別表第５の６（1）⑧）。

[H25]

×

「大規模修繕計画関係」として開示できる一定事項には「共用部分等の**修繕実施状況**」が**含まれているが**（別表第５の８②），「専有部分**の修繕に関する修繕の実施状況**」は**含まれていない。**

[H22]

〇

管理業者が提供・開示できる範囲は，原則として**管理委託契約書に定める範囲**となる。**範囲外の事項**については，組合員**または**管理組合に確認するよう求めるべきである（15条関係コメント②）。

ココも注意！　範囲内の事項であっても，「**敷地および共用部分における重大事故・事件**」のように該当事項の個別性が高いと想定されるものについては，該当事項ごとに管理組合**に開示の可否を確認し，承認を得て開示する事項**とすることも考えられる（15条関係コメント②）。

[H29]

×

宅建業者が，**管理費等の変更予定等**について開示を求めてきたときは，「**変更予定の有無または検討中**」であるかを記載する（15条１項，別表第５の６（3））。「**変更予定有**」とは，値上げ等が総会**で承認**されている場合または総会**に上程されることが決定**している場合をいう（別表第５の６（3）関係コメント）。これに対して「**検討中**」とは，値上げ等が理事会**で検討**されている場合であって，管理業者が把握できている場合をいう（別表第５全般関係コメント③）。したがって，**変更について検討中であれば，「検討中」と記載すべき**であり，「変更予定有」と記載することは，適切でない。

重要度 S★★★

問 66 □□□

宅地建物取引業者が，管理組合の組合員から，当該組合員が所有する専有部分の売却の依頼を受け，その媒介等の業務のために，管理業者に確認を求めてきた場合，管理業者は，管理規約の提供等に要する費用を，管理規約の提供等を行う相手方である宅地建物取引業者から受領することができる。

重要度 B

問 67 □□□

管理業者は，当該業者の使用人等が，管理事務の遂行に関し，管理組合または組合員およびその所有する専有部分の占有者に損害を及ぼしたときは，管理組合または組合員等に対し，使用者としての責任を負う。

重要度 A

問 68 □□□

管理業者および管理業者の従業員は，正当な理由がなく，管理事務に関して知り得た管理組合および管理組合の組合員等の秘密を漏らしてはならず，管理委託契約が終了した後においても，別途定める場合を除き，その効力は存続する。

重要度 B

問 69 □□□

管理業者が善良な管理者の注意をもって管理事務を行ったにもかかわらず生じた管理対象部分の異常または故障による損害については，当該管理業者は，その賠償の責任を負わない。

重要度 A

問 70 □□□

管理業者が，書面をもって注意喚起したにもかかわらず，管理組合が承認しなかった事項に起因して，管理組合または管理組合の組合員等が損害を受けたとき，当該管理業者は，その損害を賠償する責任を負わない。

重要度 S★★★

問 71 □□□

管理組合または管理業者は，その相手方が，管理委託契約に定められた義務の履行を怠った場合は，相当の期間を定めてその履行を催告し，相手方が当該期間内に，その義務を履行しないときは，当該契約を解除することができる。

[H29]

答 66 ○

管理業者は，**管理規約の提供等に要する費用**を，管理規約の提供等を行う**相手方である宅建業者から受領することが**できる（15条２項）。

[H21]

答 67 ○

管理業者は，使用人等が，その業務の遂行に関し，管理組合または組合員およびその所有する専有部分の占有者（組合員等）に**損害を及ぼしたとき**は，管理組合または組合員等に対し，使用者**としての責任**を負う（16条）。

[H21]

答 68 ○

管理業者および**管理業者の**使用人等は，正当な理由なく，管理事務に関して知り得た管理組合および組合員等の**秘密を漏らし，または管理事務以外の目的に使用してはならない**。管理委託契約が終了した後においても，その効力は存続する（17条１項，29条）。

[H15]

答 69 ○

管理業者が善良なる管理者の注意をもって管理事務を行ったにもかかわらず生じた管理対象部分の**異常または故障による損害**については，管理業者は，その損害を賠償する責任を負わない（19条１号）。

[H25]

答 70 ○

管理業者が書面**をもって注意喚起**したにもかかわらず，管理組合が承認しなかった事項に起因する損害については，管理業者は，その損害を賠償する責任を負わない（19条２号）。

[R5]

答 71 ○

管理組合または管理業者は，その相手方が，契約に定められた**義務の履行を怠った**場合は，相当の期間を定めてその履行を催告し，相手方が当該期間内に，その義務を履行しないときは，契約を解除できる（20条１項）。

重要度 A

問 72

□□□

管理組合は，管理業者に，破産手続，会社更生手続，民事再生手続その他法的倒産手続開始の申立て，もしくは私的整理の開始があったときは，何らの催告を要せずして，本契約を解除することができる。

重要度 S★★★

問 73

□□□

管理業者が，マンションの管理の適正化の推進に関する法律の規定に違反し，業務停止の処分を受けた場合，管理組合は契約を解除することができる。

重要度 S★★★

問 74

□□□

管理組合または管理業者は，解除事由の有無にかかわらず，その相手方に対し，少なくとも３ヵ月前に書面で解約の申入れを行うことにより，本契約を終了させることができる。

重要度 S★★★

問 75

□□□

有効期間が満了する日の３月前までに更新の申出があった場合において，更新に関する協議が調う見込みがないときは，管理組合および管理業者は，本契約と同一の条件で，期間を定めて暫定契約を締結することができる。

重要度 C

問 76

□□□

管理業者は，法令改正に伴い管理事務または委託業務費を変更する必要が生じたときは，直ちに管理委託契約を変更することができると定めている。

[R2]

答 72 ○

管理組合は，**管理業者**に，破産手続，会社更生手続，**民事再生手続**その他法的倒産手続開始の申立て，もしくは私的整理の開始があったときは，**何らの**催告**を要せずして**，**管理委託契約を解除**することができる（20条２項２号）。

[H24]

答 73 ×

管理業者が**適正化法の規定に違反**し，業務停止の処分を受けたことは，管理委託契約の解除原因とはされていない。しかし，管理業者が，登録の取消しの処分を受けたときは，解除することができる（20条２項４号）。この場合も催告**は不要**である。

[R3]

答 74 ○

管理組合または管理業者は，その相手方に対し，少なくとも３**ヵ月前**に書面で解約の申入れを行うことにより，管理委託契約を終了させることができる（21条）。この解約の申入れは「解除事由の有無」を問わない。

[H23]

答 75 ○

有効期間満了の３**ヵ月前**までに，業務委託契約の更新について申出があった場合，その有効期間が満了する日までに更新に関する協議が調う見込みがないときは，**管理組合および管理業者**は，現在の契約と**同一の条件**で，期間を定めて暫定契約を締結できる（23条１・２項）。

⚠ ココも注意！ **暫定契約**を締結する場合にも，同一の条件で契約を更新しようとする場合について適正化法に規定する**重要事項の説明等の手続は必要で**ある（23条関係コメント②）。

[H16]

答 76 ×

管理業者および管理組合は，法令改正に伴い管理事務または委託業務費を変更する必要が生じたときは，協議**の上**，管理委託契約**の内容を変更**することができる（24条）。

重要度 C

管理業者は，管理組合に対し，自らが，暴力団，暴力団関係企業，総会屋もしくはこれらに準ずる者またはその構成員ではないことを確約するが，管理委託契約の有効期間内に，当該確約に反する事実が判明した場合，管理組合が当該契約を解除するには，管理業者に対して相当の期間を定めて催告しなければならない。

管理組合・管理業者は，それぞれ相手方に対し，「**自らが，暴力団，暴力団関係企業，総会屋，社会運動等標ぼうゴロもしくはこれらに準ずる者またはその構成員ではないこと**」を確約しなければならない（27条1項1号）。そして，管理委託契約の有効期間内に，管理業者がこの確約に反する事実が判明した場合には，管理組合は「**何らの催告を要せず**」に，管理委託契約を**解除することができる**（20条2項5号）。つまり，「相当の期間を定めて催告」する必要はない。

1回目	2回目	3回目
月　日：　/77	月　日：　/77	月　日：　/77

第13章 管理組合の会計等

1 管理組合会計の特徴

重要度 B

管理組合の会計においては，目的に応じた会計処理を行うべきであり，管理規約等において管理組合の会計処理方針を明確に定めておくことが望ましい。

重要度 B

管理組合の会計は，予算と決算を対比し差異を分析することによって，予算執行の評価をすることに重きをおいている。

重要度 B

企業会計原則の一般原則である正規の簿記の原則は，整然，明瞭な会計帳簿を作成することを要求しており，必ずしも複式簿記によることを要求してないが，管理組合の会計においては，複式簿記による会計帳簿を作成することが望ましく，また，適している。

重要度 B

企業会計原則の一般原則である明瞭性の原則は，財務諸表が明瞭に表示されており，利害関係者に財務諸表に関する判断を誤らせないよう要求したものである。

重要度 B

企業会計原則の一般原則である単一性の原則は，財務諸表の形式は各種利害関係者への報告目的によって異なることを容認しているが，一つの正確な会計帳簿から作成されたものでなければならず，いわゆる二重帳簿を禁止しているものである。

「管理組合会計の一般原則と予算準拠主義，目的別会計」「管理費等の滞納処理（少額訴訟等）」「税務（消費税，法人税等）」「地震保険」を理解しておこう。

[H13]

管理組合会計は，目的別に処理する必要がある。**目的別会計**では，原則として，その目的にのみ支出する必要があり，その処理方法を管理規約等において明確に定めておく必要がある。

ココも注意! 標準管理規約では28条4項において「**修繕積立金**については，**管理費**とは区分して経理しなければならない」としている。

[H13]

予算決算の差異分析をすることで，予算の執行等の良否・責任までさかのぼることにより，管理執行の評価・次期予算編成の参考として管理費等の合理化を図ることになるため，管理目的の会計では予算が重要であり，予算執行の評価をすることに重きをおいている（予算準拠主義）。

[H19]

企業会計原則の一般原則である「**正規の簿記の原則**」は，整然，明瞭な会計帳簿を作成することを要求しており，必ずしも複式簿記によることを要求してないが，管理組合の会計においては，複式簿記による会計帳簿を作成することが望ましく，また，適している。

[H19]

企業会計原則の一般原則である「**明瞭性の原則**」は，財務諸表が明瞭に表示されており，利害関係者に財務諸表に関する判断を誤らせないよう要求したものである。

[H19]

企業会計原則の一般原則である「**単一性の原則**」は，財務諸表の形式は各種利害関係者への報告目的によって異なることを容認しているが，１つの正確な会計帳簿から作成されたものでなければならず，いわゆる二重帳簿を禁止しているものである。

重要度 B

問 6

企業会計原則の一般原則である継続性の原則は，財務諸表の複数年度にわたる期間比較を可能とさせるため，会計処理の原則や手続を厳格に継続して適用することを要求しており，いかなる場合でも変更を認めていない。

2 滞納管理費等の処理

重要度 S★★★

管理費の滞納者に対し，文書で催告する場合，普通郵便でも法律上は効力を有するが，内容証明郵便にすることが望ましい。

重要度 S★★★

管理費の滞納者が行方不明になった場合には，管理組合は，当該滞納者に対し，滞納管理費の支払についての訴えを提起することができない。

重要度 B

管理費の滞納者を被告として訴えを提起する場合，その滞納者が当該マンション以外の場所に住所を有するときでも，マンションの区分所有権に係る専有部分を被告の住所地としなければならない。

[H19]

「**継続性の原則**」は，一度選択適用した会計処理の原則および手続をみだりに変更せずに継続的に適用することを要請する原則である。しかし，正当な理由（たとえば，従来慣行的に採用されていた方法を明らかに合理的な方法へ変更するなど）があれば変更することは認められており，いかなる場合でも認められないわけではない。

> ⚠ ココも注意！ さらに「真実性**の原則**（事実とは異なる虚偽の報告書を作成してはならない）」と「保守主義**の原則**（不利益な影響を及ぼす可能性がある場合は，これに備えて健全な会計処理を実施する）」が**管理組合会計には適用**されている。

[H20]

管理費の滞納者に対し，文書で催告する場合に，それが**普通郵便**であっても**内容証明郵便**であっても，**催告**として時効の完成猶予の効力を生じる（民法150条１項）。この際，後日裁判になった場合に備え，普通郵便より証拠価値の高い**内容証明郵便**で行うことが望ましい。

[R4]

訴えを提起すると，訴状が被告に**送達**される（民事訴訟法138条１項）。この**送達**は，原則として被告の住所等になされるが（103条１項），**被告が行方不明の場合**には，公示送達によって行うことができる（110条１項）。管理費の滞納者が**行方不明**の場合でも，管理組合は，公示送達により，訴状を送達し，訴えを提起することができる。

> ⚠ ココも注意！ 「**公示送達**」とは，出頭すれば送達書類（訴状等）をいつでも交付する旨を**裁判所の掲示場に掲示する方法**によって行う送達のことである。掲示の日から２**週間**経過すると，相手方に書類が到達したものとみなされる。

[H20]

民事訴訟法の**訴えの提起**は，被告の住所地で行うのが原則である（４条１項）。したがって，滞納者がマンション以外の場所に住所を有するときは，その住所地で**訴えを提起**しなければならない。

重要度 B

問 10

マンション甲の管理組合の理事長兼管理者Aが，甲の管理費を滞納する区分所有者Bに対して，滞納管理費の請求訴訟を提起する場合，Bの滞納額が140万円を超えない場合は，Aは，簡易裁判所に対して訴えを提起することができる。

重要度 A

問 11

専有部分について賃貸借契約がなされた場合，管理組合は滞納管理費について，規約に別段の定めがなくても，貸主である区分所有者または賃借人である占有者のいずれに対しても訴えを提起することができる。

重要度 B

競売手続によってマンションの区分所有権を取得した場合には，買受人は，前区分所有者の滞納管理費の支払義務を承継しない。

重要度 B

支払督促の申立てをした場合，支払督促の送達後２週間以内にその滞納者が督促異議の申立てをすれば，支払督促は，その異議の限度で効力を失う。

重要度 S★★★

少額訴訟による場合は，通常訴訟に比べ，少ない経済的負担で迅速かつ効果的に解決することができるが，訴訟の目的の価額が60万円以下に制限されるため，滞納額が60万円を超えるときは，制限額以下に分割したとしてもこの手続を利用できない。

重要度 A

少額訴訟による審理および裁判を求める旨の申述は，訴えの提起の際にしなければならない。

[R2]

○

訴訟の目的の価額が**140万円を超えない請求**について，**簡易裁判所**は，**第一審の裁判権**を有する（裁判所法33条1項1号）。

[H28]

×

管理費の支払義務を負うのは，区分所有者**のみ**である（区分所有法19条参照）。滞納管理費の支払請求訴訟は，貸主である区分所有者に対して行うことはできるが，賃借人である占有者に対しては行うことはできない。

[R5]

×

滞納管理費の**支払債務を承継する区分所有権の取得原因**には，強制執行や担保権の実行としての競売手続**による売却の場合も含まれる**。したがって，競売手続によってマンションの区分所有権を取得した場合，買受人は，前区分所有者の滞納管理費の支払義務を承継する。

[H21]

○

債務者は，**支払督促**の送達を受けた日から2**週間以内**に督促異議の申立てをすることができる（民事訴訟法391条1項）。そして，仮執行の宣言前に適法な督促異議の申立てがあったときは，支払督促は，その督促異議の限度で効力を失う。

[R3]

×

少額訴訟による場合は，通常訴訟に比べ，**少ない経済的負担で迅速かつ効果的に解決**することができるが，訴訟の目的の価額が60**万円以下**に制限される（368条1項）。そして，一部請求を制限する規定は存在しないので，訴額が60**万円**を超える場合に，**制限額以下に分割して少額訴訟手続を利用**することもできる。例えば，管理費の**滞納額が70万円**である場合に，訴額を**60万円**として**少額訴訟を利用**することもできる。

[H27]

○

少額訴訟による審理および裁判を求める旨の申述は，訴えの提起**の際**にしなければならない（368条2項）。

重要度 B

問 16

□□□

少額訴訟を提起する場合，原告は管轄の地方裁判所または簡易裁判所のいずれかを選択することができる。

重要度 C

□□□

少額訴訟の審理においては，訴訟代理人が選任されている場合でも必ず当事者本人が裁判所に出頭しなければならない。

重要度 S★★★

□□□

少額訴訟による審理及び裁判を求めることができる回数は，同一人が，同一の簡易裁判所において，同一年に10回までである。

重要度 S★★★

□□□

少額訴訟においては，被告は反訴を提起することができない。

重要度 B

□□□

少額訴訟においては，原則として１回の期日だけで審理を終了し，その後１月後に判決の言渡しをするものとされている。

重要度 A

□□□

管理組合Ａが，区分所有者Ｂに対してマンションの滞納管理費を請求するために，「少額訴訟」を利用する場合，ＡとＢは，口頭弁論が続行された場合を除き，第１回口頭弁論期日前またはその期日において，すべての主張と証拠を提出しなければならない。

[H18]

答16 ×

少額訴訟の管轄は，簡易裁判所**の専属管轄**とされている。地方裁判所には提起できない。

[H18]

答17 ×

訴訟代理人が選任されている場合には，少額訴訟の場合も**訴訟代理人**が本人の代わりに裁判所に出頭することができる。当事者本人の出頭が義務付けられているわけではない。

ココも注意! **少額訴訟**では，1**回の期日**だけで審理を終了させるために，訴訟代理人が選任されている場合であっても，裁判所は当事者本人**の出頭**を命じることができる（民事訴訟規則224条）。

[R2]

答18 ○

同一の簡易裁判所において，同一**年内**に最高裁判所規則で定める回数（10**回**）を超えて**少額訴訟**による審理および裁判を求めることができない（民事訴訟法368条1項ただし書，民事訴訟規則223条）。

[H18]

答19 ○

少額訴訟においては，反訴（被告が，原告を相手方として本訴に併合して提起する訴え）**を提起することができない**（民事訴訟法369条）。

[H13]

答20 ×

少額訴訟においては，原則として，1**回の期日で審理を終了**し（370条1項），口頭弁論終結**後，直ちに判決が言い渡される**（374条1項）。

[H29]

答21 ○

当事者は，原則として，**第1回口頭弁論期日前**または**その期日**において，**すべての**攻撃**または**防御**の方法**（言い分・証拠）**を提出**しなければならない（370条2項）。

ココも注意! **少額訴訟**では，証拠調べ（証人を尋問したり，文書を検査したりする訴訟上の手続）は，即時**に取調べができる証拠**（在廷している証人，持参した書類等）に限られる（371条）。

第13章 管理組合の会計等

重要度 S★★★

問 22

□□□

少額訴訟における被告は，所定の時期までは，当該訴訟を通常の訴訟手続に移行させる旨の申述をすることができる。

重要度 B

問 23

□□□

少額訴訟においては，原告である管理組合が，管理費の滞納額の一括払いを望んでも，裁判所は判決の言渡しの日から3年を超えない範囲内で，滞納額の分割払いの判決を言い渡すことができる。

重要度 S★★★

問 24

□□□

管理組合Aが，区分所有者Bに対してマンションの滞納管理費を請求するために，「少額訴訟」を利用する場合において，少額訴訟の終局判決に対しては，同じ簡易裁判所に異議の申立てをすることもでき，地方裁判所に控訴をすることもできる。

重要度 B

問 25

□□□

管理費を滞納している区分所有者が，自己破産の申立てを行い，破産手続開始の決定を受けた場合，管理組合は，先取特権の実行を除き，破産手続に参加しなければ，滞納管理費の回収をすることができない。

重要度 S★★★

問 26

□□□

管理費の滞納者が，破産手続開始の決定を受けた場合，その決定の日以後に到来する支払期の管理費の支払義務を免れる。

[H27]

○

被告は，**最初にすべき口頭弁論の期日において弁論をし**，または**その期日が終了するまで**は，訴訟を**通常の訴訟手続**に移行させる旨の申述をすることができる（373条1項）。

[H13]

○

裁判所は，**原告の請求を許容する判決**において，被告の資力その他の事情を考慮して，特に必要があると認めるときは，判決の言渡しの日から**3年を超えない範囲内**において，支払い猶予，分割払い，訴え提起後の遅延損害金**の支払い免除**等を命ずることができる（375条1項）。

[H16]

×

少額訴訟の終局判決に対しては，同じ**簡易裁判所**に異議を申し立てることができる（378条1項）。しかし，**地方裁判所**に控訴をすることはできない（377条）。

[H30]

○

管理費を滞納している区分所有者が，**自己破産の申立て**を行い，**破産手続開始の決定**を受けた場合，管理組合は，他の債権者と共に，破産手続に参加して滞納管理費の回収をしていくことになる。ただし，**区分所有法8条に規定する先取特権**については，一般債権に優先して弁済を受けることができる（破産法98条1項）。

[H21]

×

破産者が支払義務を免れるのは，破産手続開始の決定を受けたときではなく，免責許可の決定**が確定したとき**である。この免責により支払義務を免れるのは，原則として，破産手続開始前**の原因に基づいて生じた財産上の請求権**である（253条1項本文，2条5項）。

3 管理組合の税務

重要度 B

消費税法上，管理組合は公益法人と同様の取扱いがなされ，管理会社に対して支払う管理委託料は消費税の課税対象外である。

重要度 A

管理組合の収入のうち管理費および修繕積立金は，消費税の課税対象外であるが，組合員からのマンション敷地内の駐車場収入は，消費税の課税対象となる。

重要度 A

管理組合が支払う管理報酬，修繕費，備品の購入代，エレベーターの管理保守料は，消費税の課税対象となる。

重要度 S★★★

消費税法上，管理組合の基準年度における組合員以外からの駐車場収入が980万円，臨時収入である備品の譲渡による売上高45万円があった場合，合計1,025万円の課税売上高となるので，当年度は納税義務者となり消費税を納入する必要がある。

重要度 A

消費税法上，基準期間における課税売上高が1,000万円以下となる場合であっても，特定期間の課税売上高によっては，消費税の納税義務が免除されない場合がある。

[H18]

×

消費税法上，法人格を有しない管理組合は公益法人と**同様に取り扱われない**。また，法人格の有無を問わず，管理組合が管理会社に対して支払う**管理委託料**は，課税対象である。

ココも注意! **消費税**の課税の対象となる取引は，事業者が事業（営業）として対価を得て行う資産の譲渡等（**資産の**譲渡，**資産の**貸付け，役務の提供）である。

[H14]

×

組合員からの**管理費および修繕積立金収入**は，**消費税の**課税対象外であり，**組合員からの駐車場収入**も，**消費税の**課税対象外である。なお，組合員以外の第三者から徴収した駐車場収入は**消費税の**課税対象である。

[H19]

○

管理組合が支払う**管理報酬**，**修繕費**，**備品の購入代**，**エレベーターの管理保守料**等の費用は，**消費税の**課税対象である。

[H22]

○

消費税の課税基準となる**基準期間**（前々事業年度）の課税対象売上高が1,000**万円を超える**場合に納税義務が発生する（消費税法９条４項）。**組合員以外からの駐車場収入**は，消費税の課税対象であり，**備品の譲渡による収入**も課税対象となる（５条１項）。したがって，駐車場収入と備品の譲渡による売上の合計1,025万円が課税売上高となり，1,000**万円**を超えているので，当年度は納税義務者となり，消費税を納入する必要がある。

[H28]

 31

○

基準期間（前々事業年度）の課税売上高が1,000**万円以下**であっても，**特定期間**（原則としてその事業年度の**前事業年度開始の日以後**６**ヵ月**の期間）の課税売上高が1,000**万円を超える**場合には，当年度（当事業年度）において課税事業者となり，**消費税**の納税義務が**免除されない**（９条の２第１項）。

重要度 B

問 32

基準期間における管理組合の課税売上高は850万円，特定期間の課税売上高は1,050万円であったが，特定期間の給与等支払額は1,020万円であった場合，管理組合は当課税期間において，必ず消費税の課税事業者となる。

重要度 S★★★

問 33

管理組合が大規模修繕を行う際に，銀行からその費用の一部を借り入れたが，その弁済金の元金部分には消費税は課税されないが，その支払利息部分には消費税は課税される。

重要度 S★★★

問 34

消費税の納税義務者は事業者とされ，また，法人格のない社団は消費税法上，法人とみなされ，非法人管理組合および管理組合法人は，事業者として消費税の納税義務者となる。

重要度 A

問 35

管理組合の支出のうち管理組合が雇用している従業員の給与は，消費税の課税取引として課税対象となる。

重要度 S★★★

問 36

マンション敷地内の駐車場を特定の組合員に使用させることから生じる駐車場使用料収入については，消費税は課税されず，課税売上高を構成しない。

重要度 A

問 37

マンション敷地内の駐車場を当該管理組合の組合員以外の第三者に使用させることによる駐車場収入は，消費税の課税対象とはならず，課税売上高を構成しない。

重要度 A

問 38

管理組合が支払う共用部分に係る火災保険料等の損害保険料は，課税取引となるので，消費税が課税される。

[H30]

答 32 ○

特定期間の「1,000**万円を超えているか否か**」**の判断**は，課税売上高に代えて，給与等支払額の合計額により判定することもできる（９条の２第３項）。したがって，給与等支払額が1,020万円であった場合には，管理組合は，消費税の課税事業者となる。

[H26]

答 33 ×

借入金および借入金の**支払利息**は，**消費税の**課税対象外である。

[H19]

答 34 ○

消費税の納税義務者は，事業者（法人・個人）とされており，**法人格のない社団**も消費税法上，法人とみなされる（３条）。したがって，非法人管理組合および管理組合法人は，事業者**として納税義務者**となる。

[H24]

答 35 ×

管理組合が雇用している**従業員の給与**は，**消費税の**課税対象外である。

[H16]

答 36 ○

マンション敷地内の駐車場を特定の**組合員**に使用させることから生じる**駐車場使用料収入**については，**消費税の**課税対象外である。

[H21]

答 37 ×

マンション敷地内の駐車場を当該管理組合の**組合員以外の第三者**に使用させることによる**駐車場収入**は，**消費税の**課税対象であり，課税売上高を構成する。

[H22]

答 38 ×

管理組合が支払う共用部分に係る火災保険料等の**損害保険料**は，**消費税の**課税対象外である。

重要度 B

問 39

□□□

所得税法上，管理組合が受け取る預金利子や配当による収入には，所得税は課税されない。

重要度 B

問 40

□□□

収益事業を行う管理組合は，地方税のうち，都道府県民税および市町村民税について条例等で免除または減免される場合を除き，法人格の有無にかかわらず，均等割の税率により課税される。

重要度 C

問 41

□□□

管理組合が収益事業を行う場合，事業税および事業所税の課税対象となる。

重要度 C

問 42

□□□

法人格のない管理組合は「人格のない社団」として，公益法人と同様の取扱いがなされ，非収益事業の所得に対しては，法人税は，課税されない。

重要度 C

問 43

□□□

法人税法上，管理組合がマンション敷地内で行う駐車場業は，組合員以外の第三者が利用する場合であっても非収益事業となるため，課税されない。

重要度 C

問 44

□□□

法人税法上，人格のない社団である管理組合においても，組合員から徴収する専用使用料収入については課税対象である収入となる。

重要度 B

問 45

□□□

法人税法上，管理組合がマンションの共用部分を携帯電話の基地局設置のために通信事業者に賃貸する場合には，その賃貸料は，収益事業として課税される。

[H24]

×

管理組合の**預金利子**や**配当**による所得には，所得税**が課税される**（所得税法11条参照，23条，24条）。

[H22]

○

収益事業を行う管理組合は，地方税のうち都道府県民税および市町村民税については，条例等により免除・減免される場合を除き，法人格の有無にかかわらず，均等割**は課税される**（地方税法12条，24条１項３号）。

[H18]

○

事業税, 事業所税については, 収益事業所得についてのみ**課税される**(地方税法72条の５第１項９号, 701条の34第２項)。

[H17]

○

法人は，法人税法により，法人税を納める義務がある。ただし，**法人格のない社団**等については，非収益事業の所得に対しては，**課税**されない（法人税法３条，４条１項，７条）。

[H27]

×

管理組合がマンション敷地内で行う駐車場業について，**組合員以外の第三者**が利用する場合は，収益事業となるため，法人税**が課税**される。

比較しよう! 法人税法上，管理組合が運営する駐車場の**組合員のみへの貸付**にかかる使用料は，非収益事業となるため，**課税されない。**

[H28]

×

管理組合が**組合員から徴収する使用料収入**は，非収益事業所得となるため，法人税**は課税**されない。

[R2]

○

管理組合が，その共用部分を**携帯電話基地局設置のために通信事業者に賃貸する**ことは，収益事業となるため，法人税**が課税**される。

4 地震保険

重要度 B

問 46

□□□

地震若しくは噴火またはこれらによる津波を直接または間接の原因とする火災，損壊，埋没，流失による損害（政令で定めるものに限る。）をてん補する地震保険契約は，火災保険契約等特定の損害保険契約に附帯して締結される。

重要度 C

問 47

□□□

地震保険契約は，居住の用に供する建物または生活用動産のみを保険の目的とする。

重要度 C

問 48

□□□

「地震保険に関する法律」によれば，地震等により損害を受けた場合に支払われる保険金額は，損害の区分によって異なり，損害の区分として政令に定められているのは「全損」と「一部損」の2つである。

[R1]

答 46 ○

地震保険契約とは，**地震もしくは**噴火**またはこれらによる**津波**を直接または間接の原因とする火災，損壊，埋没，流失による損害**（政令で定めるものに限る）**をてん補**するものであり，**火災保険契約等特定の損害保険契約に**附帯して締結されるものをいう（地震保険に関する法律2条2項2・3号）。

⚠ ココも注意! 地震保険は，特定の損害保険契約に附帯**して締結されるもの**であり，**地震保険単独では契約を締結することができない。**

[R4]

○

地震保険契約は，居住の用に供する建物または生活用動産**のみを保険の目的**としている（2条2項1号）。

[H29]

×

地震等により損害を受けた場合に支払われる保険金額は，損害の区分（程度）によって異なり，損害の区分として政令に定められているのは「**全損**」「大半損」「小半損」「**一部損**」の**4つ**である（施行令1条）。

第4編

建物および設備の維持保全・関連諸法令

第14章　建築基準法等
第15章　設備・構造
第16章　維持・保全

第14章 建築基準法等

1 建築基準法

重要度 C

問 1

建築基準法は，建築物の敷地，構造，設備および用途に関する標準となる基準を定めて，国民の生命，健康および財産の保護を図り，もって社会の利便性の増進に資することを目的とする。

重要度 A

問 2

建築物とは，土地に定着する工作物のうち，屋根および柱または壁を有するもの（これに類する構造のものを含む）をいい，建築設備を含まない。

重要度 S★★★

問 3

特殊建築物には，学校，体育館，病院，劇場，集会場は含まれるが，共同住宅は含まれない。

重要度 S★★★

問 4

居室とは，居住，執務，作業，集会，娯楽その他これらに類する目的のために継続的に使用する室をいう。

重要度 S★★★

問 5

建築設備とは，建築物に設ける電気，ガス，給水，排水，換気，暖房，冷房，消火，排煙もしくは汚物処理の設備または煙突，昇降機もしくは避雷針をいう。

技術的な細かい知識が多く問われるが，基本事項や過去問の再出もあるので，取りこぼしなく過去問の範囲とその周辺の知識を確実に押さえておこう。

[R5]

✕

この法律は，**建築物の敷地，構造，設備および用途**に関する最低**の基準**を定めて，**国民の**生命，**健康および財産の保護**を図り，もって公共の福祉**の増進**に資することを目的とする（建築基準法１条）。

[H14]

✕

「**建築物**」とは，土地**に定着する工作物**のうち，屋根および柱もしくは壁を有するもの，これに附属する門もしくは塀，観覧のための工作物または地下もしくは高架の工作物内に設ける事務所，店舗，興行場，倉庫その他これらに類する施設をいい，**建築設備**を含むものとする（建築基準法２条１号）。

[H13]

✕

「**特殊建築物**」とは，学校，体育館，病院，劇場，観覧場，集会場，展示場，百貨店，遊技場，公衆浴場，旅館，共同住宅，寄宿舎，下宿，倉庫，自動車車庫などの用途に供する建築物をいう（２条２号）。共同住宅**も特殊建築物**である。

[R3]

○

「**居室**」とは，**居住**，執務，**作業**，集会，娯楽その他これらに類する目的のために継続的**に使用する室**をいう（２条４号）。

[R3]

○

「**建築設備**」とは，建築物に設ける**電気**，**ガス**，給水，排水，**換気**，暖房，冷房，消火，排煙もしくは汚物処理の設備または煙突，昇降機もしくは避雷針をいう（２条３号）。

重要度 S★★★

問 6 □□□

主要構造部とは，壁，柱，床などであり，建築基準法施行令第１条で定義される「構造耐力上主要な部分」と同じものである。

重要度 S★★★

問 7 □□□

構造耐力上主要な部分に，屋根版は含まれない。

重要度 S★★★

問 8 □□□

建築基準法第２条第１項第６号に規定する延焼のおそれのある部分とは，基準となる線からの距離が，１階にあっては３m以下，２階以上にあっては５m以下の距離にある建築物の部分をいう。ただし，防火上有効な公園，広場，川等の空地もしくは水面または耐火構造の壁その他これらに類するものに面する部分を除くものとする。

重要度 B

問 9 □□□

耐火性能とは，通常の火災が終了するまでの間当該火災による建築物の倒壊および延焼を防止するために当該建築物の部分に必要とされる性能をいう。

[H20]

✕

「**主要構造部**」とは，壁，柱，床，はり，**屋根**または**階段**をいい，建築物の構造上重要でない間仕切壁，間柱，付け柱，揚げ床，最下階**の床**，回り舞台の床，小梁，ひさし，局部的な小階段，屋外階段その他これらに類する建築物の部分を除くものをいう（２条５号）。問7の「**構造耐力上主要な部分**」**と異なる**ことに注意（**壁**，**柱**等は共通）。

[H25]

✕

「**構造耐力上主要な部分**」とは，基礎・**基礎ぐい・壁・柱・小屋組・土台・斜材**（筋かい・方づえ・火打材その他これらに類するものをいう）・**床版・「屋根版」・横架材**（はり・けた，その他これらに類するものをいう）で，建築物の自重もしくは積載荷重，積雪荷重，風圧，土圧もしくは水圧または地震その他の震動もしくは衝撃**を支えるもの**をいう（施行令１条３号）。

[H18]

○

「**延焼のおそれのある部分**」とは，基準となる線からの距離が，**１階にあっては**3**m以下**，**２階以上にあっては**5**m以下**の距離にある建築物の部分をいう。ただし，防火上**有効**な公園，広場，川等の空地もしくは水面または耐火構造の壁その他これらに類するものに面する部分を除く（建築基準法２条６号）。

ココも注意! ここにいう「**基準となる線**」とは，①隣地境界線，②道路の中心線，③同一敷地内の２以上の建築物相互の外壁間の中心線，である。

[H19]

○

「**耐火性能**」とは，通常の火災が終了するまでの間当該火災による**建築物の**倒壊**および**延焼**を防止**するために当該建築物の部分に必要とされる性能をいう（２条７号）。

ココも注意! 「**準耐火性能**」とは，通常の火災による延焼**を抑制**するために**当該建築物の部分**に必要とされる性能をいう（２条７号の２）。

重要度 B

防火性能とは，当該建築物で発生した通常の火災が，周囲の建築物に延焼することを抑制するために当該建築物の内壁または天井に必要とされる性能をいう。

重要度 C

不燃材料には，国土交通大臣が定めたものと国土交通大臣の認定を受けたものがある。

重要度 B

遮炎性能とは，通常の火災時における火炎を有効に遮るために防火設備に必要とされる性能をいう。

重要度 A

建築とは，建築物を新築し，増築し，または改築することをいい，移転は含まれない。

重要度 S★★★

大規模の修繕とは，建築物の主要構造部の一種以上について行う過半の修繕をいう。

重要度 S★★★

敷地とは，１の建築物または用途上不可分の関係にある２以上の建築物のある一団の土地をいう。

[H19]

「防火性能」とは，建築物の周囲において発生する通常の火災による延焼を抑制するために外壁または軒裏に必要とされる性能をいう（2条8号)。

×

[H24]

「不燃材料」とは，建築材料のうち，不燃性能（通常の火災時における火熱により燃焼しないことその他の政令で定める性能をいう）に関して一定の技術的基準に適合するもので，国土交通大臣が定めたものまたは国土交通大臣の認定を受けたものをいう（2条9号)。

○

ココも注意! 不燃性能の持続時間が20分のものが「不燃材料」，10分のものが「準不燃材料」，5分のものが「難燃材料」である。

[H19]

「遮炎性能」とは，通常の火災時における火炎を有効に遮るために防火設備に必要とされる性能をいう（2条9号の2ロ)。

○

ココも注意! 火災を遮る設備である防火設備には，ドレンチャー，防火戸等がある（施行令109条1項)

[H20]

「建築」とは，建築物を新築・増築・改築・移転することをいう（建築基準法2条13号)。

×

[R4]

「大規模の修繕」とは，建築物の主要構造部の一種以上について行う過半の修繕をいう（2条14号)。

○

比較しよう! 「大規模の模様替」とは，建築物の主要構造部の一種以上について行う過半の模様替をいう（2条15号)。

[H17]

「敷地」とは，1の建築物または用途上不可分の関係にある2以上の建築物のある一団の土地をいう（施行令1条1号)。

○

重要度 B

問 16

□□□

耐水材料とは，れんが，石，人造石，コンクリート，アスファルト，陶磁器，ガラスその他これらに類する耐水性の建築材料をいう。

重要度 S★★★

問 17

□□□

地階とは，床が地盤面下にある階で，床面から地盤面までの高さがその階の天井の高さの１／３以上のものをいう。

重要度 B

□□□

地階で，地盤面上1.5m以下にある部分は，建築面積に算入されない。

重要度 A

□□□

建築物の外壁またはこれに代わる柱の中心線から水平距離１m以上突き出た軒，ひさしなどの部分は，その先端から水平距離１m後退した線から建物側を建築面積に算入する。

重要度 C

□□□

建蔽（べい）率とは，建築物の建築面積（同一敷地内に２以上の建築物がある場合においては，その建築面積の合計）の敷地面積に対する割合をいう。

重要度 A

□□□

特定行政庁が指定する幅員４m未満の道路の中心線から水平距離で２m後退した線までの部分は，敷地面積には算入されない。

[H25]
答 16 ○

「**耐水材料**」とは，れんが，石，人造石，コンクリート，アスファルト，陶磁器，ガラスその他これらに類する**耐水性の**建築材料をいう（1条4号）。

[H17]
答 17 ○

「**地階**」とは，**床が地盤面下にある階**で，**床面から地盤面までの高さがその階の天井の高さの**1／3**以上**のものをいう（1条2号）。

[H26]
答 18 ×

地階で，**地盤面上**1**m以下**にある部分は，**建築面積**に算入されない（2条1項2号）。

[H23]

答 19 ○

建築物の外壁またはこれに代わる柱の中心線から**水平距離**1**m以上**突き出た**軒・ひさし**などの部分は，その先端から**水平距離**1m後退した線から建物側を**建築面積**に算入する（2条1項2号）。

[H28]

答 20 ○

「**建蔽率**」とは，建築物の**建築面積**（同一敷地内に**2以上の建築物**がある場合は，その建築面積の合計）の**敷地面積に対する割合**をいう（建築基準法53条1項）。

[H21]

答 21 ○

敷地面積は，敷地の水平投影面積による。ただし，特定行政庁が指定する幅員4**m未満**の道路の中心線から水平距離で2**m後退した線**までの部分は，**敷地面積**には算入されない（施行令2条1項1号）。

ココも注意! **がけ地，川，線路敷地等に沿う道路**のうち特定行政庁が指定する幅員4**m未満の道路**において，当該がけ地等の境界線から道の側に4**mまでの部分**も**敷地面積**には算入されない。

第14章 建築基準法等

重要度 B

床面積は，建築物の各階またはその一部で，壁その他の区画の中心線で囲まれた部分の水平投影面積による。

重要度 A

階段室，昇降機塔，装飾塔，物見塔，屋窓その他これらに類する建築物の屋上部分の水平投影面積の合計が，当該建築物の建築面積の１／８以内の場合，その部分の高さは，建築物の高さに算入されないことがある。

重要度 A

建築基準法によれば，特定の要件を満たす場合を除いて，各戸の界壁は小屋裏または天井裏に達していなければならない。

重要度 B

階数の算定において，昇降機塔，装飾塔，物見塔その他これらに類する建築物の屋上部分または地階の倉庫，機械室その他これらに類する建築物の部分で，水平投影面積の合計がそれぞれ当該建築物の建築面積の１／８以下のものは，当該建築物の階数に算入しない。

重要度 A

建築物の階数の算定において，建築物の一部が吹抜きとなっており，建築物の部分によって階数が異なっていたため，これらの階数のうち最小なものを当該建築物の階数とした。

[H23]

○

床面積は，建築物の各階またはその一部で，**壁その他の区画の**中心線**で囲まれた部分**の水平投影面積による（2条1項3号）。

[H21]

○

「**建築物の高さ**」とは，原則として地盤面**からの高さ**による。ただし，建築物の屋上に設ける階段室，昇降機塔，装飾塔，物見塔，屋窓その他これらに類する建築物の屋上部分の**水平投影面積の合計**が，当該**建築物の建築面積の**1／8**以内**の場合で，その部分の**高さが**12**m以下**であれば，その部分は**建築物の高さ**に算入されない（2条1項6号ロ）。

[R3]

○

共同住宅等の各戸の**界壁**は，小屋裏または天井裏に達していなければならない。ただし，**天井の遮音性能**が**一定の技術的基準に適合**するもので，国土交通大臣が定めた構造方法を用いるもの等である場合には，**小屋裏または天井裏に達する必要はない**（建築基準法30条1項2号，2項）。

> **ココも注意!** さらに**共同住宅等の各戸の界壁**は，準耐火**構造**とし，**遮音性能**（隣接する住戸からの日常生活に伴い生ずる音を衛生上支障がないように低減するために界壁に必要とされる性能をいう）**を有している**必要がある（施行令114条1項，建築基準法30条1項1号）。

[H27]

○

階数の算定において，昇降機塔，**装飾塔**，**物見塔**その他これらに類する建築物の屋上部分または地階の倉庫，**機械室**その他これらに類する建築物の部分で，**水平投影面積の合計**がそれぞれ当該**建築物の建築面積の**1／8**以下**のものは，当該建築物の**階数に算入しない**（施行令2条1項8号前段）。

[H16]

×

建築物の**階数の算定**において，建築物の一部が吹抜きとなっている場合，建築物の敷地が斜面または段地である場合その他建築物の部分によって階数を異にする場合においては，これらの**階数のうち**最大なもの**をその建築物の階数**とする（2条1項8号後段）。

重要度 C

問 27

建築面積，建築物の高さ，軒の高さを算定する際の地盤面とは，建築物が周囲の地面と接する位置の平均の高さにおける水平面をいい，その接する位置の高低差が6ｍを超える場合においては，その高低差6ｍ以内ごとの平均の高さにおける水平面をいう。

重要度 C

住宅における居住のための居室の天井の高さは，一室で天井の高さの異なる部分がない場合においては，2.4m以上でなければならない。

重要度 B

マンションの直上階の居室の床面積の合計が200㎡を超える地上階に設ける階段のけあげは24㎝以下，踏面は20㎝以上でなければならない。

重要度 B

回り階段の踏面の寸法は，階段の幅の中央において測るものとする。

重要度 C

階段の踊場は，階段の高さが4ｍを超えるものにあっては，高さ4ｍ以内ごとに設けなければならない。

重要度 C

高さ2ｍの階段の場合，両側に側壁を設ければ手すりを設けなくてよい。

[H27]

×

建築面積，建築物の高さ，軒の高さを算定する際の「**地盤面**」とは，建築物が周囲の地面と接する位置の**平均の高さにおける水平面**をいい，その接する位置の**高低差が3mを超える**場合においては，その**高低差3m以内ごと**の**平均の高さにおける水平面**をいう（2条2項）。

[H29]

×

居室の天井の高さは，2.1**m以上**でなければならない（21条1項）。

[H28]

×

直上階の居室の床面積の合計が200㎡**を超える**地上階に設ける**階段のけあげ**は20**㎝以下**，**踏面**は24**㎝以上**でなければならない（23条1項）。

[H28]

×

回り階段の部分における**踏面の寸法**は，踏面の**狭いほうの端から**30**㎝**の位置において測る（23条2項）。

[R1]

○

階段の高さが4**mを超える**ものにあっては**高さ**4**m以内ごとに踊場**を設けなければならない（24条1項）。

[H15]

×

階段には手すり・**側壁**を設けなければならない。ただし，高さ1**m以下**の部分には手すり・**側壁**は不要である。また，手すりが設けられた側には，**側壁**は不要である（25条1項・2項・4項）。逆に，**側壁**を設けても手すりは不要とはならない。したがって，高さ2mの階段の両側に**側壁**を設けても，手すり**を省略することはできない**。

重要度 B

階段の幅は，階段に設ける手すりの幅が10㎝以下である場合，手すりの幅がないものとみなして算定する。

重要度 C

階段に代わる傾斜路の勾配は，1／8をこえてはならない。

重要度 C

積雪荷重は，［積雪の単位荷重］×［屋根の水平投影面積］×［その地方における垂直積雪量］として求めるが，積雪の単位荷重は積雪量1㎝ごとに20ニュートン／㎡以上としなければならない。なお，特定行政庁が規則で特段の定めをしていないものとする。

重要度 B

火を使用する設備または器具の通常の使用状態において，当該室内の酸素の含有率をおおむね15％以上に保つ換気ができるものとして，国土交通大臣の認定を受けた換気設備は，有効換気量についての規制は受けない。

重要度 B

問 37

建築物の調理室等で火を使用する設備または器具の近くに排気フードを有する排気筒を設ける場合においては，排気フードは，不燃材料で造らなければならない。

[H28]

○

階段・その踊場に「手すり」や「階段の昇降を安全に行うための設備で，その高さが50cm以下のもの」（手すり等）が設けられた場合の**階段・その踊場**の幅については，手すり等の幅が10cmを限度として，**ないものとみなして算定**する（23条3項）。

[H15]

○

階段に代わる**傾斜路の勾配**は，1／8**を超えてはならない**（26条1項1号）。

[H20]

○

積雪荷重は，「積雪の単位荷重」×「屋根の水平投影面積」×「その地方における垂直積雪量」として求める（86条1項）。**積雪の単位荷重**は，**積雪量1cmごとに**20**N／㎡以上**としなければならない（同2項）。

[H19]

×

火を使用する室に設けなければならない**換気設備**は，火を使用する設備または器具の通常の使用状態において，当該**室内の酸素の含有率**をおおむね20.5**%以上**に保つ換気ができるものとして，国土交通大臣の認定を受けたものでなければならない（20条の3第2項1号ロ）。したがって，酸素の含有率をおおむね15%以上に保つ換気ができる場合でも，有効換気量について規制を受ける。

[R4]

○

建築物の調理室等に設ける換気設備として**火を使用する設備または器具の近くに排気フードを有する排気筒を設ける場合**においては，**排気フード**は，不燃材料で造らなければならない（20条の3第2項4号）。

重要度 S★★★

問 38

□□□

居室には，政令で定める技術的基準に従って換気設備を設けた場合を除いて，換気のための窓その他の開口部を設け，その換気に有効な部分の面積は，その居室の床面積に対して，1／20以上としなければならない。

重要度 B

問 39

□□□

建築物（換気設備を設けるべき調理室等を除く）に設ける自然換気設備において，給気口は，居室の天井の高さの1／2以下の高さの位置に設け，常時外気に開放された構造としなければならない。

重要度 B

問 40

□□□

石綿その他の物質の飛散または飛散に対する衛生上の措置として，石綿以外の物質で，居室内において衛生上の支障を生ずるおそれがある物質として指定されているのは，ホルムアルデヒドのみである。

重要度 A

問 41

□□□

クロルピリホスを発散するおそれがないものとして国土交通大臣が定める建築材料を除き，クロルピリホスをあらかじめ添加した建築材料を用いてはならない。

重要度 A

問 42

□□□

ホルムアルデヒドの夏季における発散速度が，表面積1㎡につき毎時0.005ミリグラムを超えないものとして国土交通大臣の認定を受けた建築材料のみを，居室の内装の仕上げに用いる場合は，その使用面積に対する制限はない。

重要度 B

問 43

□□□

第1種ホルムアルデヒド発散建築材料は，第3種ホルムアルデヒド発散建築材料より，ホルムアルデヒドの毎時の発散量は少ない。

[R4]

答 38 ○

居室には，原則として，**換気**のための窓その他の開口部を設け，その**換気に有効な部分の面積**は，その居室の床面積に対して，1／20**以上**としなければならない（建築基準法28条2項）。

[H14]

答 39 ○

自然換気設備において，**給気口**は，居室の**天井の高さの**1／2**以下**の高さの位置に設け，常時外気に開放された構造とする（施行令129条の2の5第1項2号）。

[H23]

×

石綿以外の物質で，居室内において衛生上の支障を生ずるおそれがある物質として指定されているのは，クロルピリホス・ホルムアルデヒドである（建築基準法28条の2第3号，施行令20条の5）。

[H16]

○

クロルピリホスを発散するおそれがないものとして**国土交通大臣が定める建築材料を**除き，**クロルピリホス**をあらかじめ**添加した建築材料を用いてはならない**（20条の6第2号）。

[H27]

○

ホルムアルデヒドの夏季における**発散速度**が，表面積1㎡につき0.005mg／㎡hを超えないものとして国土交通大臣の認定を受けた建築材料については，**居室の内装の仕上げ**に用いる場合，その**使用面積に対する制限はない**（20条の7）。

[H16]

×

第1種ホルムアルデヒド発散建築材料は，**第3種ホルムアルデヒド**発散建築材料より，**ホルムアルデヒドの毎時の発散量**は多い（20条の7）。

重要度 S★★★

住宅等の居室において，ホルムアルデヒドに関する技術的基準として，機械式換気設備の必要有効換気量の計算に求められる換気回数は，建築基準法によれば，原則として，3時間に1回である。

重要度 A

吹付けロックウールで，その含有する石綿の重量が当該建築材料の重量の1%以下のものは，建築材料として使用することができる。

重要度 A

火気を使用する室において，煙突，排気フードなどを設けず，排気口または排気筒に換気扇等を設けた場合に必要となる有効換気量は，（燃料の単位燃焼量当たりの理論廃ガス量）×（火を使用する設備または器具の実況に応じた燃料消費量）の40倍以上である。

重要度 B

火を使用する設備または器具の通常の使用状態において，換気設備は，当該室内の酸素の含有率をおおむね15.0%以上に保つことができるものとして，国土交通大臣の認定を受けたものも認められる。

重要度 B

共同住宅の各戸の界壁の遮音性能に関する技術的基準では，振動数が低い音ほど，大きい数値の透過損失が求められている。

[R2]

×

住宅等の居室においては，ホルムアルデヒドに関する技術的基準として，0.5**回/時以上の換気回数**（室内の空気が**1時間当たり何回入れ替わったか**を示す指数）を有する**機械換気設備**を設置しなければならない（建築基準法28条の2，施行令20条の8）。つまり，求められる**換気回数**は2**時間で1回**である。

[H23]

×

吹付けロックウールで，その含有する石綿の重量が建築材料の重量の0.1**%以下**のものは，建築材料として使用できる（建築基準法28条の2第2号，平成18年国交省告示第1172号）。

⚠ココも注意! **ロックウール**とは，岩綿で，工場で製造された人造の鉱物繊維である。非結晶で，**発癌性は**ない（お茶と同程度）と考えられている（国際がん研究機関）。

[H19]

○

煙突，排気フードなどを設けず，**排気口または排気筒に換気扇等を設けた場合に必要となる**有効換気量は，〔(燃料の単位燃焼量当たりの**理論廃ガス量**)×（火を使用する設備または器具の実況に応じた**燃料消費量**)〕の40**倍以上**である（昭和45年建設省告示第1826号）。

[H25]

×

換気設備の構造は，火を使用する設備または器具の通常の使用状態において，異常な燃焼が生じないよう**当該室内の**酸素**の含有率**をおおむね20.5**%以上に保つ換気ができる**ものとして，国土交通大臣の認定を受けたものとしなければならない（施行令20条の3第2項1号ロ）。

[H16]

×

界壁の遮音性能に関する技術的基準では，**振動数**（単位ヘルツ）**が**低い**音**ほど，小さい**数値の透過損失**（単位デシベル）でよく，逆に，**振動数が**高い**音**ほど，大きい**数値の透過損失**が求められている（22条の3）。

第14章 建築基準法等

重要度 C

アスベストが原因で発症する中皮腫の潜伏期間は，3～5年といわれている。

重要度 S★★★

住宅の居室には，採光のための窓その他の開口部を設け，その採光に有効な部分の面積は，その居室の床面積に対して，1／5以上としなければならない。

重要度 B

ふすま，障子で仕切られた2室は，採光に関する規定の適用について，1室とはみなされない。

重要度 C

遮音性能を有する構造方法として認められるために必要な壁厚は，鉄筋コンクリート造，鉄骨鉄筋コンクリート造，鉄骨コンクリート造でそれぞれ異なっている。

重要度 C

補強コンクリートブロック造の塀の高さは3m以下とする。

重要度 C

補強コンクリートブロック造の塀の高さが1.2mを超える場合には，長さ3.4m以下ごとに，所定の基準に従った控壁を設ける。

[H18]

×

アスベストが原因で発症する悪性中皮腫の潜伏期間は，20～50**年**といわれている。

ココも注意! アスベストの種類には，クロシドライト（青石綿），アモサイト（茶石綿），クリソタイル（白石綿）等がある。この順番で癌発症リスクが高いとされている。

[H17]

×

住宅等の居室には，**採光**のための窓その他の**開口部**を設け，その**採光に有効な部分の面積（有効採光面積）**は，その**居室の床面積**に対して，**居室の種類に応じて一定の割合（住宅の居室**の場合，1／7）**以上の面積**としなければならない。また，照明設備の設置，有効な採光方法の確保等の措置が講じられた場合には，この割合が1／10**までの範囲内で緩和**されることがある（建築基準法28条1項，施行令19条3項3号）。

[H17]

×

ふすま，**障子**など随時開放できるもので仕切られた**2室**は，採光に関する規定の適用について，1室**とみなして**計算してよい（建築基準法28条4項）。

[H16]

×

遮音性能**を有する構造方法として認められるために必要な**壁厚は，鉄筋コンクリート造，鉄骨鉄筋コンクリート造，鉄骨コンクリート造とも10**cm以上**であり，それぞれ異なることはない（昭和45年建設省告示第1827号）。

[H30]

×

補強コンクリートブロック造の塀の高さは，2.2**m以下**としなければならない（施行令62条の8第1号）。

[H30]

○

塀の高さが1.2**mを超える**場合には，**長さ**3.4**m以下ごとに**，所定の基準に従った控壁（径9㎜以上の鉄筋を配置した控壁で基礎の部分において壁面から高さの1／5以上突出したもの）を設けなければならない（62条の8第5号）。

重要度 C

補強コンクリートブロック造の塀の高さが1.2mを超える場合には，塀の基礎の丈は35cm以上とし，根入れの深さは30cm以上とする。

重要度 S★★★

火災時などの災害時に消防隊が人の救助活動および消火活動に利用するための非常用エレベーターは，原則として，高さ60mを超える建築物に設置が義務付けられている。

重要度 B

高さ31mを超える部分の階数が５で，その部分の床面積の合計が800㎡のマンションの場合，非常用エレベーターを設けなければならない。

重要度 A

非常用エレベーターの乗降ロビーの床面積は，非常用エレベーター１基について10㎡以上としなければならない。

重要度 B

非常用エレベーターのかごの定格速度は，45m／min以上としなければならない。

重要度 B

階数が３以上で延べ面積が500㎡を超える建築物の居室から地上に通ずる廊下，階段その他の通路には非常用の照明装置の設置義務があるが，採光上有効に直接外気に開放された通路などは免除される。

[H30]

○

塀の高さが**1.2mを超える**場合には，**塀の基礎の丈**(たけ)は**35cm以上**とし，**根入れの深さ**は**30cm以上**としなければならない（62条の8第7号）。

[H23]

×

火災時などの災害時に消防隊が人の救助活動および消火活動に利用するための**非常用エレベーター**は，原則として**高さ31m超**の建築物に設置が義務付けられている（建築基準法34条2項）。

[H16]

○

高さ31mを超える建築物には，**非常用エレベーター**を設けなければならないが，「高さ31mを超える部分の**各階の床面積の合計が500㎡以下**の建築物」や「高さ31mを超える部分の**階数が4以下の主要構造部を耐火構造**とした建築物」等は，設けなくてよい（34条2項，施行令129条の13の2）。「高さ31mを超える部分の階数が5で，その部分の床面積の合計が800㎡のマンション」は，これらに該当しないので，非常用エレベーターを設けなければならない。

[R4]

○

非常用エレベーターの乗降ロビーの床面積は，非常用エレベーター1基について**10㎡以上**としなければならない（129条の13の3第3項7号）。

[H18]

×

非常用エレベーターのかごの定格速度は，**60m／min（分）**以上としなければならない（129条の13の3第11項）。

[H21]

○

階数が3以上で**延べ面積が500㎡を超える**建築物の居室から地上に通ずる廊下，階段その他の通路には**非常用の照明装置**の設置義務があるが，**採光上有効に直接外気に開放された通路**などは**免除**される（126条の4本文）。

第14章　建築基準法等

重要度 A

問 61

共同住宅の住戸内には非常用の照明装置を設置する必要がない。

□□□

重要度 S★★★

非常用の照明装置が必要な部分は，蛍光灯の間接照明とし，床面から１mの高さにおいて２ルクス以上の照度を確保しなければならない。

□□□

重要度 S★★★

停電時の予備電源として蓄電池を用いるものにあっては，充電を行うことなく20分間継続して点灯し，必要な照度を確保できるものでなければならない。

□□□

重要度 A

主要構造部が耐火構造である共同住宅の該当階の住戸の床面積の合計が100㎡を超える場合，両側に居室のある共用廊下の幅は，1.6m以上としなければならない。

□□□

重要度 B

主要構造部が耐火構造である共同住宅の６階の居室の床面積の合計が200㎡を超える場合は，２以上の直通階段を設けなければならない。

□□□

[H21]

○

共同住宅の住戸内には，**非常用の照明装置**を設置する**必要がない**（126条の４第１号）。

[H19]

×

非常用の照明は，直接**照明**とし，床面において１**ルクス以上**の照度を確保しなければならない（126条の５第１号イ）。

> ⚠ ココも注意! **蛍光灯またはＬＥＤランプ**を用いる場合には，２**ルクス以上**の照度を確保することができるものとしなければならない（昭和45年建設省告示1830号第四第１号）。

[H21]

×

停電時の**予備電源**として蓄電池を用いるものにあっては，充電を行うことなく30**分**間継続して点灯し，必要な照度を確保できるものでなければならない（昭和45年建設省告示第1830号）。

[H20]

○

共同住宅の住戸または住室の床面積の合計が100**㎡を超える**階における共用のものについての**廊下の幅**は，両側に居室がある廊下（両廊下）における場合は，1.6**m以上**，その他の廊下（片廊下）における場合は，1.2**m以上**としなければならない（119条）。

[H20]

○

共同住宅（主要構造部が耐火**構造**，**準耐火構造**または不燃材料で造られている場合）の避難階以外の階で，その階における居室の床面積の合計が200**㎡を超える**ときは，その階から避難階または地上に通ずる２**以上**の**直通階段**を設けなければならない（121条１項５号・２項）。

重要度 A

主要構造部が耐火構造である共同住宅の屋外に設ける避難階段および避難階における屋外への出口から道または公園，広場，その他の空地に通ずる敷地内の通路の幅員は，原則として，1.5m以上でなければならない。

重要度 C

屋内避難階段および特別避難階段の階段室の天井および壁の室内に面する部分は，不燃材料で仕上げをし，かつ，その下地も不燃材料で造らなければならない。

重要度 A

高さ20mをこえる建築物には，周囲の状況のいかんにかかわらず，有効に避雷設備を設けなければならない。

重要度 B

建物の雷撃に対する保護レベルは，ⅠからⅣに区分されている。

重要度 B

避雷設備について，日本工業規格では，定期的な検査を行うことを基本的条件として求めているが，その頻度については示されていない。

[H20]

答 66 〇

屋外に設ける避難階段および避難階における屋外への出口から道または公園，広場，その他の空地に通ずる**敷地内の通路の幅員**は，**1.5m以上**（階数が3以下で延べ面積が200㎡未満の建築物の場合は**90cm以上**）でなければならない（128条）。

ココも注意！ **避難階段から屋外に通ずる出口の戸**には，**かぎ**を使わずに解錠できるものとし，解錠方法は**見やすいところ**に表示しておかなければならない（施行令125条の2）。

[H26]

答 67 〇

屋内避難階段の階段室には，階段室の天井（天井のない場合には屋根）および壁の室内に面する部分は，仕上げを**不燃材料**でし，かつ，その下地を**不燃材料**で造らなければならない（123条1項2号）。そして，**特別避難階段**の階段室のそれらの部分も，同様である（同3項3号）。

[H14]

答 68 ×

周囲の状況によって安全上支障がない場合においては，高さ**20mを超える**建築物であっても**避雷設備**の設置義務はない（建築基準法33条）。

[H20]

答 69 〇

現在の日本工業規格（JIS）では，建物の雷撃に対する**保護レベル**を，Ⅰ～Ⅳの**4段階**に区分し，各レベルでの**保護効率**を明確にしている。

[H20]

答 70 〇

避雷設備は，雷保護システムとして，被保護物の種類および腐食問題に関して決定する周期によって，**定期的に検査**を行わなければならない。JISでは，定期的な検査を行うことを基本的条件として求めているが，その**頻度については示されていない**。

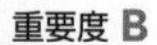

重要度 B

問 71

□□□

建築物の用途・規模などに応じて，内装の仕上げ材料の制限を受ける部位は，壁，天井および床である。

重要度 C

問 72

□□□

共同住宅は，工業地域に建築することができる。

重要度 B

問 73

□□□

容積率の上限値には，前面道路の幅員による制限が加わる場合がある。

重要度 A

問 74

□□□

エレベーターの昇降路の部分の床面積は，容積率の算定の基礎となる延べ面積に算入される。

重要度 A

問 75

□□□

自動車車庫の床面積は，当該敷地内の建築物の各階の床面積の合計（同一敷地内に２以上の建築物がある場合においては，それらの建築物の各階の床面積の合計の和）に１／５を乗じて得た面積を限度として，延べ面積には算入されない。

[R2]

答 71 ×

共同住宅等の特殊建築物は，政令で定めるものを除き，政令で定める技術的基準に従って，その壁・天井の**室内に面する部分の仕上げを防火上支障がない**ようにしなければならない（**内装制限**：35条の２）。しかし，火災の拡大に影響が少ない床は**内装制限の対象ではない。**

[R1]

答 72 ○

共同住宅は，「工業専用地域」**以外の用途地域**で建築することができる。したがって，工業地域に建築することができる（48条，別表２）。

[H28]

答 73 ○

前面道路（**前面道路が２以上**あるときは，その**幅員の**最大のもの）**の幅員**が12**m未満**である建築物の容積率は，前面道路の幅員の**メートルの数値**に，所定の区分に従い，**所定の数値を乗じたもの以下**でなければならない（52条２項）。つまり，容積率の上限値には，前面道路の幅員による制限が加わる場合がある。

[R1]

答 74 ×

政令で定める**昇降機の**昇降路の部分，**共同住宅・老人ホーム等の**共用の廊下・階段**の用に供する部分の床面積**は，建築物の容積率の算定の基礎となる**延べ面積には算入されない**（52条６項）。

[H26]

答 75 ○

自動車車庫等の床面積は，その敷地内の建築物の各階の床面積の合計（同一敷地内に２以上の建築物がある場合，それらの建築物の各階の床面積の合計の和）に１／５**を乗じて得た面積**を限度として，**延べ面積には算入されない**（施行令２条１項４号イ，３項１号）。

重要度 C

建築物の容積率を算定する場合，専ら防災のために設ける備蓄倉庫の用途に供する部分の床面積は，当該敷地内の建築物の各階の床面積の合計（同一敷地内に２以上の建築物がある場合においては，それらの建築物の各階の床面積の合計の和）に１／５を乗じて得た面積を限度として，延べ面積には算入されない。

重要度 B

建築基準法における容積率算定において，建築基準法施行令第２条第１項第８号により，階数に算入しない昇降機塔の屋上部分の床面積は，延べ面積にすべてを算入しなければならない。

重要度 C

日影規制の対象となる用途地域には，中高層住居専用地域は含まれるが，近隣商業地域，準工業地域は含まれない。

重要度 B

建築主が，建築物工事届（建築基準法第15条）を行う手続のあて先は，都道府県知事である。

［H27］

×

専ら防災のために設ける備蓄倉庫の用途に供する部分の床面積は，その敷地内の建築物の各階の床面積の合計（同一敷地内に２以上の建築物がある場合においては，それらの建築物の各階の床面積の合計の和）に１／50**を乗じて得た面積**を限度として，**延べ面積には算入されない**（２条１項４号ロ，３項２号）。

ココも注意！　「宅配ボックス」の場合は，同様に１／100**を乗じて得た面積**を限度として，**延べ面積には算入されない**（２条１項４号へ，３項６号）。

［H19］

○

昇降機塔，**装飾塔**，**物見塔**その他これらに類する建築物の屋上部分または**地階の倉庫**，**機械室**その他これらに類する建築物の部分で，水平投影面積の合計がそれぞれ建築物の建築面積の１／８**以下**のものは，**建築物の階数**に**算入しない**（２条１項８号）。この規定は，**階数に算入しない**とするものであり，延べ面積には算入しなければならない。

［H30］

×

日影規制の対象区域は，原則として**住居系のすべての用途地域**（第一種・第二種低層住居専用地域，田園住居地域，**第一種・第二種**中高層住居**専用地域**，第一種・第二種住居地域，準住居地域）と，近隣商業**地域**，準工業**地域**，そして，用途地域の指定のない区域である（建築基準法56条の２第１項，別表４（い））。したがって，中高層住居**専用地域**のみならず，近隣商業**地域**，準工業**地域**も含まれる。

［H17］

○

建築物工事届は，原則として，手続を行う主体は建築主であり，手続のあて先は**都道府県知事**（建築主事を経由して）である（15条１項）。

比較しよう！　**建築物除却届**は，原則として，手続を行う主体は建築物の除却の工事を施工する者であり，手続のあて先は**都道府県知事**（建築主事を経由して）である（15条１項）。

重要度 B

必要に応じ建築基準法第12条第１項に規定する建築物の維持保全に関する準則または計画を作成しなければならないのは，建築物の所有者で管理者は含まれない。

重要度 A

建築基準法第12条第１項に掲げる建築物の定期調査および同条第３項に掲げる特定建築設備等（昇降機および特定建築物の昇降機以外の建築設備等）の定期検査は，一級建築士もしくは二級建築士でなければ行うことができない。

重要度 B

所有者と管理者が異なる場合においては，建築基準法第12条に基づく定期調査，定期検査の結果を特定行政庁に報告する義務があるのは所有者である。

重要度 A

建築基準法第12条に基づく定期調査の対象となった共同住宅の調査は，５年間隔で行う。

重要度 A

建築基準法第12条に規定する防火設備の定期報告の時期は，種類，用途，構造等に応じて，おおむね6月から１年まで（ただし，国土交通大臣が定める検査の項目については，１年から３年まで）の間隔をおいて特定行政庁が定める時期（建築基準法施行規則で別途定めるものを除く）とする。

[H13]

×

建築基準法12条１項に規定する建築物の**所有者**または**管理者**は，その建築物の敷地，構造および建築設備を**常時適法な状態に維持**するため，必要に応じ，その建築物の維持保全に関する準則または計画を作成し，その他適切な措置を講じなければならない（８条２項）。また，この義務を負う者には，**管理者**も**含まれる**。

[H25]

×

一級建築士・二級建築士以外の者でも，定期調査は「建築物調査員資格者証**の交付を受けている者（建築物調査員）**」が，そして，定期検査は「建築設備等検査員資格者証**の交付を受けている者（建築設備等検査員）**」が，それぞれ行うことができる（12条１項・３項）。

[H18]

×

所有者と管理者が異なる場合においては，定期調査・定期検査の結果を**特定行政庁に報告**する義務があるのは管理者である（12条１項・３項）。

[H18]

×

定期調査は，おおむね６**ヵ月から**３**年までの間隔**で，特定行政庁が定める時期に行われる（施行規則５条１項）。「５年間隔」ではない。

[H29]

○

報告の時期は，**建築設備**または**防火設備**の種類，用途，構造等に応じて，原則として，おおむね６**ヵ月から**１**年まで**（ただし，国土交通大臣が定める検査の項目については，１**年から**３**年まで**）**の間隔**をおいて特定行政庁が定める時期とする（建築基準法12条３項，施行規則６条１項）。

重要度 C

建築基準法第12条第１項に規定される特定建築物において，定期調査の調査項目に「機械式駐車場の劣化および損傷の状況」は含まれる。

重要度 C

マンションの定期調査・検査の内容として，可視状態にある免震装置について，３年以内に実施した最新の点検記録があったため，劣化および損傷の状況をその記録のみにより確認したことは，適切である。

2 耐震改修法

重要度 B

既存耐震不適格建築物である区分所有建築物の所有者は，耐震改修を行なわなければならない。

重要度 B

所管行政庁によって耐震改修計画の認定を受けた場合，既存不適格建築物にかかる制限の緩和は認められているが，耐火建築物にかかる制限の緩和は認められていない。

重要度 A

建築確認を要する建築物の耐震改修の計画が，所管行政庁の認定を受けた場合は，当該建築物については確認済証の交付があったものとみなされる。

[H25]

答 85 ×

「**機械式駐車場の劣化および損傷の状況**」は，特定建築物に関する定期調査の調査項目に含まれない（平成20年国土交通省告示第282号）。

ココも注意!　「擁壁」「基礎」「外壁躯体」「サッシ等」「屋根」「免震装置」「避雷針，避雷導線等」等の**劣化および損傷の状況**は，調査項目となっている。

[H27]

答 86 ×

適切でない。免震装置の劣化および損傷の状況（免震装置が可視状態にある場合に限る）は，**目視**により確認するとともに，３**年以内**に実施した点検の記録がある場合にあっては，当該記録により確認する（平成27年国土交通省告示第258号）。つまり，３**年以内**に実施した記録がある場合は，当該記録の確認に加え，**目視による確認もしなければならない**。

[H26]

答 87 ×

既存耐震不適格建築物の区分所有建築物の所有者は，耐震診断を行い，必要に応じ，耐震改修を行うよう**努めなければならない**（耐震改修法16条１項）。「行なわなければならない」という義務ではなく，「努めなければならない」という**努力義務**にすぎない。

[H23]

答 88 ×

所管行政庁によって**耐震改修計画の認定**を受けた場合，**既存不適格建築物**も，**耐火建築物**も，制限の緩和が認められている（16条６項，７項，建築基準法27条２項）。

[H23]

答 89 ○

建築確認を要する建築物の**耐震改修の計画**が，**所管行政庁の認定**を受けた場合，当該建築物については確認済証の交付があったものとみなされる（耐震改修法17条10項）。

重要度 B

問 90 □□□

所管行政庁から耐震改修が必要である旨の認定を受けた区分所有建築物については，規約に別段の定めのない限り，区分所有者および議決権の各過半数による集会の決議を経て耐震改修を行うことができる。

3 省エネルギー法

重要度 C

問 91 □□□

建築物の所有者（所有者と管理者が異なる場合にあっては，管理者）は，建築物に係るエネルギーの使用の合理化に資するよう努めるとともに，電気の需要の平準化に資するよう努めなければならない。

4 バリアフリー法

重要度 B

問 92 □□□

特定建築物とは，学校，病院，劇場その他多数の者が利用する政令で定める建築物をいい，共同住宅はこれに含まれない。

重要度 C

問 93 □□□

建築物特定施設には，廊下や階段などが含まれる。

重要度 C

問 94 □□□

建築主等は，特定建築物（特別特定建築物を除く。）の建築をしようとするときは，当該特定建築物を建築物移動等円滑化基準に適合させるために必要な措置を講ずるよう努めなければならない。

[H26]

○

所管行政庁から耐震改修が必要である旨の**認定を受けた区分所有建築物**については，耐震改修が共用部分の形状または効用の著しい変更を伴う工事に該当する場合でも，区分所有者および議決権の各過半数による**集会の決議**を経て行うことができる（25条３項，区分所有法17条１項）。

[H27]

○

建築物の所有者（**所有者**と**管理者**が異なる場合にあっては，**管理者**）は，建築物に係る**エネルギーの使用の合理化に資する**よう努めるとともに，電気の需要の平準化に資するよう努めなければならない（省エネルギー法72条２号）。

[H28]

×

「**特定建築物**」とは，学校・病院・劇場・観覧場・集会場・事務所・共同住宅・老人ホーム等多数の者が利用する政令で定める建築物またはその部分をいう（バリアフリー法２条16号）。つまり，共同住宅**も特定建築物に含まれる**。

[R2]

○

「**建築物特定施設**」とは，**出入口**・廊下・階段・**エレベーター**・便所・敷地内の通路・駐車場その他の建築物またはその敷地に設けられる施設で政令で定めるものをいう（２条18号）。

[H30]

○

建築主等（建築物の建築をしようとする者・建築物の**所有者**・**管理者**・**占有者**）は，特別特定建築物を除く**特定建築物**の**建築**（用途変更をして特定建築物にすることを含む）をしようとするときは，当該**特定建築物**を**建築物移動等円滑化基準**に**適合**させるために必要な措置を講ずるよう努めなければならない（努力義務，16条１項）。

重要度 B

特別特定建築物および特定建築物のすべてにおいて，建築物移動等円滑化基準への適合が義務付けられている。

重要度 B

高齢者，障害者等の円滑な利用を確保するための基準を満たす特定建築物の建築主は，所管行政庁の認定を受けることにより，建築物の容積率の特例の適用を受けることができる。

重要度 B

問 97

移動等円滑化経路を構成するエレベーターおよびその乗降ロビーにおいて，かごおよび昇降路の出入口の幅は80cm以上，かごの奥行きは135cm以上，乗降ロビーの幅および奥行きは150cm以上としなければならない。

5 警備業法・自動車保管法等

重要度 C

「警備業法」によれば，破産手続開始の決定を受けて復権を得ない者は，警備業を営んではならない。

重要度 B

「警備業法」によれば，警備業者は，20歳未満の者を警備業務に従事させてはならない。

重要度 A

「自動車の保管場所の確保等に関する法律（自動車保管法）」によれば，何人も自動車が夜間（日没時から日出時までの時間をいう）に道路上の同一の場所に引き続き8時間以上駐車することとなる行為をしてはならない。

[H15]

×

特別特定建築物について，2,000㎡**以上**の建築等をする者は，バリアフリー対応にかかる**建築物移動等円滑化基準への適合**が**義務付けられている**（14条，施行令９条，23条）。しかし，**特定建築物**にはこのような**義務付けはない**（問 92 参照）。なお，**共同住宅**は**特定建築物**であり，**特別特定建築物**には**該当しない**。

[H21]

○

建築主等は，特定建築物の建築，修繕または模様替をしようとするときは，特定建築物の建築等および維持保全の計画を作成し，所管行政庁の認定**を申請できる**（バリアフリー法17条１項）。そして，この認定を受けることにより，**建築物の**容積率**の特例**の適用を受けることができる（19条）。

[H20]

○

かごおよび昇降路の出入口の幅は80**㎝以上**，かごの奥行きは135**㎝以上**，乗降ロビーの幅および奥行きは150**㎝以上**としなければならない（施行令18条２項５号ロ～ニ）。

[H25]

○

破産手続開始の決定を受けて復権を得ない者は，**警備業**を営んではならない（警備業法３条１号）。

[H20]

×

18**歳未満**の者または一定の者は，**警備員**となってはならない（14条１項）。警備業者は，これらの者を警備業務に従事させてはならない（同２項）。

[H20]

○

何人も自動車が**夜間**（日没時から日出時までの時間をいう）に道路上の同一の場所に引き続き8**時間以上**駐車することとなる行為をしてはならない（自動車保管法11条２項）。

重要度 S★★★

問 101 □□□

「自動車保管法」によれば，自動車の保有者が確保しなければならない当該自動車の保管場所は，自動車の使用の本拠の位置との間の距離が，１㎞を超えないものでなければならない。

重要度 C

問 102 □□□

「郵便法」によれば，郵便受箱を設置すべき高層建築物に設置する郵便受箱の郵便物の差入口の大きさは，縦２センチメートル以上，横16センチメートル以上のものでなければならない。

重要度 C

「動物の愛護および管理に関する法律」によれば，動物の所有者または占有者は，その所有し，または占有する動物の逸走を防止するために必要な措置を講じなければならず，これに違反した場合は，同法により一定の罰則が科せられる。

重要度 C

「長期優良住宅の普及の促進に関する法律」によれば，長期優良住宅建築等計画の認定の申請に係る共同住宅の１戸の床面積の合計（共用部分の床面積を除く）には，一定の基準がある。

重要度 C

「住宅宿泊事業法」によれば，住宅宿泊事業を営む場合に，住宅に人を宿泊させることができる日数は１年間で90日が上限である。

[H21]

×

自動車の保有者は，道路上の場所以外の場所において，**自動車の保管場所**を確保しなければならない（３条）。自動車の保管場所は，自動車の使用の本拠の位置との間の距離が，２㎞を超えないものでなければならない（施行令１条１号）。

[R2]

○

階数が３以上であり，かつ，その全部または一部を**住宅**，事務所または事業所の用に供する一定の建築物（**高層建築物**）には，その**出入口**または**その付近**に**郵便受箱**（集合ポスト）を設置しなければならない（郵便法43条）。この場合，**郵便受箱**は，郵便物の差入口の大きさが，**縦２cm以上**，**横16cm以上**のものであることが必要である（施行規則11条４号）。

[R3]

×

動物の所有者または**占有者**は，その所有し，または占有する**動物の逸走を防止するために必要な措置**を講ずるよう努めなければならない（動物の愛護および管理に関する法律７条３項）。この規定は**努力義務**であり，違反しても**罰則は科せられない**。

[H29]

○

所管行政庁は，申請された**長期優良住宅建築等計画が所定の基準に適合**すると認めるときは，その**認定**をすることができる（長期優良住宅普及促進法６条１項）。共同住宅においては，原則として，**１戸の床面積の合計**（共用部分の床面積を除く）が**40㎡以上**であることが認定基準とされている（施行規則４条２号）。

> **ココも注意!** 所管行政庁から**長期優良住宅建築等計画の認定**を受けた者は，認定長期優良住宅の建築および維持保全の状況に関する**記録を作成**し，これを**保存**しなければならない（11条）。

[R2]

×

住宅宿泊事業を営む場合に，住宅に人を宿泊させることができる日数は**１年間で180日が上限**である（住宅宿泊事業法２条３項）。

重要度 C

「景観法」によれば，景観計画区域内において，マンション等の建築物の外観を変更することとなる修繕もしくは模様替または色彩の変更を行おうとする者は，あらかじめ，国土交通省令で定めるところにより，行為の種類，場所，設計または施行方法，着手予定日その他国土交通省令で定める事項を景観行政団体の長に届け出なければならない。

重要度 C

「賃貸住宅管理業法」によれば，賃貸住宅管理業を営もうとする者は，二以上の都道府県の区域内に事務所を設置してその事業を営もうとする場合は国土交通大臣の，一の都道府県の区域内にのみ事務所を設置してその事業を営もうとする場合は当該事務所の所在地を管轄する都道府県知事の登録を受けなければならない。

重要度 C

「賃貸住宅管理業法」によれば，賃貸住宅管理業者の登録は，５年ごとにその更新を受けなければ，その期間の経過によって効力を失うが，更新の申請期間内に申請があった場合，登録の有効期間の満了の日までにその申請に対する処分がされないときは，その処分がされるまでの間は，なお効力を有する。

重要度 C

「賃貸住宅管理業法」によれば，賃貸住宅管理業者は，その営業所または事務所ごとに，賃貸住宅管理業に従事する者の数に対し，その割合が５分の１以上となる数の業務管理者を置かなければならない。

［R3］

答 106 ○

景観計画区域内において，建築物の新築，増築，改築もしくは移転，**外観を変更することとなる修繕**もしくは**模様替**または**色彩の変更**をしようとする者は，**あらかじめ**，国土交通省令で定めるところにより，**行為の種類**，**場所**，**設計**または**施行方法**，**着手予定日**その他国土交通省令で定める事項を**景観行政団体の長**に**届け出なければならない**（景観法16条1項1号）。

［R5］

答 107 ×

賃貸住宅管理業を営もうとする者は，**国土交通大臣の登録**を受けなければならない（賃貸住宅管理業法3条1項）。「都道府県知事の登録」を受ける場合はない。

ココも注意! ただし，賃貸住宅管理業に係る戸数が**200戸未満**であるときは，**登録を受ける必要はない。**

［R5］

答 108 ○

登録の有効期間は**5年**である（3条1項）。そして，登録は**5年**ごとにその更新を受けなければ，その期間の経過によって，その効力を失うが，更新の申請があった場合，登録の有効期間の満了日までに処分がされないときは，**従前の登録**は，**登録の有効期間の満了後も処分がされるまでの間**は，なおその**効力を有する**（3条2項・3項）。

［R5］

答 109 ×

賃貸住宅管理業者は，その**営業所または事務所ごと**に，**1人以上**の**業務管理者**を選任しなければならない（12条1項）。

重要度 C

「賃貸住宅管理業法」によれば，特定転貸事業者は，特定賃貸借契約を締結しようとするときは，特定賃貸借契約の相手方となろうとする者（特定転貸事業者である者その他の特定賃貸借契約に係る専門的知識および経験を有すると認められる者として国土交通省令で定めるものを除く。）に対し，業務管理者をして，当該特定賃貸借契約を締結するまでに，特定賃貸借契約の内容およびその履行に関する事項であって国土交通省令で定めるものについて，書面を交付して説明しなければならない。

[R3]

特定転貸事業者（サブリース業者）は，特定賃貸借契約を締結しようとするときは，**特定賃貸借契約の相手方となろうとする者に対し，締結するまでに，特定賃貸借契約の内容およびその履行に関する事項（重要事項）**について，**書面を交付して説明**しなければならない。しかし，この説明は業務管理者が行うものとはされていない（30条１項）。

1回目	2回目	3回目
月　日：　/110	月　日：　/110	月　日：　/110

第15章 設備・構造

1 エレベーター設備

重要度 C

機械室不要の，いわゆる機械室レスエレベーターは，すべてリニアモーターエレベーターである。

重要度 B

昇降機設備の保守契約におけるフルメンテナンス（Full Maintenance）契約とは，昇降機器の部品取替え，機器の修理を状況に合わせて行うことを内容とした契約方式であるが，乗場扉・三方枠の塗装，意匠変更による改造等一定のものは含まれない。

重要度 B

昇降機設備の保守契約におけるＰＯＧ（Parts Oil and Grease）契約とは，消耗部品付契約のことで，定期点検，管理仕様範囲内の消耗品の交換は含まれるが，それ以外の部品の取替え，修理は含まれない契約方式である。

重要度 B

乗用エレベーターのかごの積載荷重の最小値は，単位床面積当たりでは，床面積が小さいものほど大きくしなければならない。

設備では,「エレベーター設備」「給排水設備」「消防用設備」が特に重要。構造では,「鉄筋コンクリート造」「耐震補強」に関する基本事項を押さえておこう。

[H23]

答 1 ×

機械室レスエレベーター（機械室不要）の先駆けとなったエレベーターに，**リニアモーターエレベーター**があるが，ロープ式の機械室レスエレベーターもある。すべてリニアモーターエレベーターとはいえない。

ココも注意! ロープ式機械室レスエレベーターは，積載荷重1,000kg（定員15人）以下の定格速度105m／分以下のエレベーターで実用化されている。

[H13]

答 2 ○

フルメンテナンス契約とは，定期的に技術者を派遣し，常にエレベーターを最良の状態に維持するように，**予防的な保守，機器や装置の点検・調整・修理・部品の取替え等**（**経年劣化した電気・機械部品の取替えや修理を**含む）の整備を行う契約方式である。ただし，乗場扉・三方枠の塗装，意匠変更による改造等一定のものは**含まれない**。

[H13]

答 3 ○

ＰＯＧ契約とは，消耗部品付**契約**のことであり，定期的に技術者を派遣し，**機器や装置の定期点検・調整・管理使用範囲内の**消耗部品**の取替え等**の整備を行う契約方式である。ただし，**それ以外の部品の取替え，修理**は**別途発注**（別途料金が発生）となり，**契約に含まれない**。

[H19]

答 4 ×

乗用エレベーターの**かごの**積載荷重の最小値は，単位床面積当たりでは，**床面積が小さいものほど**小さくしなければならない（129条の５第２項）。

第15章 設備・構造

重要度 S★★★

問 5

乗用エレベーターの最大定員の算定においては，重力加速度を9.8m/sec^{2}として，１人当たりの体重を60kgとして計算しなければならない。

重要度 C

問 6

エレベーターの出入口の床先とかごの床先の水平距離は，６cm以下としなければならない。

重要度 C

戸開走行保護装置とは，駆動装置または制御器に故障が生じ，かごおよび昇降路のすべての出入口の戸が閉じる前にかごが昇降したときなどに，自動的にかごを制止する装置をいう。

重要度 B

地震時等管制運転装置とは，地震等の加速度を検知して，自動的に，かごを昇降路の出入口の戸の位置に停止させ，かつ，かごの出入口の戸および昇降路の出入口の戸を開き，またはかご内の人がこれらの戸を開くことができることとする安全装置をいう。

重要度 C

火災時管制運転装置とは，防災センター等の火災管制スイッチの操作や自動火災報知器からの信号により，エレベーターを一斉に避難階に呼び戻す装置をいう。

[H23]

×

乗用エレベーターの最大定員の算定においては，**重力加速度**を**9.8m/sec^2**（毎秒毎秒）として，**1人当たりの体重**を**65kg**として計算しなければならない（129条の6第5号）。

[H19]

×

エレベーターの**出入口の床先**と**かごの床先**の水平距離は，**4cm以下**としなければならない（129条の7第4号）。

[H28]

○

戸開走行保護装置とは，①駆動装置または制御器に故障が生じ，かごの停止位置が著しく移動した場合，②駆動装置または制御器に故障が生じ，かごおよび昇降路のすべての出入口の戸が閉じる前にかごが昇降した場合に，**自動的にかごを制止させる安全装置**である（129条の10第3項1号）。

[R4]

○

地震時等管制運転装置とは，**地震等の加速度**を検知して，自動的に，**かごを昇降路の出入口の戸の位置に停止**させ，かつ，当該**かごの出入口の戸**および**昇降路の出入口の戸を開き**，またはかご内の人がこれらの**戸を開くことができることとする安全装置**をいう（129条の10第3項2号）。

ココも注意! 新築建物のエレベーターには，設置が義務付けられている。

[H28]

○

火災時管制運転装置とは，防災センター等の火災管制スイッチの操作や自動火災報知器からの信号により，エレベーターを一斉に**避難階に呼び戻す装置**をいう。地震時管制運転と異なり，**避難階**で開扉する安全措置である。

2 消防法・消防用設備等

重要度 B

問 10 □□□

消防法の目的には，地震等の災害による被害の軽減が含まれる。

重要度 B

問 11 □□□

マンションの大規模の修繕もしくは大規模の模様替で建築基準法第６条第１項による確認を必要とする場合には，当該マンションの所在地を管轄する消防長または消防署長による同意が必要である。

重要度 S★★★

問 12 □□□

消防法によれば，一定の防火対象物の管理について権原を有する者は，防火管理者を定め，遅滞なく所轄消防長または消防署長に届け出なければならない。

重要度 S★★★

問 13 □□□

防火管理者により防火上の管理を行わなければならない防火対象物で，延べ面積が500㎡以上のものの防火管理者は，甲種防火管理講習の課程を修了した者その他一定の資格を有する者でなければならない。

[H15]

答 10 ○

消防法は，**火災**を予防し，**警戒**しおよび鎮圧し，国民の生命，身体および財産を**火災**から保護するとともに，**火災**または地震等の災害による被害を軽減するほか，災害等による傷病者の搬送を適切に行い，もって安寧秩序を保持し，社会公共の福祉の増進に資することを目的とする（消防法１条）。

[H15]

答 11 ○

マンションの大規模の修繕，大規模の模様替等で建築基準法６条１項による確認（建築確認）を必要とする場合には，そのマンションの所在地を管轄する消防長または消防署長**による同意**が必要である（７条１項）。

[H20]

答 12 ○

一定の防火対象物の**管理の権原を有する者**（**管理権原者**）は，**防火管理者**を選任したとき，および，解任したときは，遅滞なく，その旨を所轄**消防長**または**消防署長**に**届け出**なければならない（８条２項）。

ココも注意! 管理権原者が選任する防火管理者は，防火管理上必要な業務を適切に遂行することができる管理的または監督的な地位にある者で一定の資格を有した者でなければならない（８条１項，施行令３条１項）。

[H24]

答 13 ○

防火管理者により防火上の管理を行わなければならない防火対象物で，延べ面積が500㎡**以上**のものの**防火管理者**は，甲種**防火管理講習の課程を修了した者**その他一定の資格を有する者でなければならない（施行令３条１項）。

重要度 S★★★

問 14

□□□

共同住宅で居住者の数が50人以上の場合，管理についての権原を有する者は防火管理者を定め，消防計画を作成させ，当該計画に基づく消火・避難訓練の実施，消防設備・施設の点検整備などのほか，防火管理上必要な業務を行わせなければならない。

重要度 B

問 15

□□□

消防法第８条第１項の管理について権原を有する者は，管理的または監督的な地位にある者のいずれもが遠隔の地に勤務していることその他の事由により防火管理上必要な業務を適切に遂行することができない場合であっても，防火管理業務を外部へ委託することはできない。

重要度 B

問 16

□□□

高さ20mを超える建築物では，統括防火管理者を選任する必要がある。

[H28]

○

非特定防火対象物（共同住宅も該当する）においては，収容人員が50**人以上**の場合，**防火管理者**を設置する必要があるが（消防法８条１項，施行令１条の２第３項，別表第１），その業務は次のとおりである（消防法８条１項）。

> ① 消防計画**の作成**　② **消防計画に基づく消火・通報・避難**の訓練**の実施**　③ **消防の用に供する設備・消防用水・消火活動上必要な施設**の点検と整備　④ **火気の使用・取扱いに関する**監督　⑤ 避難または防火上必要な構造・設備の維持管理　⑥ 収容人員の管理　⑦ その他防火管理上必要な業務

[R3]

×

共同住宅等の防火対象物で，**管理的または監督的な地位にある者**のいずれもが**遠隔の地に勤務している**ことその他の事由により防火管理上必要な業務を適切に遂行することができないと消防長または消防署長が認める場合は，第三者**に防火管理者の業務を委託**することができる（施行令３条２項）。

[R2]

×

高さ31 m**を超える建築物**で，その管理について権原が分かれているもののうち消防長もしくは消防署長が指定するものの管理について権原を有する者は，**統括防火管理者**を協議して定めなければならない（消防法８条の２第１項）。

重要度 C

問 17

□□□

住宅用防災警報器および住宅用防災報知設備の感知器は，天井にあっては壁またははりから0.6m以上離れた屋内に面する部分，壁にあっては天井から下方0.15m以上0.5m以内の位置にある屋内に面する部分で，かつ，換気口等の空気吹出し口から1.0m以上離れた位置に設置しなければならない。

重要度 A

□□□

共同住宅用スプリンクラー設備を設置した場合には，住宅用防災機器を設置しないことも可能である。

重要度 A

□□□

消火活動上必要な施設には，排煙設備，連結散水設備，連結送水管，非常コンセント設備および無線通信補助設備がある。

重要度 C

□□□

停電時の非常電源として自家発電設備を用いる屋内消火栓設備は，有効に30分間以上作動できるものでなければならない。

重要度 C

□□□

停電時の非常電源として蓄電池を用いる自動火災報知設備は，有効に10分間以上作動できるものでなければならない。

[H25]

×

住宅用防災警報器または住宅用防災報知設備（住宅用防災機器）の感知器は，天井または壁の屋内に面する部分に，火災の発生を未然にまたは早期に，かつ，有効に感知することができるように設置する必要がある（施行令5条の7第1項2号）。その位置は，①天井では，壁・はりから0.6m以上離れた屋内に面する部分，②壁では，天井から下方0.15m以上0.5m以内の位置にある屋内に面する部分，③ ①②とも，換気口等の空気吹出し口から1.5m以上離れた位置，である。

ココも注意! 住宅の関係者は，住宅用防災機器を設置し，維持しなければならない（消防法9条の2第1項）。

[R2]

○

共同住宅用スプリンクラー設備（総務省令で定める閉鎖型スプリンクラーヘッドを備えているものに限る）を設置した場合は，住宅用防災機器（住宅用防災警報器または住宅用防災報知設備）を設置しないことができる（5条の7第1項3号）。

[H14]

○

「消火活動上必要な施設」は，排煙設備，連結散水設備，連結送水管，非常コンセント設備および無線通信補助設備である（7条6項）。

[H26]

○

停電時の非常電源（建築基準法上の予備電源）として自家発電設備（ガソリンエンジン，ディーゼルエンジン等により，自家用の電気を発電する設備）を用いる屋内消火栓設備は，有効に30分間以上作動できるものでなければならない。

[H26]

○

停電時の非常電源として蓄電池（鉛蓄電池，アルカリ蓄電池等）を用いる自動火災報知設備は，有効に10分間以上作動できるものでなければならない。

重要度 C

問 22

□□□

共同住宅に設置する共同住宅用スプリンクラー設備のスプリンクラーヘッドは，自治省令に規定する小区画型ヘッドのうち，感度種別が一種であるものに限る。

重要度 A

□□□

消火器および避難器具についての技術上の基準を定めた政令等の規定が施行または適用される際，現に存する消火器および避難器具が当該規定に適合しないときは，当該規定は適用されず，従前の規定が適用される。

重要度 B

□□□

屋内消火栓設備は，消防法第17条の2の5の規定により，技術上の基準について遡及適用を受ける。

重要度 A

□□□

消防法によれば，一定の防火対象物の関係者は，当該防火対象物における消防用設備について，総務省令で定めるところにより，定期に消防設備士等の有資格者に点検させ，その結果を消防長または消防署長に報告しなければならない。

[H19]

答22 ○

共同住宅用スプリンクラー設備のスプリンクラーヘッドは，閉鎖型スプリンクラーヘッドの技術上の規格を定める自治省（現在の総務省）令に規定する小区画型**ヘッド**のうち，**感度種別が**一種であるものに限る（平成18年消防庁告示第17号）。

> ⚠ココも注意! さらに**共同住宅用スプリンクラー設備**は，次の性能を有している必要がある（同告示）。
> ①**4個のスプリンクラーヘッドを同時に使用した場合の放水量** ➡ 各先端において50ℓ／**分以上**
> ②**水源の水量** ➡ 4㎥**以上**

[H15]

答23 ×

消防用設備等の技術上の基準を定めた政令等の新しい規定が施行または適用される場合，**消防用設備等**（**消火器**，**避難器具**その他政令で定めるものを除く）がその規定に適合しない場合，消防用設備等については，**新しい規定は適用**されないことになり，**従前の規定が適用**される（消防法17条の２の５第１項）。しかし，**消火器**・**避難器具**は**除かれている**ので，新規定に合わせることになり，**従前の規定**は**適用**されない。

[H18]

答24 ×

屋内消火栓設備は，**遡及適用を**受けない（消防法17条の２の５第１項，施行令34条）。つまり，**従前の規定が適用**される。

> ⚠ココも注意! **遡及適用を受ける消防用設備等**は，次のものである。
> ①消火器・避難器具，②簡易消火用具，③自動火災報知設備（共同住宅に設けるものは対象外），④漏電火災警報器，⑤非常警報器具・非常警報設備，⑥誘導灯・誘導標識

[H24]

答25 ○

一定の防火対象物の関係者は，防火対象物における消防用設備について，定期に消防設備士**等の有資格者に点検**させ，その結果を**消防長または消防署長に報告**しなければならない（消防法17条の３の３，施行令36条２項，消防法施行規則31条の６第３項１号・２号）。

重要度 S★★★

消防法で定める消防用設備等の点検の結果報告は，マンションにおいては5年に1回行うものとされている。

重要度 C

「特定共同住宅等における必要とされる防火安全性能を有する消防の用に供する設備等に関する省令」によれば，特定共同住宅等は，二方向避難型，開放型，二方向避難・開放型，その他の4つの構造類型に分けられる。

3 水道法・給水設備

重要度 B

専用水道とは，80人を超える者にその居住に必要な水を供給するものまたはその水道施設の一日最大給水量が政令で定める基準を超えるもののいずれかに該当するものをいう。

重要度 S★★★

水道法によれば，簡易専用水道とは，水道事業の用に供する水道および専用水道以外の水道であって，水道事業の用に供する水道から供給を受ける水のみを水源とし，その供給を受けるために設けられる水槽の有効容量の合計が20㎥を超えるものをいう。

重要度 B

問 30

水道事業者は，水道の需要者に対し，厚生労働省令で定めるところにより，水道法の規定による水質検査の結果その他水道事業に関する情報を提供しなければならない。

重要度 B

給水栓における水の遊離残留塩素は，平時で0.1mg／ℓ以上でなければならない。

[H14]

消防法で定める消防用設備等の**点検の結果報告**は，マンションのような共同住宅においては，3**年に1回**行うものとされている（規則3条2項2号）。

[H28]

特定共同住宅等は，①二方向避難**型**，②開放**型**，③**二方向避難・開放型**，④**その他**の**4つの構造類型**に分けられる（特定共同住宅等における必要とされる防火安全性能を有する消防の用に供する設備等に関する省令2条8号～11号）。

[H16]

「専用水道」とは，100**人を超える者**にその居住に必要な水を供給するもの，またはその水道施設の**1日最大給水量が**20㎥**を超えるもの**のいずれかに該当するものをいう（水道法3条6項1号・2号）。

[R3]

「簡易専用水道」とは，水道事業の用に供する水道および専用水道以外の水道であって，水道事業の用に供する水道（**水道局）から供給を受ける水のみを水源**とし，その供給を受けるために設けられる**水槽の有効容量の合計が**「10㎥」**を超えるもの**をいう（3条7項，施行令2条）。

[H16]

水道事業者は，水道の需要者に対し，水道法の規定による水質検査の結果その他水道事業に関する**情報を提供**しなければならない（24条の2）。

[H18]

給水栓における水の**遊離残留塩素**は，平時で0.1mg／ℓ（結合残留塩素の場合0.4mg／ℓ）以上保持するよう，塩素消毒する必要がある（規則17条1項3号）。

重要度 C

問 32

□□□

「水質基準に関する省令」では，水道水の水質基準として，26の検査項目が示されている。

重要度 C

問 33

□□□

「水質基準に関する省令」では，一般細菌の基準値は，「1ミリリットルの検水で形成される集落数が100以下」である。

重要度 A

問 34

□□□

高置水槽方式の給水圧力は，変動が少なく安定している。

重要度 C

□□□

受水槽方式の一つであるポンプ直送方式では，一般に小流量時用の圧力タンクを設けている。

重要度 C

□□□

水道直結直圧方式は，使用水量変動などによる水圧条件が最も低下する時期にでも給水可能なように計画する。

重要度 B

□□□

直結増圧方式は，受水槽・高置水槽が不要なため，スペースの有効利用や水道本管の圧力の利用によるエネルギー低減などのメリットも多いが，断水すると水の供給が得られなくなる。

重要度 B

□□□

飲料水用の給水タンクを建築物の内部，屋上または最下階の床下に設ける場合は，内部が常時加圧される構造のものおよび有効容量が2㎥未満のものを除き，ほこりその他衛生上有害なものが入らない構造の通気のための装置を有効に設けなければならない。

[H28]

×

「水質基準に関する省令」では，水道水の水質基準として，**51の検査項目**が示されている（水道法34条の２第１項，施行規則55条３号，水質基準に関する省令）。

[H28]

○

「水質基準に関する省令」では，一般細菌の基準値は，「**1ミリリットルの検水**で形成される**集落数が100以下**」である。

[H22]

○

高置水槽方式の給水圧力は，各階では変動が少なく安定している。ただし，最上**階**は**圧力不足**，最下**階**では**過大水圧**になりやすい。

[H22]

○

受水槽方式の１つであるポンプ直送**方式**では，ポンプの焼損を防止するために一般に小流量時**用の圧力タンク**を設けている。

[R5]

○

水道直結直圧方式は，使用水量の変動や夏季の水圧低下等により水道本管の給水圧力が変動するので，**水圧条件が**最も低下**する時期**にでも**給水可能**なように計画する。

[H22]

○

直結増圧**方式**は，受水槽・高置水槽が不要なため，**スペースの有効利用**や**水道本管の圧力の利用**によるエネルギー低減などのメリットも多い。しかし，断水すると水の供給が得られなくなる。

ココも注意! **直結増圧方式**は，建物内の水が水道管に逆流しないように，**逆流防止装置**の設置が必要である。

[H14]

○

圧力タンク等を除き，ほこりその他衛生上有害なものが入らない構造の通気のための装置を有効に設けることが定められている。ただし，有効容量が**2㎥未満**の給水タンク等については，この限りでない。

第15章　設備・構造

重要度 S★★★

飲料水の給水タンク等の天井が蓋を兼ねていない場合に当該給水タンク等に設けるマンホールは，外部から内部の保守点検を容易かつ安全に行うことができる小規模な給水タンク等を除き，直径60㎝以上の円が内接できるものとする。

重要度 B

マンションの給水タンクは，清掃・保守・点検時にも断水が生じないように，中間仕切り方式としたことは適切である。

重要度 B

受水槽の吐水口空間は，給水管の流入口端とオーバーフロー管の上端の垂直距離である。

重要度 S★★★

受水槽の容量は，断水などを考慮して，一般に１日予想給水量の２倍程度が望ましい。

重要度 B

飲料水の給水タンクの局部震度法による設計用標準震度は，同じ耐震クラスでは，地階よりも屋上の方が大きい。

重要度 B

飲料用水槽の耐震および地震対策において，受水槽の出口側給水口端に緊急遮断弁を設けることはできるが，直接水を採取できる弁（水栓）を設けることは適切でない。

重要度 B

飲料用水槽の水槽底部には１／100程度の勾配を設け，最低部に設けたピットまたは溝に水抜管を設置する。

[H30]

答 39 ○

飲料水の給水タンク等の天井が蓋を兼ねていない場合に当該給水タンク等に設ける**マンホール**は，外部から内部の保守点検を容易かつ安全に行うことができる小規模な給水タンク等を除き，**直径60㎝以上の円が内接できるもの**とする。

[H17]

答 40 ○

給水タンクにおいて，清掃・保守・点検時にも断水が生じないように，**中間仕切り方式**としたことは適切である。

[H18]

答 41 ×

受水槽の**吐水口空間**は，**給水管の**流入口端と**オーバーフロー管の**下端の垂直距離である。

[H18]

答 42 ×

受水槽の容量は，断水などを考慮して，一般に１日予想給水量の１／２程度が望ましい。

比較しよう！ 高置水槽の容量は，１日の使用水量の１／10程度とされている。

[H30]

答 43 ○

飲料水の給水タンクの**局部震度法による設計用標準震度**は，耐震クラスを「Ｓ・Ａ・Ｂ」に分けて定められている。同じ耐震クラスにおいては，**地階よりも屋上**の方が**設計用標準震度**は大きい。

[H22]

答 44 ×

給水機能を確保するため，**受水槽の**出口**側給水口端**に**緊急遮断弁**（地震感知により作動する弁）を設け，給水を遮断できるものとする。また，受水槽には，**直接水を採取できる**給水弁を設けることが適切である。

[H24]

答 45 ○

水槽底部には，１／100**程度の勾配**を設け，最低部に設けたピットまたは溝に**水抜管**を設置する必要がある。

第15章 設備・構造

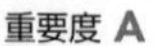
重要度 A

問 46　□□□

建築物の内部に設けられる飲料用水槽については，有効水量2㎥以下の取り外しができるものを除き，天井，底または周壁の保守点検ができるよう，床，壁および天井面から45㎝以上離れるように設置する。

重要度 B

問 47　□□□

飲料用水槽のオーバーフロー管の管端開口部には，防虫網を設けない。

重要度 C

問 48　□□□

高置水槽方式の揚水ポンプは，通常２台設置して自動交互運転とする。

重要度 C

問 49　□□□

ポンプ直送方式における回転数制御方式としては，吐出圧力一定制御と推定末端圧力一定制御がある。

重要度 C

問 50　□□□

給水立て主管から各階への分岐管には，分岐点に近接した部分で，かつ，操作を容易にできる部分に止水弁を設けなければならない。

重要度 B

問 51　□□□

耐熱性硬質塩化ビニル管は，耐食性に優れ，接着接合で施工が容易であるが，直射日光，衝撃，凍結には弱い。

重要度 B

問 52　□□□

亜鉛めっき鋼管は，給水管として多用されてきたが，現在では給水用にはほとんど用いられていない。

重要度 B

問 53　□□□

水道用ポリブテン管，水道用架橋ポリエチレン管は，いずれも高温では強度が急激に低下するため，給湯用配管には用いることはできない。

[H24]

×

建築物の内部に設けられる**飲料用水槽**は，**有効水量**2**㎥以下**の取り外しができるものを除き，天井・底・周壁の保守点検ができるよう，十分なスペースを確保する（**天井面から**100**㎝以上**，**床・壁から**60**㎝以上**）必要がある。

[H24]

×

オーバーフロー管の管端開口部には，**防虫網**を設ける必要がある。

[H24]

○

高置水槽方式の**揚水ポンプ**は，**通常**2**台**設置して自動交互運転とする。

[H24]

○

ポンプ直送**方式**における**回転数制御方式**としては，①吐出圧力を感知してポンプの回転数制御を行う方式（**吐出圧力一定制御**）と②使用水量の変化に応じ自動的に回転数を変化させる方式（**推定末端圧力一定制御**）がある。

[H25]

○

給水配管において，給水立て主管から各階（各住戸）へ配水する分岐管には，分岐点に近接した部分で，かつ，操作を容易にできる部分に**止水弁**（バルブ）を設けなければならない。

[H22]

○

「**耐熱性硬質塩化ビニル管**」は，耐食性に優れ，接着接合で施工が容易である。しかし，**直射日光・衝撃・凍結**には弱い。

[H22]

○

「**亜鉛めっき鋼管**」は，給水管として多用されてきた。しかし，錆びやすい欠点があり，赤水**問題が多く発生**したため，現在では，給水用にはほとんど用いられていない。

[H22]

×

樹脂管である「**水道用ポリブテン管**」「**水道用架橋ポリエチレン管**」は，施工が容易であり，耐熱・**耐寒**・**耐食性**に優れていて，いずれも**給水**・給湯**配管**に多く使用されている。

重要度 A

問 54

□□□

給水管でのウォーターハンマーを防止するために，管内流速が過大とならないように流速は毎秒1.5～2.0m以下が標準とされている。

4 排水設備・浄化槽法

重要度 B

□□□

マンション敷地内の排水方法には，汚水と雑排水を同一の系統で排水する合流式と，汚水と雑排水を別々の系統で排水する分流式がある。

重要度 B

□□□

下水道では，汚水を流す管と，雑排水および雨水を流す管をそれぞれ別に設けたものを分流式という。

重要度 A

□□□

排水横管の必要最小勾配は，管径が太くなるほど小さくなる。

重要度 S★★★

問 58

□□□

排水立て管の管径は，どの階においても最下部の管径と同一とする。

重要度 A

□□□

排水管の管径は，トラップの口径以上で，かつ30㎜以上とし，地中または地階の床下に埋設される排水管の管径は，50㎜以上とする。

重要度 A

□□□

マンションの給水タンクオーバーフロー管および水抜管は，間接排水としたことは適切である。

[R3]

ウォーターハンマーを防止するために，管内流速が過大とならないように，給水管内の流速は，1.5～2.0m/毎秒に抑えることが標準とされる。

[H13]

マンション敷地内では，汚水および雑排水を流す管を同一とする合流式と，汚水および雑排水を別々の管で流す分流式がある。いずれの場合も雨水を流す管は別に設ける。

[H16]

公共下水道では，汚水および雑排水を流す管と，雨水を流す管をそれぞれ別に設けたものを分流式という。

比較しよう！ これに対し，公共下水道における合流式とは，汚水，雑排水および雨水を流す管を合流させたものをいう。

[H15]

排水横管の必要最小勾配は，管径が太くなるほど小さくなる。

[R3]

排水立て管の管径は，最下部の最も大きな排水負荷を負担する部分の管径と同一にする必要がある。

[H20]

排水管の管径は，トラップの口径以上で，かつ30㎜以上とする。また，地中または地階の床下に埋設される排水管の管径は，50㎜以上が望ましい。

[H17]

間接排水とは，管の一部に開放部分を設け，下水が逆流してきたときに，開放部分より先に逆流しないようにした構造をいう。オーバーフロー管および水抜管を，間接排水とすることは適切である。

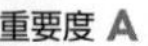

重要度 A

問 61 □□□

排水口空間とは，間接排水管の管端と，一般の排水系統に直結している水受け容器または排水器具のあふれ縁との間の垂直距離をいう。

重要度 A

問 62 □□□

排水管は，立て管・横管のいずれの場合でも，排水の流下方向の管径を縮小してはならない。

重要度 S★★★

問 63 □□□

衛生器具の排水トラップは，二重トラップとならないように設ける。

重要度 C

問 64 □□□

破封とは，排水立て管の通気性能不足に起因する吸い出し・はね出し現象や自己サイフォン・毛管現象（毛細管現象）・蒸発などにより封水が破れる現象をいう。

重要度 S★★★

問 65 □□□

排水トラップの深さ（排水管内の臭気・衛生害虫等の移動を防止するための有効な深さをいう。）は，５㎝以上10㎝以下（阻集器を兼ねる排水トラップにあっては５㎝以上）としなければならない。

重要度 S★★★

問 66 □□□

特殊継手排水システムは，超高層共同住宅に対応するために，伸頂通気管と通気立て管を併設し，許容排水流量を大きくした排水通気方式である。

[H25]

答 61

○

「**排水口空間**」とは，**間接排水する機器の排水管**（オーバーフロー管や水抜き管等）**の**管端と，一般の排水系統に直結している**水受け容器または間接排水を受ける器具の**あふれ縁**との間の垂直距離**（**鉛直距離**）をいう。排水口空間は，間接排水する配管によって異なる。

[H20]

答 62

○

排水管は，立て管・横管のいずれの場合でも，排水の**流下方向の管径を**縮小**してはならない。**

[R3]

答 63

○

衛生器具の**排水トラップ**は，二重トラップ**となならない**ように設ける必要がある。

ココも注意! 排水トラップとは，衛生器具または排水系統中の装置として，その内部に封水部を有し，排水の流れに支障を与えることなく排水管中の空気が室内に侵入してくることを阻止できるものをいう。

[H27]

答 64

○

「**破封**」とは，排水立て管の通気性能不足に起因する**吸い出し・はね出し現象**や**自己サイフォン・毛管現象**（毛細管現象）・**蒸発**などにより封水**がなくなる**（破れる）現象をいう。

[H21]

答 65

○

排水トラップの深さ（排水管内の臭気・衛生害虫等の移動を防止するために有効な深さ）は，**5cm以上**10**cm以下**（阻集器を兼ねる排水トラップの場合は**5cm以上**）としなければならない。

[R3]

答 66

×

特殊継手排水システムは，超高層共同住宅に対応するために，通気立て管**を併用せずに**，伸頂通気管**で通気を行い**，特殊な継手を用いることで，**許容排水流量を大きくした排水通気方式**をいう。

ココも注意! 「**伸頂通気管**」とは，排水立て管の上の部分（頂部）を延長し，これを通気管として使用する部分をいう。

重要度 A

問 67 □□□

直接外気に開放された通気立て管は，配管内の空気が屋内に漏れることを防止する装置が排水管に設けられている場合でも必要である。

重要度 A

問 68 □□□

伸頂通気管の管径は，排水立て管の管径より大きくしてはならない。

重要度 S★★★

問 69 □□□

雨水排水立て管は，汚水排水管もしくは通気管と兼用し，またはこれらの管に連結してはならない。

重要度 B

問 70 □□□

壁面に吹き付ける雨水が下部の屋根面などに合流する場合の管径決定においては，壁面面積の25%を下部の屋根面などの面積に加算した上で降水量を算定する。

重要度 B

問 71 □□□

排水槽（排水を一時的に滞留させるための槽をいう）の底の勾配は，吸い込みピットに向かって１／15以上１／10以下とする等内部の保守点検を容易かつ安全に行うことができる構造としなければならない。

重要度 C

問 72 □□□

排水ポンプは運転用と予備用の２台を設置し，予備用のポンプについては常時休止させておき，非常時以外は使用しない。

重要度 C

問 73 □□□

ディスポーザ排水処理システムは，ディスポーザ，排水配管および排水処理槽からなる。

[H16]

×

直接外気に開放された**通気立て管**は，**配管内の空気が屋内に漏れることを防止する装置**が排水管に設けられている場合には，不要である。

[H20]

×

伸頂通気管の管径は，排水立て管の管径より小さくしてはならず，排水立て管の管径以上としなければならない。

[H16]

○

雨水排水立て管は，汚水排水管もしくは通気管と兼用し，またはこれらの管に連結してはならない。

[H23]

×

壁面に吹き付ける雨水が下部の屋根面などに合流する場合の「**管径決定**」では，**壁面面積の**50**%**を下部の屋根面などの面積に加算**した上で降水量を算定**する。

[H14]

○

排水槽の底の勾配は，吸い込みピットに向かって1／15**以上**1／10**以下**とする等，内部の保守点検を容易かつ安全に行うことができる構造とする。

[H28]

×

排水ポンプは，**運転用と予備用の**2**台**を設置し，通常は1**台ずつ交互に自動運転**とする。**予備用**を長期間使用しないでいると，ポンプやモーターのシャフトが錆びつき，いざ使用をするときに運転不可能となるおそれがあるからである。

[H21]

○

ディスポーザ排水処理システムは，①ディスポーザ，②専用の排水配管，③排水中の固形物などを処理する排水処理槽の３つの要素から構成される。

重要度 C

問 74

□□□

敷地雨水管の合流箇所，方向を変える箇所などに用いる雨水排水ますに設けなければならない泥だまりの深さは，100㎜以上でなければならない。

重要度 B

問 75

□□□

雨水排水管を一般排水系統の敷地排水管と接続させる場合においては，排水管や下水道からの臭気の侵入を防ぐため，雨水排水系統にトラップますを設置する。

重要度 C

問 76

□□□

インバートますとは，雨水中に含まれる土砂などを阻集するために，泥だめを設けたますをいう。

重要度 C

問 77

□□□

建築基準法によれば，屎尿浄化槽の漏水検査は，満水して12時間以上漏水しないことを確かめなければならない。

重要度 B

問 78

□□□

浄化槽管理者は，環境省令で定めるところにより，毎年1回（全ばっ気方式の浄化槽にあっては，おおむね6月ごとに1回以上），浄化槽の清掃をしなければならない。

重要度 B

問 79

□□□

浄化槽法の規定によれば，処理対象人員が501人以上の浄化槽の管理者は，原則として環境省令で定める資格を有する技術管理者を置かなければならない。

重要度 A

問 80

□□□

浄化槽法によれば，浄化槽管理者は，環境省令で定めるところにより，2年に1回，浄化槽の保守点検および浄化槽の清掃をしなければならない。

[H23]

×

敷地雨水管の合流箇所・方向を変える箇所などに用いる雨水排水ますに設けなければならない「**泥だまり**」の深さは，150㎜**以上**でなければならない。

[R1]

○

雨水排水管を**一般排水系統の敷地排水管**と接続させる場合，排水管や下水道の臭気が雨水排水管に逆流しないように，雨水排水系統にトラップますを設置しなければならない。

[R2]

×

インバートますとは汚水・雑排水**ます**のことで，汚水・雑排水用の汚物が滞留しないように底面に勾配をつけた**半円筒状のインバート**（**溝**）が設けられている。本問の記述は雨水排水ますに関するものである。

[H29]

×

屎尿浄化槽・合併処理浄化槽は，満水して24**時間以上漏水しない**ことを確かめなければならない（建築基準法施行令33条）。

[H21]

○

浄化槽管理者は，環境省令で定めるところにより，毎年1回（全ばっ気**方式**の浄化槽にあっては，おおむね6**ヵ月**ごとに**1回以上**），浄化槽の清掃をしなければならない（浄化槽法10条1項）。

[H13]

○

処理対象人員が501**人以上**の**浄化槽管理者**は，当該浄化槽の保守点検および清掃に関する技術上の業務を担当させるため，浄化槽管理士の資格を有し，かつ，厚生労働大臣の認定する講習を修了した技術管理者を置かなければならない（10条2項，昭和60年政令第245号，浄化槽法施行規則8条）。

[H14]

×

浄化槽管理者は，**浄化槽の清掃**を**年**1**回以上**行わなければならない（浄化槽法10条1項，規則7条）。また，すべての浄化槽について**毎年**1**回**指定検査機関の行う**定期検査**を受けなければならない（浄化槽法11条，規則9条）。

5　その他の設備

重要度 C

問 81

建築物への電力の供給は，供給電圧により，「低圧」，「高圧」，「特別高圧」の３種類に分けられる。

重要度 B

問 82

高圧受電で借室方式または借棟方式を採用している場合には，受電容量に制限が設けられている。

重要度 B

問 83

マンションの共用部分への電灯と電力（動力）の引込み電力の合計が50kW未満の場合は，原則として低圧受電の一般用電気工作物となる。

重要度 C

問 84

出力55kWの太陽電池発電設備は，一般用電気工作物となる。

重要度 C

問 85

住宅用分電盤内には，サービスブレーカー（アンペアブレーカーとも呼ばれている），漏電遮断器，安全ブレーカーが設置されているが，これらはすべて電力会社の所有物である。

重要度 B

問 86

住宅用分電盤の設置工事は，第１種電気工事士または第２種電気工事士が行わなければならないが，安全ブレーカーの増設や変更は第１種電気工事士または第２種電気工事士でなくても行うことができる。

[R5]

○

建築物への**電力の供給**は，供給電圧により，「**低圧**（受電電圧100Ｖまたは200Ｖ）」，「**高圧**（受電電圧6,000Ｖ）」，「**特別高圧**」の**3種類**に分類される。

[H22]

×

高圧受電で借室方式または借棟方式を採用している場合，**受電容量に制限**は設けられていない。

比較しよう！ 集合住宅用変圧器（パットマウント方式）や借柱方式の場合，受電容量に制限がある。

[H22]

○

マンションの共用部分への電灯と電力（動力）の引込み電力の合計が**50kW未満**の場合，原則として低圧受電の一般用**電気工作物**となる。

[H22]

×

小出力発電設備に該当する設備のうち，出力**50kW未満**の**太陽電池発電設備**は，一般用電気工作物となる。

[H22]

×

サービスブレーカーは，各家庭が電力会社と契約している電流量よりも多く使用した場合に自動的に遮断するもので，電力会社の所有物である。**漏電遮断器**は，屋内配線や電気機器の漏電を感知した場合に自動的に遮断するもので，消費者の所有物である。**安全ブレーカー**は，分電盤から分岐する配線のそれぞれに取り付けられ，許容電流を超えた電流が流れた場合，自動的に遮断するもので，消費者の所有物である。

[H22]

×

電気工事士は，経済産業省令で定める技術基準に適合するように電気工事の作業をしなければならない。住宅用分電盤の設置工事だけでなく，安全ブレーカーの増設・変更も，**第１種電気工事士**または**第２種電気工事士**が作業に当たるようにしなければならない。

重要度 B

問 87 □□□

単相３線式で200ボルトの電気器具を使用する場合においては，３本の電気配線のうち中性線と他の電圧線を利用する。

重要度 A

問 88 □□□

一般住宅への配線方式には，単相２線式と単相３線式があるが，単相３線式の場合には中性線欠相保護機能付きにすべきとされている。

重要度 C

問 89 □□□

一般に使用されるガス栓としては，ヒューズ機能付きのガス栓が用いられる。

重要度 B

問 90 □□□

マイコンメーターは，地震を感知した場合にガスを遮断する機能を有する。

重要度 C

問 91 □□□

都市ガス用のガス漏れ警報器の有効期間は，10年である。

重要度 C

問 92 □□□

密閉燃焼式のガス機器の強制給排気方式（ＦＦ方式）とは，ファンにより屋外より燃焼用空気を取り入れ，自然換気力により排気する方式をいう。

[H25]

答 87 ×

単相3線式において，3本の電線のうち，真中の中性線と上または下の電圧線を利用すれば「**100V**」，中性線「以外」の上と下の電圧線を利用すれば「**200V**」が利用できる。

[H22]

答 88 ○

一般住宅への配線方式には，**単相2線式**（100Vのみ使用可）と**単相3線式**（100Vと200Vが使用可）がある。**単相3線式**の場合には，中性線が欠相となった場合，100V負荷機器へ異常電圧が加わり，機器が損傷するおそれがあるため中性線欠相保護機能付きにすべきとされている。

[H18]

答 89 ○

一般に使用される**ガス栓**としては，異常があると，ガスが自動的に止まるヒューズ**機能付き**のガス栓が用いられる。

[H18]

答 90 ○

マイコンメーターは，ガスメータに内蔵されたマイコンと遮断弁の働きで，ガス漏れなど，ガスの流れに異常があると，ガスを自動的に遮断する。地震を感知した場合にもガスを遮断する機能を有する。

ココも注意！　**マイコンメーター**は，**震度**5**弱以上の地震**を検知すると自動的にガスを遮断し，警報を表示する。

[H18]

答 91 ×

都市ガス用の**ガス漏れ警報器**の有効期間は，5**年**である。

[R5]

答 92 ×

密閉燃焼式のガス機器の**強制給排気方式**（**FF方式**）とは，ファンにより屋外より**燃焼用空気を取り入れ**，「ファン」により**排気をする方法**をいう。「自然換気力により排気」するのではない。

重要度 **B**

問 93

□□□

深夜電力利用温水器などの貯湯式給湯器は，一般に水道用減圧弁を介して給水管に直結されるが，この弁には逆止め機構が内蔵されている。

重要度 **B**

問 94

□□□

ガス瞬間式給湯器には元止め式と先止め式があるが，住戸セントラル方式に用いられるのは元止め式である。

重要度 **B**

問 95

□□□

自動湯温安定式のガス瞬間式給湯器には60℃以上の固定された出湯温が得られる固定湯温式と，出湯温度の設定が可変の可変湯温式がある。

重要度 **B**

問 96

□□□

貯湯式給湯機の場合，水道用減圧弁を介して給湯機に給水すれば，出口側に逃がし弁（機体内の圧力を減圧する安全弁）の設置は不要である。

重要度 **S★★★**

問 97

□□□

ガス瞬間式給湯機の能力表示に用いられる単位の１号は，流量１ℓ／minの水の温度を10℃上昇させる能力をいい，1.5kWに相当する。

重要度 **A**

問 98

□□□

自然冷媒ヒートポンプ給湯機とは，貯湯タンクを設ける必要がなく，冷媒として二酸化炭素を用い水を昇温させた後，湯を直接，必要箇所へ供給できる給湯機である。

[H17]
答 93
○
料金の安い**深夜の電力**を使用して加熱した水を**タンク内に貯めておく**深夜電力利用温水器などの**貯湯式給湯器**は，一般に水道用減圧弁を介して給水管に直結されるが，この弁には湯が給水管に逆流しないように逆止め**機構**が内蔵されている。

[H17]
答 94
×
ガス瞬間式給湯器には，①給湯器本体の入口側水栓の開閉により，メインバーナーが点火・消火する方式である「**元止め式**」と②給湯器の出口側の水栓の開閉により，メインバーナーが点火・消火する方式である「**先止め式**」がある。近年の新築マンションの住戸内セントラル方式の場合は，「先止め式」であるのが一般的である。

[H17]
答 95
○
自動湯温安定式の**ガス瞬間式給湯機器**には，60**℃以上**の固定された出湯温が得られる固定湯温式と，出湯温度の設定が可変の可変湯温式がある。

[H20]
答 96
×
「**逃がし弁**」とは，機体内の圧力が規定以上になった場合に作動して，中の蒸気等を放出し，**減圧して容器の破壊を防止するための**安全弁である。逆流防止のための水道減圧弁とは役割が異なるため，水道減圧弁を設置しても，逃がし弁の設置は必要である。

[H15]
答 97
×
ガス瞬間式給湯機器の能力表示に用いられる単位の1**号**は，流量1 **ℓ／分**の水の温度を25**℃上昇**させる能力をいう。1号＝流量1 ℓ／分×25℃×4.186kJ＝1.74**kW**に相当する。

[R4]
答 98
×
自然冷媒ヒートポンプ給湯機とは，**冷媒にフロン**（オゾン層破壊の原因物質）**等を使用せず**に，自然冷媒である二酸化炭素を用いて水を昇温させ，貯湯タンク**に貯湯して給湯する給湯機**である。

第15章 設備・構造

重要度 B

問 99

□□□

潜熱回収型ガス給湯機とは，従来のガス給湯機の燃焼ガス排気部に給水管を導き，燃焼時に熱交換して昇温してから，これまでと同様に燃焼部へ水を送り再加熱するものである。

重要度 C

□□□

さや管ヘッダ式配管工法とは，住戸の入口近くにヘッダを設置し，床下などに各衛生器具と一対一で対応させたさや管を敷設しておき，後からさや管内に樹脂管を通管して配管する工法である。

重要度 C

□□□

電力を利用した自然冷媒ヒートポンプ給湯機の加熱効率（ＣＯＰ）（加熱量［kWh］／ヒートポンプ入力電力量［kWh］）は年間平均でほぼ１である。

重要度 C

□□□

全熱交換型の換気は，「第２種換気方式」である。

重要度 C

□□□

マンションの換気方式としても採用される「第３種換気方式」とは，自然給気と機械排気を組み合わせた換気方式である。

[H26]

答 99

○

潜熱回収型ガス給湯機とは，従来のガス給湯機では，**そのまま捨てていた高温の排気ガス中に含まれる水蒸気の潜熱**を，燃焼ガス排気部に給水管を導き，**燃焼時に熱交換することで回収**し，一度昇温してから，これまでと同様に**燃焼部へ水を送り再加熱する省エネや環境に配慮した給湯機**である。

ココも注意! **潜熱回収型ガス給湯機**では，酸性**の凝縮水**が発生するので，機器内で**中和処理**し，**排水系統に排出する**必要がある。

[R4]

答 100

○

さや管ヘッダ式配管工法とは，給水配管自体は軟質の**樹脂管**（架橋ポリエチレン管，ポリブデン管）を使用し，住戸の入口近くに**ヘッダを設置**し，床下などに**各衛生器具と一対一で対応させた**さや管**を敷設**しておき，後からさや管**内に樹脂管を通管して配管する工法**である。

[H26]

答 101

×

電力を利用した**自然冷媒ヒートポンプ給湯機**の加熱効率は，年平均でほぼ3である。つまり，投入した電気エネルギーに対して**約3倍**の熱エネルギーを作ることができるということである。

[R3]

答 102

×

全熱交換型の換気とは，排気**時に奪われる空気の熱**を，給気**する空気に移す**ことで，換気による温度変化を押さえることができる方式である。**全熱交換型の換気**は，給気・排気共に機械を用いる「**第1種換気方式**」である。

[R2]

答 103

○

第3種換気方式とは，**給気**は自然給気（自然換気）であり，**排気**は機械排気（機械換気）を行う換気方式である。マンションの換気方式としても台所・浴室・トイレ等で採用される。

ココも注意! 浴室や便所等の換気に用いる「**第3種換気方式**」では，必要換気量を確保するために，換気扇の運転時に給気を確保できるよう**十分な大きさの給気口**を設ける必要がある。

重要度 B

問 104

換気効率の指標の一つである「空気齢」は，その数値が小さいほど，その地点に供給される空気が汚染されている可能性が高い。

重要度 C

駐車場設備の平面自走式は，敷地を平面的に利用する方式であり，1台（普通自動車）当たりの利用面積は，2.0m×5.0mである。

6 建築構造の分類等

重要度 B

鉄骨造（S造）は，構造上主要な骨組部分に，形鋼，鋼板等の鋼材を用いて組み立てた構造である。

重要度 B

高さ20mを超えるような中高層マンションは，現在でも鉄骨鉄筋コンクリート造で建てられており，鉄筋コンクリート造のものはない。

重要度 B

問 108

鉄筋コンクリート造のなかで「壁式構造」は，低層住宅に適した構造といえる。

重要度 B

鉄筋コンクリート構造は一体式構造であり，トラス構造によるものが一般的である。

[R4]

×

換気効率の指標の1つである**空気齢**（室内に入ってきた空気が，室内のある場所に到達するまでにかかる時間）は，その数値が**小さい**ほど，その地点に供給される空気が**汚染されている可能性が**低い。逆に空気齢が**大きい**ほど空気が**汚染されている可能性が**高い。

[H17]

×

平面自走式は，敷地を平面的に利用する方式であり，1台（普通自動車）当たりの利用面積は，2.3m×5.0m程度である。

[H13]

○

鉄骨造は，骨組部分を形鋼，鋼板等の鋼材を用いて組み立てた構造であり，高層**建築**，大スパン**建築**が可能である。

[H23]

×

高さ20**m超**の中高層マンションは，従来は鉄骨鉄筋コンクリート造で造られていたが，高強度のコンクリートの技術開発により，**鉄筋コンクリート造**によるものも増えてきている。

[H13]

○

壁式構造は，鉄筋コンクリートの壁・床**を一体化した構造**であり，壁が多くなるため，開口部や間取りが制限されてしまうことから，壁の多い低層建築物に適する。

[H15]

×

鉄筋コンクリート構造は，引張力**に強い鉄筋**と圧縮力**に強いコンクリート**を組み合わせた一体式構造であるが，ラーメン構造によるものが一般的である。

重要度 A

問 110 □□□

鉄筋コンクリート造（RC造）は，鉄筋とコンクリートの長所を生かすように合理的に組み合わせた構造で，一般的に鉄骨造に比べ耐火性に優れている。

重要度 A

壁式構造とは，鉄筋コンクリート造の壁や床板によって箱状の構造体を構成し，荷重や外力に抵抗する構造形式である。

重要度 A

鉄骨鉄筋コンクリート造（SRC造）は，鉄骨骨組みの周りに鉄筋を配しコンクリートを打ち込んだ構造で，一般的に鉄筋コンクリート造に比べ耐火性には優れているが，耐震性には劣る構造である。

重要度 B

プレキャストコンクリートと現場打ちコンクリートを併用する工法は，現在ではほとんど採用されていない。

重要度 C

地震の規模を表すマグニチュードは，その値が１増えるごとにエネルギーが約10倍になる。

[H13]

鉄筋は熱に弱く，圧縮強度は低いが，引張強度は高い。これに対して，コンクリートは熱に強く，圧縮強度は高いが，引張強度は低い。鉄筋コンクリート造は，鉄筋とコンクリート互いの長所と短所が反対であるため，それぞれの長所を生かし，短所を補っている構造である。

[H23]

壁式構造とは，鉄筋コンクリート造の壁や床板によって箱状の構造体を構成し，荷重や外力に抵抗する構造形式である。

[H13]

鉄骨鉄筋コンクリート造は，鉄筋コンクリート造より，強さや粘りを備えた耐震耐火構造であり，大規模の建物や高層の建築物に適する。

[H23]

プレキャストコンクリートと現場打ちコンクリートを併用する工法を「ハーフプレキャスト」というが，これは，現在多く用いられている。

[H29]

マグニチュードとは，地震自体の大きさ（規模）を表す指標であり，その値が1増えるごとに地震のエネルギーが約32倍になる。

比較しよう! 震度とは，地震による揺れの強さを示す指標である。日本では，震度の階級を10階級（0，1，2，3，4，5弱，5強，6弱，6強，7）で示している。

重要度 S★★★

問 115 □□□

免震構造とは，免震層を配置することにより，地震力に対して建築物がゆっくりと水平移動し，建築物に作用する地震力を低減する構造形式をいう。

重要度 A

問 116 □□□

1階ピロティ部分の開口部に鉄骨のブレースを設置することは，既存マンションの地震対策として適切である。

重要度 B

問 117 □□□

1階がピロティ形式となっている5階建鉄筋コンクリート造マンションの耐震補強方法として，2階から4階の外壁部分に鉄骨製のブレースを取り付けることは適切である。

重要度 A

問 118 □□□

1階ピロティ部分の開口部を軽量ブロックで塞ぐことは，既存マンションの地震対策として適切である。

重要度 S★★★

問 119 □□□

1階ピロティ部分の柱に炭素繊維シートを巻くことは，既存マンションの地震対策として適切である。

重要度 C

問 120 □□□

耐震設計において考慮していなかった非構造の腰壁が，構造耐力上主要な柱と接続している部分に，縁を切るためのスリットを入れることは，耐震改修の方法として適切である。

[H24]

答 115 ○

「**免震構造**」とは，建物の基礎と上部構造の間に，積層ゴムや摩擦係数の小さい滑り支承を設けた免震装置を設置して，地震力に対して建築物がゆっくりと水平移動し，建築物に作用する地震力を低減する構造形式をいう。

比較しよう！ 「**制震構造**」とは，地震のエネルギーをダンパー等の制震装置（部材）を用いて吸収することにより，建物が負担する地震力を低減し，破壊されにくくする構造形式をいう。

[H19]

答 116 ○

「**鉄骨ブレース**」とは，地震などの外力に対し，建物の軸組みを強化するために入れる斜め材（筋かい）のことであり，これにより建築物の構造耐力を向上させることができるので，地震対策として適切である。

[H22]

答 117 ×

耐震補強方法として，**1階がピロティ形式**となっているのであれば，1階部分に**鉄骨製のブレース**を取り付けるのが有効である。上層階の補強はあまり効果がない。

[H19]

答 118 ×

適切でない。「1階ピロティ部分の開口部を**軽量ブロック**で塞ぐ」ことは，地震対策として適切ではない。通常は，耐震壁を**増設**したり，**柱に筋かい**を入れたりして補強する。

[H19]

答 119 ○

柱やはりに鋼板や「**炭素繊維シート**」を**巻く**ことにより，**柱やはりの**じん性（粘り強さ）**を向上**させることができるので，地震対策として適切である。

[H30]

答 120 ○

腰壁や**垂れ壁**が構造耐力上主要な柱と接続している部分に，縁を切るためのスリットを入れることは，腰壁や垂れ壁により柱が短柱化して**せん断破壊しやすくなるのを防ぐ**ことになるため，耐震改修の方法として適切である。

重要度 A

問 121

□□□

鉄筋コンクリート造のマンションでは，構造耐力上主要な部分が地震の振動および衝撃に対して倒壊し，または崩壊する危険性が低いと判断されるのは，Isが0.6以上の場合で，かつ，qが1.0以上の場合である。

重要度 C

問 122

□□□

既存鉄筋コンクリート造建築物の耐震診断基準では，診断内容の違いにより１次診断から３次診断までがある。

7 建築各部の構成

重要度 A

１つの建築物で高さが部分的に異なる場合において，原則として，各部分の高さに応じて異なる構造方法による基礎を併用しなければならない。

重要度 C

柱には，一般に圧縮力，曲げモーメントおよびせん断力が作用する。

重要度 C

梁には大梁と小梁があり，一般に小梁の支える床荷重は，大梁に伝達される。

8 建築材料

重要度 C

マンションの外壁に使用される陶磁器質タイルの種類について，四丁掛タイル，三丁掛タイル，二丁掛タイルの長さ（長辺）は同じであるが，幅が異なり，四丁掛タイルは，二丁掛タイルの２倍の幅である。

[H28]

答 121 ○

構造耐力上主要な部分の地震に対する安全性の評価に用いられる指標には，Isとqがあり，Isは**建築物の各階の**構造耐震指標を，qは**建築物の各階の**保有水平耐力に係る指標をいう（平成18年国土交通省告示第184号）。鉄筋コンクリート造のマンションでは，構造耐力上主要な部分が地震の振動および衝撃に対して倒壊し，または崩壊する**危険性が低い**と判断されるのはIsが0.6**以上**の場合で，かつ，qが1.0**以上**の場合である（別表第６）。

[H20]

答 122 ○

建築物の耐震診断方法として，柱と壁の量によって診断する最も簡便な方法である**１次診断**，コンクリート強度や配筋を考慮する**２次診断**，柱や壁だけでなく，梁の強度や壁の回転耐力等を考慮する最も精度の高い**３次診断**までがある。

[R1]

答 123 ×

１つの建物で異なる構造方法**による基礎**を併用した場合，建物の不同沈下の原因となることがある。したがって，各部分の高さに応じて**異なる構造方法による基礎の併用**は避けるべきである（建築基準法施行令38条参照）。

[H14]

答 124 ○

柱には，通常時には圧縮力，地震等に際しては曲げモーメント（部材を曲げようとする力），せん断力（部材に対して直角に引き裂こうとする力）が作用する。

[H14]

答 125 ○

「**大梁**」とは，柱に直結しており，**小梁**を支える梁をいう。「**小梁**」とは，**大梁**に支えられて床荷重のみを支える梁をいう。したがって，**小梁**の支える床荷重は，**大梁**に伝達される。

[H24]

答 126 ○

四丁**掛**(長さ227㎜×幅120㎜)タイル・三丁**掛**(227㎜×90㎜)タイル・二丁**掛**(227㎜×60㎜)タイルは，それぞれの長さ(長辺）は同一(227㎜)であるが，幅は異なる。したがって，四丁掛タイルは，二丁掛タイルの２倍の幅(120㎜)である。

重要度 C

問 127

共同住宅の外壁の塗材について，薄付け仕上塗材は，最も古い形の吹付け仕上げによる材料で，通称「吹付けタイル」と呼ばれている。

重要度 C

問 128

共同住宅の外壁の塗材について，複層仕上塗材は，合成樹脂，セメントなどの結合材および骨材，充てん材を主原料とし，下塗り，主材塗り，上塗りの３層で構成される仕上塗材で，通称「セメントリシン」と呼ばれている。

重要度 B

問 129

集成材は，挽き板（ラミナ）または小角材などを，繊維方向を長さの方向に平行に組み合わせ，接着剤により集成したものである。

重要度 B

問 130

ファイバーボードは，木材などの植物質繊維を原料として成形した面材の総称である。

重要度 C

問 131

合わせガラスは，２枚のガラスをスペーサーで一定の間隔に保ち，その周囲を封着材で密閉し，内部に乾燥空気を満たしたガラスである。

重要度 C

問 132

強化ガラスは，ガラスを加熱したのち，急冷して，耐風圧強度を高めたガラスである。

[H23]

「**薄付け仕上塗材**」とは，最も古い形の吹付け仕上げによる材料で，通称「樹脂リシン」と呼ばれている。

[H23]

「**複層仕上塗材**」とは，合成樹脂・セメントなどの結合材および骨材，充てん材を主原料とし，下塗り・主材塗り・上塗りの３層で構成される仕上塗材で，通称「吹付タイル」と呼ばれている。

[H17]

「**集成材**」とは，挽き板（ラミナ）または小角材などを，繊維方向を長さの方向に平行に組み合わせ，接着剤により集成したものである。

[H17]

「**ファイバーボード**」とは，木材などの植物質繊維を原料として成形した面材の総称である。

[H26]

「**合わせガラス**」とは，２**枚以上**の板ガラスの間に接着力の強い特殊樹脂フィルム（中間膜）を挟み，高温高圧で接着し，生産されるガラスである。破損しても中間膜で破片が飛散しない性質がある。本問は「複層ガラス（ペアガラス）」に関する記述である。

ココも注意! 「複層ガラス（ペアガラス）」は，断熱効果が高く，冷暖房負荷の軽減効果と結露防止効果がある。

[H26]

「**強化ガラス**」とは，ガラスを加熱したのち，両表面に空気を吹き付け急冷して，ガラス表面付近に強い圧縮応力層を形成し，耐風圧強度を高めたガラスである。

9 コンクリート

重要度 C

まだ固まらない状態にあるコンクリートを，プレーンコンクリートという。

重要度 B

コンクリートから細骨材を除いたものは，モルタルである。

重要度 C

工場で生産され，まだ固まらない状態のまま現場にコンクリートミキサー車などで運搬されるコンクリートを，レディーミクストコンクリートという。

重要度 C

建築工事標準仕様書・同解説（JASS 5）によれば，コンクリートの計画供用期間とは，建築物の計画時または設計時に，建築主または設計者が設定する，建築物の予定供用期間であり，３つの級が設定されている。

重要度 C

主筋の継手の重ね長さは，継手を構造部材における引張力の最も小さい部分以外の部分に設ける場合にあっては，国土交通大臣が定めた構造方法を用いる場合を除き，主筋の径の10倍以上としなければならない。

[H24]

答 133 ×

まだ固まらない状態にあるコンクリートを，「フレッシュコンクリート」という。「**プレーンコンクリート**」とは，鉄筋や混和材料を含まないコンクリートをいう。

> **ココも注意!** 「**コンクリート**」とは，**セメント・水**・細骨**材**（砂）・粗骨**材**（砂利）・（必要に応じて）**混和材料**を構成材料として，これらを練り混ぜたもの，または硬化させたものをいう。

[H24]

答 134 ×

モルタル（セメント＋水＋細骨材）は，コンクリートから「粗骨材」を除いたものである。「細骨材」を除いたものではない。

[H24]

答 135 ○

「**レディーミクストコンクリート**」とは，工場で生産され，まだ固まらない状態のまま現場にコンクリートミキサー車などで運搬されるコンクリートをいう。

[H25]

答 136 ×

コンクリートの**計画供用期間**とは，建築物の計画時または設計時に，建築主または設計者が設定する，建築物の予定供用期間であり，次の**4つの級**が設定されている（JASS 5）。①**短期供用級**（計画供用期間としておよそ30**年**），②**標準供用級**（同65**年**），③**長期供用級**（同100**年**），④**超長期供用級**（同200**年**）。

[H27]

答 137 ×

主筋または耐力壁の鉄筋（主筋等）の**継手の重ね長さ**は，国土交通大臣が定めた構造方法を用いる場合を除き，継手を構造部材における**引張力の最も**小さい**部分**に設ける場合にあっては，主筋等の径（径の異なる主筋等をつなぐときは細い方の径）の25**倍以上**とし，継手を**引張力の最も**小さい**部分以外の部分**に設ける場合にあっては，主筋等の径（径の異なる主筋等をつなぐときは細い方の径）の40**倍以上**としなければならない（建築基準法施行令73条２項）。

重要度 B

問 138

コンクリートの打込み中および打込み後５日間は，コンクリートの凝結および硬化を促進するための特別な措置を講じない限り，コンクリートの温度が２℃を下回らないように養生しなければならない。

重要度 C

問 139

構造耐力上主要な部分である梁は，複筋梁とし，これにあばら筋を梁の丈の３／４（臥梁（がりょう）にあっては30㎝）以下の間隔で配置しなければならない。

重要度 B

問 140

耐力壁の厚さは，12㎝以上としなければならない。

重要度 A

鉄筋コンクリート造において，鉄筋に対するコンクリートのかぶり厚さは，柱またははりにあっては，直接土に接する場合，接しない場合にかかわらず，３㎝以上としなければならない。

重要度 C

鉄骨鉄筋コンクリート造において，国土交通大臣が定めた構造方法を用いる部材および国土交通大臣の認定を受けた部材を用いる場合を除き，鉄骨のかぶり厚さは，鉄筋のかぶり厚さと同様に３㎝以上としなければならない。

[H16]

答 138

○

コンクリートの打込み中および打込み後**5日間**は，コンクリートの温度が**2℃**を下らないようにし，かつ，乾燥，振動等によってコンクリートの凝結および硬化が妨げられないように養生しなければならない（75条）。

[H27]

答 139

○

構造耐力上主要な部分である**梁**は，**複筋梁**とし，これに**あばら筋**を梁の丈の**3／4**（臥梁にあっては，**30㎝**）**以下**の間隔で配置しなければならない（78条）。

[H16]

答 140

○

耐力壁の厚さは，**12㎝以上**の構造としなければならない（78条の2第1項1号）。

[H16]

答 141

×

鉄筋に対するコンクリートの**かぶり厚さ**は，耐力壁・柱・はりにあっては**3㎝以上**，直接土に接する耐力壁・柱・床・はり，布基礎の立ち上がり部分にあっては**4㎝以上**としなければならない（79条1項）。

比較しよう! **【鉄筋のかぶり厚さ】**

建築物の部分	かぶり厚さ
耐力壁以外の壁・床	2㎝以上
耐力壁・柱・はり	3㎝以上
直接土に接する耐力壁・柱・はり，布基礎の立ち上がり部分	4㎝以上
基礎（布基礎の立ち上がり部分を除く）	捨コンクリートの部分を除き 6㎝以上

[H29]

答 142

×

国土交通大臣が定めた構造方法を用いる部材および国土交通大臣の認定を受けた部材を用いる場合を除き，**鉄骨に対するコンクリートのかぶり厚さ**は，**5㎝以上**としなければならない（79条の3）。

重要度 S★★★

問 143 □□□

建設当初にコンクリートが持つ強アルカリ性が徐々に失われ，内部の鉄筋が錆びやすい状況になる現象を，コンクリートの酸性化という。

重要度 S★★★

問 144 □□□

コンクリートの強度は，中性化の進行度に応じて低下する。

重要度 B

問 145 □□□

打ち放しコンクリートの場合，中性化は屋外側よりも屋内側の方が進行しやすい。

重要度 B

問 146 □□□

コンクリートは，塩化物の含有量が多くなるにつれて，その強度は低下する。

重要度 A

問 147 □□□

コンクリートは，乾燥収縮が小さく，ひび割れが生じにくい。

重要度 S★★★

問 148 □□□

コンクリートは，温度上昇に伴う膨張の程度が鋼材とほぼ等しいため，鋼材との相性がよい。

重要度 A

問 149 □□□

コンクリートは，耐火性に優れており，引張強度が大きい。

重要度 A

問 150 □□□

コンクリートは，自由な成形が可能であるが，圧縮強度は小さい。

重要度 B

問 151 □□□

フレッシュコンクリート（生コン）に含まれるセメントペースト中のセメントに対する水の容積比を水セメント比という。

[H24]

×

建設当初にコンクリートが持つ**強**アルカリ**性が徐々に失われ**，**内部の鉄筋が錆びやすい状況になる現象**を，コンクリートの「**中性化**」という。

[H17]

×

鉄筋コンクリートの場合，**中性化**によって内部の鉄筋が錆びやすくなるが，**中性化**によって，コンクリート自体の圧縮強度（**コンクリートの強度**）**が低下**するわけではない。

[H19]

○

打ち放しコンクリートの場合，**中性化**は，空気中の**炭酸ガス**（二酸化炭素）が主な原因となるため，屋外側よりも人間が呼吸するため**炭酸ガス**の濃度が高い屋内側の方が進行しやすい。

[H17]

×

コンクリートは，**塩化物の含有量**の多さだけでは耐久性に問題があるとの判断はできず，強度が低下するとはいえない。

[H22]

×

コンクリートは，**乾燥により収縮**するが，この収縮量が大きいとコンクリート構造物にひび割れが発生する。

[H22]

○

コンクリートの**温度上昇に伴う膨張**の程度（熱膨張率）は，鋼材とほぼ等しい。したがって，鋼材との相性がよい。

[H22]

×

コンクリートは，**耐火性**に優れているが，**引張強度**は小さい。

[H22]

答 150

×

コンクリートは，**自由な成形**が可能であり，**圧縮強度**が大きい。

[H15]

×

フレッシュコンクリート（生コン）に含まれるセメントペースト中の**セメント**に対する**水**の重量比を**水セメント比**という。

重要度 B

セメントと水との反応は発熱反応であり，この反応熱を水和熱という。

重要度 B

一般に普通コンクリートより比重の小さいものを総称して軽量コンクリートといい，断熱効果が大きく，間仕切り壁などに用いられる。

[H15]

セメントと水とを混練すると**化学反応**である水和反応が生じる。この際に生じる**反応熱**を水和熱という。

○

[H14]

「**軽量コンクリート**」とは，**コンクリートの比重**が2.0**以下の**ものをいう。**軽量コンクリートは**，**断熱効果などに優れる一**方，**中性化速度が**速い，**凍結に**弱い等の欠点もある。

○

第15章　設備・構造

1回目	2回目	3回目
月　日：　/153	月　日：　/153	月　日：　/153

第16章 維持・保全

1 大規模修繕・長期修繕計画

重要度 B

問 1

□□□

工事監理とは，設計者自らが設計内容と工事内容が適合しているか否かを確認する行為をいい，他の者がこれを行うことはできない。

重要度 B

問 2

□□□

実費精算方式とは，工事完了後に予定額と実際に要した額の差額を精算する方式である。

重要度 B

問 3

□□□

マンションの長期修繕計画においては，修繕周期の近い工事項目は，経済性等を考慮し，なるべくまとめて実施するように計画する。

重要度 B

問 4

□□□

マンションの長期修繕計画においては，各部分の修繕工事費用は，新築時の工事費用を採用する。

2 長期修繕計画作成ガイドライン等

重要度 C

問 5

□□□

「長期修繕計画作成ガイドライン」によれば，推定修繕工事とは，長期修繕計画において，計画期間内に見込まれる修繕工事（補修工事（経常的に行う補修工事を除く）を含む）および改修工事をいう。

CHECK POINT

「劣化症状」「診断・改修方法」「長期修繕計画作成ガイドライン」が特に重要である。難問も出題されるが，過去問の範囲とその周辺の知識を確実に押さえておこう。

[H17]

「**工事監理**」とは，施工図の検討・承諾等を通じ，設計意図を施工者に的確に伝達し，設計どおりに工事が行われているかどうかを監理して，品質を確保する業務である。これは，一般的に設計者が行うが，他の者がこれを行うことができないということではない。

[H17]

「**実費精算方式**」とは，設計時点で，調査や経験に基づいて仮定した数量で業者見積りを行い，その数量に基づく予定額で契約し，工事完了後，実際にかかった額の差額を精算する方式である。

[H23]

修繕周期は，経済性等を考慮し，推定修繕工事の集約等を検討して設定する。したがって，修繕周期の近い工事項目は，なるべくまとめて実施するように計画する。

[H23]

長期修繕計画において，**推定修繕工事費**は，推定修繕工事項目の詳細な項目ごとに，算出した数量に設定した単価を乗じて**算定**する。「新築時の工事費用」を採用するのではない。

[R3]

「**推定修繕工事**とは，長期修繕計画において，**計画期間内に見込まれる修繕工事**（**補修工事**（**経常的に行う補修工事**を除く）を**含む**）および改修工事をいう」とされている（1章4第13号）。

重要度 A

問 6

「長期修繕計画作成ガイドライン」によれば，長期修繕計画の対象の範囲について，単棟型のマンションの場合は，専有部分を全て対象としない。

重要度 C

問 7

「長期修繕計画作成ガイドライン」によれば，大規模修繕工事とは，建物の全体又は複数の主要構造部について，計画修繕工事とは別に実施される，大規模な修繕工事および改修工事をいう。

重要度 A

問 8

「長期修繕計画作成ガイドライン」によれば，推定修繕工事は，建物および設備の性能・機能を工事時点における新築物件と同等の水準に維持，回復する修繕工事を基本とする。

重要度 C

問 9

「長期修繕計画作成ガイドライン」によれば，長期修繕計画は，将来実施する計画修繕工事の内容，時期，費用等を確定するものである。

[R3]

×

単棟型のマンションの場合，管理規約に定めた組合管理部分である**敷地**，**建物の共用部分**および**附属施設**（**共用部分の修繕工事または改修工事に伴って修繕工事が必要となる専有部分を含む**）を対象とする（２章１節２一）。したがって，「**共用部分の修繕工事または改修工事に伴って修繕工事が必要となる専有部分**」は，**対象範囲に含まれる**。

[R1]

×

「**大規模修繕工事**とは，**建物の全体または複数の部位**について行う**大規模な計画修繕工事**をいう」とされている（１章４第15）。部位は「主要構造部」には限定されていない。また，「計画修繕工事とは別に実施される」ものでもない。

[H26]

○

長期修繕計画の作成に当たっては，「**推定修繕工事**は，建物および設備の性能・機能を工事時点における**新築物件と同等の水準に維持，回復する修繕工事を基本**とする」ことを**前提条件の１つ**としている（２章１節２二①）。

ココも注意! **長期修繕計画の作成の前提条件**として，さらに**次の３つ**が挙げられている。

①区分所有者の要望など必要に応じて，**建物・設備の性能を向上させる改修工事を設定**する。

②計画期間において，**法定点検等の点検・経常的な補修工事を適切に実施**する。

③計画修繕工事の実施の要否，内容等は，**事前に調査・診断を行い，その結果に基づいて判断**する。

[R5]

×

長期修繕計画は，将来実施する**計画修繕工事の内容，時期，費用等を確定するものではない**（２章１節２三）。

重要度 C

問 10 □□□

「長期修繕計画作成ガイドライン」によれば，修繕積立金は，不測の事故や自然災害（台風，大雨，大雪等）による被害の復旧など，特別な事由による修繕工事に要する経費に充当する場合に取り崩すことができる。

重要度 C

問 11 □□□

「長期修繕計画作成ガイドライン」によれば，管理組合は，分譲会社から交付された設計図書，数量計算書等のほか，計画修繕工事の設計図書，点検報告書等の修繕等の履歴情報を整理し，区分所有者等の求めがあれば閲覧できる状態で保管することが必要である。

重要度 C

問 12 □□□

「長期修繕計画作成ガイドライン」によれば，管理組合は，長期修繕計画の作成および修繕積立金の額の設定に当たって，総会の開催に先立ち説明会等を開催し，その内容を区分所有者に説明するとともに，長期修繕計画について総会で決議することが必要である。

重要度 C

問 13 □□□

「長期修繕計画作成ガイドライン」によれば，長期修繕計画の構成は，マンションの建物・設備の概要等，調査・診断の概要，長期修繕計画の内容，修繕積立金の額の設定の４項目を基本とする。

重要度 C

問 14 □□□

「長期修繕計画作成ガイドライン」によれば，長期修繕計画においては，会計状況，設計図書等の保管状況等の概要について示す必要がある。

[R5]

○

修繕積立金の使途は，標準管理規約28条に定められた経費に充当する場合に限る（２章１節３二④，表）。そして標準管理規約28条において，「不測の事故その他特別の事由により必要となる修繕」が定められている。したがって，不測の事故や自然災害（台風，大雨，大雪等）による被害の復旧など，特別な事由による修繕工事に要する経費に充当する場合に修繕積立金を取り崩すことができる。

[R4]

○

管理組合は，分譲会社から交付された設計図書，数量計算書等のほか，計画修繕工事の設計図書，点検報告書等の修繕等の履歴情報を整理し，区分所有者等の求めがあれば閲覧できる状態で保管することが必要である（２章１節３三）。

[R4]

○

管理組合は，長期修繕計画の作成および修繕積立金の額の設定に当たって，総会の開催に先立ち説明会等を開催し，その内容を区分所有者に説明するとともに，長期修繕計画について総会で決議することが必要である（２章３節１）。

[R5]

×

長期修繕計画の構成は，①マンションの建物・設備の概要等，②調査・診断の概要，③長期修繕計画の作成・修繕積立金の額の設定の考え方，④長期修繕計画の内容，⑤修繕積立金の額の設定の５項目を基本とする（３章１節１）

[R5]

○

長期修繕計画においては，①敷地，②建物・設備および附属施設の概要（規模，形状等），③関係者，④管理・所有区分，⑤維持管理の状況（法定点検等の実施，調査・診断の実施，計画修繕工事の実施，長期修繕計画の見直し等），⑥会計状況，設計図書等の保管状況等の概要について示すことが必要である（３章１節３）

重要度 C

問 15

□□□

「長期修繕計画作成ガイドライン」によれば，既存マンションにおける推定修繕工事項目は，新築時の設計図書に基づき設定すれば足りる。

重要度 C

問 16

□□□

「長期修繕計画作成ガイドライン」によれば，外壁の塗装や屋上防水などを行う大規模修繕工事の周期は部材や工事の仕様等により異なるが，一般的に12～15年程度である。

重要度 C

□□□

「長期修繕計画作成ガイドライン」によれば，推定修繕工事費の算定における単価の設定の際は，新築マンション，既存マンションのどちらの場合であっても，修繕工事特有の施工条件等を考慮する。

重要度 S★★★

□□□

「長期修繕計画作成ガイドライン」によれば，長期修繕計画は，不確定な事項を含んでいることから，５年程度ごとに調査・診断を行い，その結果に基づいて見直すことが必要である。

重要度 B

□□□

「長期修繕計画作成ガイドライン」によれば，修繕積立金の積立ては，長期修繕計画の作成時点において，計画期間に積み立てる修繕積立金の額を均等にする積立方式を基本とする。

[R5]

×

推定修繕工事項目の設定は，**既存マンション**の場合，**現状の長期修繕計画**を踏まえ，保管されている**設計図書**，修繕等の履歴，**現状の調査・診断の結果**等に基づいて設定する（3章1節6）。

[R5]

○

外壁塗装の塗替や**屋上防水の補修・修繕**についての**修繕周期**は，一般的に12～15**年程度**とされている（3章1節7）

[R4]

○

推定修繕工事費の算定における**単価の設定**の際は，修繕工事特有の施工条件等**を考慮**し，**部位ごとに仕様を選択**して，新築マンションの場合，**設計図書**，工事請負契約による**請負代金内訳書**等を参考として，また，既存マンションの場合，**過去の計画修繕工事の契約実績**，その**調査データ**，**刊行物の単価**，**専門工事業者の見積価格**等を参考として設定する（3章1節8二）。

[R2]

○

長期修繕計画は，不確定な事項を含んでいることから，5**年程度ごと**に調査・診断を行い，その結果に基づいて**見直すことが必要**である。また，**長期修繕計画の見直し**と併せて，**修繕積立金の額**も見直す（3章1節10）。

> ⚠ **ココも注意!** **計画期間**は，30**年以上**で，かつ**大規模修繕工事**が2回含まれる**期間以上**とする（3章1節5）。なお，これは**新築マンション**・**既存マンション**のどちらの場合であっても同じである。

[H26]

○

修繕積立金の積立ては，長期修繕計画の作成時点において，計画期間に積み立てる修繕**積立金の額を**均等**にする積立方式**を基本とする（3章2節1）。この方式を均等積立方式という。

重要度 C

問 20

「長期修繕計画作成ガイドライン」によれば，修繕積立基金または一時金の負担がある場合は，これらを修繕積立金会計とは区分して管理する。

重要度 C

問 21

「修繕積立金ガイドライン」によれば，均等積立方式は，将来にわたり定額負担として設定するため，将来の増額を組み込んでおらず，安定的な修繕積立金の積立てができる。

重要度 C

問 22

「修繕積立金ガイドライン」によれば，段階増額積立方式は，修繕資金需要に応じて積立金を徴収する方式であり，当初の負担額は小さく，多額の資金の管理の必要性が均等積立方式と比べて低い。

重要度 C

問 23

「修繕積立金ガイドライン」によれば，段階増額積立方式は，将来の増額が決まっているため，修繕積立金が不足することはない。

3 劣化症状・診断等

重要度 S★★★

問 24

エフロレッセンスとは，下地の可溶成分が表面に析出し，空気中の二酸化炭素ガス等との反応によって難溶性の白色物質が表面に沈着した状態をいう。

重要度 S★★★

問 25

ポップアウトとは，コンクリート内部の部分的な膨張圧によってコンクリート内部が破壊された状態をいう。

[R5]

答 20 ×

購入時に**将来の計画修繕工事に要する経費**として修繕積立基金を負担する場合または修繕積立金の総額の不足などから**一時金**を負担する場合は，これらを修繕積立金**会計に繰り入れる**（3章2節2）。

[R5]

答 21 ○

均等積立方式は，将来にわたり定額負担として設定するため，将来の増額**を組み込んでおらず，安定的な修繕積立金の積立てができる**（4）。

[R5]

答 22 ○

段階増額積立方式は，修繕資金需要に応じて積立金を徴収する方式であり，**当初の負担額は**小さく，**多額の資金の管理の必要性が均等積立方式と比べて**低い（4）。

[R5]

答 23 ×

段階増額積立方式は，将来の負担増**を前提**としており，計画どおりに増額しようとする際に区分所有者間の合意形成ができず**修繕積立金が**不足**する**場合がある（4）。

[H20]

答 24 ○

「**エフロレッセンス**」とは，下地の可溶成分が表面に析出し，空気中の二酸化炭素ガス等との反応によって難溶性の**白色物質が表面に沈着**した状態をいう。

[H20]

答 25 ×

「**ポップアウト**」とは，コンクリート内部の，鉄筋の腐食等による**膨張圧**によって，コンクリート表面の小部分が円錐形**のくぼみ状に破壊**された状態をいう。「コンクリート内部（自体）が破壊」された状態ではない。

第16章 維持・保全

重要度 A

問 26　□□□

コンクリートにひび割れを生じさせる主要な原因の一つに，鉄筋の膨張収縮がある。

重要度 S★★★

問 27　□□□

アルカリ骨材反応とは，アルカリ反応性骨材と鉄筋が長期にわたって反応し，その鉄筋が発錆(はっせい)し膨張することにより，コンクリートにひび割れを生じたり崩壊したりする現象をいう。

重要度 B

問 28　□□□

コールドジョイントは，気温の低下が原因で，硬化中のコンクリートに発生する劣化現象である。

重要度 S★★★

問 29　□□□

コンクリートのひび割れの発生要因の一つとして，建物の不同沈下が挙げられる。

重要度 C

問 30　□□□

豆板（ジャンカ）があるとその周囲で中性化が進行しやすい。

重要度 B

問 31　□□□

タイルが１枚でも剥落した場合は，多くの場合その周辺またはその他の部位に剥離が発生していることがあり，タイル張り全体として性能低下をおこしている場合がある。

重要度 B

問 32　□□□

タイルの浮きとは，タイルとモルタルの境界面の接着が不良となりすき間が生じ，部分的に分離した状態をいう。

[H18]

×

鉄筋が錆びると**体積が**膨張し，かぶりコンクリートを押し上げ，鉄筋に沿ったひび割れが発生する。しかし，**鉄筋の**収縮がひび割れの発生の主要な原因とはいえない。

[H30]

×

「**アルカリ骨材反応**」とは，アルカリ反応性骨材とセメントのアルカリ分が化学反応を起こし，**骨材表面に膨長物質を形成する**ことで，コンクリートにひび割れ**や崩壊を生じさせる現象**をいう。

[H17]

×

「**コールドジョイント**」とは，打設したコンクリートに，一定時間おいて打ち足した場合に生じる**完全に一体化しないコンクリートの不良な**打ち継ぎ跡をいう。気温の低下が原因ではない。

[H17]

○

コンクリートは，**乾燥収縮**や**建物の**不同沈下等，さまざまな要因により，**ひび割れ**が発生する。

[H19]

○

「**豆板（ジャンカ）**」とは，コンクリートの打設不良事例の１つであり，締め固め不足などにより，セメントと砂利が分離して強度がもろくなっている状態をいう。豆板があると，空気に接する面積が多くなるので，その周囲で中性化が進行しやすい。

[H15]

○

タイルが１枚でも「**剥落**」した場合は，多くの場合その周辺またはその他の部位に剥離が発生している可能性が高く，タイル張り全体として性能低下をおこしている場合がある。

[H14]

○

タイルの「**浮き（剥離）**」とは，タイルとモルタルの境界面の接着が不良となりすき間が生じ，部分的に分離した状態をいう。

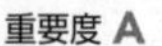

調査内容が塗膜の付着力の場合，調査用具として建研式接着力試験器を使用する。

重要度 C

クラックスケールにより，コンクリートのひび割れ幅を測定する。

重要度 C

電磁誘導法により，コンクリートの塩化物イオン濃度を推定する。

重要度 S★★★

コンクリートの強度を推定するために「シュミットハンマー」を用いる。

重要度 A

サーモカメラは，外壁タイルの劣化調査に用いる用具である。

重要度 A

モルタル塗り面を鋼球型テストハンマーで叩くと，高く硬い音がしたので，浮きが無いと判断した。

重要度 A

調査内容がコンクリートの中性化の場合，調査用具としてノギスを使用する。

[H17]

○

調査内容が**塗膜の付着力**についてである場合，調査用具として**建研式接着力試験器**を使用する。**建研式接着力試験器**とは，タイルやモルタル塗料などの剥離試験に使用される器具で，これは，旧建設省建築研究所により製作されたものである。

[R5]

○

「クラックスケール」は，**コンクリート壁，床等に発生した**ひび割れの幅を測定する器具である。

[R5]

×

電磁誘導法は，コイルが巻かれたプローブ（探針）に一次交流電流を流して交流磁場を発生させ，その磁場中に鉄筋が存在した場合に生じる二次電流から，発生した電圧の変化を把握し，**コンクリート中の**鉄筋位置，**かぶり等を測定する方法**である。

[H23]

○

コンクリートの圧縮強度を測定するために**「シュミットハンマー**（リバウンドハンマー）」を使用する（**反発度法**）。

[H20]

○

建物の外壁タイルまたはモルタル仕上げ等の剥離部と健常部の熱伝導の違いによる温度差を**サーモカメラ**（**赤外線サーモグラフィ**）によって測定し，タイルの浮き等の程度を調査する。

[H30]

○

モルタル塗り面を鋼球型**テストハンマー**で叩いた場合，**浮きの生じていない健全部**は，「高く硬い音」がする。なお，モルタル塗り面で浮きが生じている部分は，「低くこもった音」がする。

[H17]

○

「ノギス」とは，0.1mm台まで測定できる金属製の物差しをいう。中性化の深さを測定する際に使用する。

重要度 B

ファイバースコープは，外壁タイルの劣化調査に用いる用具である。

重要度 C

コンクリートのひび割れの補修において，外気温の変動による挙動が大きいひび割れ幅0.5mmの補修に，ポリマーセメントペーストによる注入工法を適用した。

4 防水・断熱・その他改修等

重要度 C

メンブレン防水とは，被膜を形成して防水層を作る工法の総称である。

重要度 B

マンションの屋上の露出アスファルト防水層の改修において，既存の平場防水層は，すべて撤去しなければならない。

重要度 B

マンションの屋上の露出アスファルト防水層の改修工法としては，溶融アスファルトを用いた熱工法によるアスファルト防水が最も簡便な工法といえる。

重要度 B
問 45
「アスファルト防水熱工法」は，歴史があり，「改質アスファルトシート防水工法（トーチ工法）」に比べ，施工現場周辺の環境に及ぼす影響が少ない。

[H20]

×

「ファイバースコープ（内視鏡）」とは，ガラス繊維とケーブルと光源装置を用いて，配管や機器の内部を見る用具である。錆びや汚れ具合を調査する際に使用する。

[R4]

×

外気温の変動による挙動が大きいひび割れ幅0.5㎜の補修には，シーリング材や可撓（かとう）性エポキシ樹脂による注入工法を適用する。ポリマーセメントペーストは挙動が小さいひび割れの場合に適用する（「コンクリートのひび割れ調査，補修・補強指針2013」（公益社団法人 日本コンクリート工学会））。

[R3]

○

メンブレン防水とは，被膜を形成して防水層を作る工法の総称である。

[H18]

×

屋上の露出アスファルト防水層の改修工法には，「全面撤去方式（既存防水層をすべて剥がし，新規に防水下地を造る）」と「かぶせ方式（既存防水層の上に，新規アスファルト防水を施工する）」とがある。

[H18]

×

屋上の露出アスファルト防水層の改修工法としては，溶融アスファルトを用いた熱工法によるアスファルト防水よりも，改質アスファルトルーフィング（トーチ工法）の方が，より簡便な工法といえる。

[H21]

×

「アスファルト防水熱工法」は，紙，合成繊維，ガラス繊維などの芯材にアスファルトを含浸・被覆したアスファルトルーフィングを，加熱溶融したアスファルトで数層重ねて密着し，防水層を構成する。これに対し，「改質アスファルトシート防水工法（トーチ工法）」は，アスファルト防水熱工法に比べて，施工時の煙や臭気などの発生が少ない。

重要度 B

問 46

「ウレタン系塗膜防水工法」は，突出物の多い屋上の改修工事の際に，施工が容易なため採用されることが多い。

重要度 C

問 47

日本建築学会の建築工事標準仕様書・同解説（JASS 8）に示されている仕様であれば，シート防水層，塗膜防水層は，仕上げの種類にかかわらず通常の歩行に耐えうる。

重要度 C

熱貫流には，熱伝導と熱伝達の２つの要素があり，熱伝導とは，周囲流体から固体表面，または固体表面から周囲流体に熱が移動する現象であり，熱伝達とは，熱が物体の高温部から低温部へ移る現象である。

重要度 C

コールドドラフトとは，冬期に室内に低温の気流が流れ込むか，またはガラスなどの冷壁面で冷された冷風が下降する現象である。

重要度 B

外断熱改修工事を行った場合，結露の防止に対しては効果が期待できない。

重要度 C

室内側二重窓の設置による断熱・防音性能の向上は，専有部分の改修のみで行うことができない。

重要度 B

床衝撃音の遮音性能を評価する衝撃源として重量衝撃源と軽量衝撃源があり，子供の椅子からの飛び降りは，軽量衝撃源に分類される。

[R3]

○

「**ウレタン系塗膜防水工法**」は，突出物の多い屋上の改修工事の際に，施工が容易なため採用されることが多い。

[H28]

×

日本建築学会の建築工事標準仕様書・同解説（JASS 8）によれば，**シート防水層・塗膜防水層**は，軽歩行または非歩行がほとんどであり，**通常の歩行**に耐えられるものはごくわずかとされている。

[H26]

×

本問は，**熱伝導**と**熱伝達**の記述が逆である。熱貫流には，熱伝導と熱伝達の２つの要素がある。熱伝導とは，熱が壁等の**物体の内部**で高温部から低温部に移動する現象である。熱伝達とは，**空気等**の周囲流体から壁の表面等の固体表面，または固体表面から周囲流体に熱が移動する現象である。

[H26]

○

「**コールドドラフト**」とは，冬期に室内に低温の気流が流れ込むか，またはガラスなどの冷壁面で冷された冷風**が下降する現象**である。暖房器具を窓のそばに置く，扇風機などで室内の空気をかき回すなどの対策で防ぐことができる。

[H21]

×

外断熱改修工事を行った場合，断熱性能が向上するので，結露の防止に対して効果が期待できる。

[H18]

×

「**室内側二重窓の設置**による断熱・防音性能の向上」は，専有部分の改修のみで行うことができる。

[H25]

×

床衝撃音の遮音性能を評価する衝撃源として，重量衝撃**源**と軽量衝撃**源**とがある。子供の椅子からの飛び降りは，重量衝撃**源**に分類される。軽量衝撃**源**としては，足音や軽量物の落下等がある。

重要度 C

問 53

□□□

界壁の遮音等級D値は，その値が大きいほど遮音性能が高い。

重要度 C

問 54

□□□

床衝撃音の遮音等級L値は，その値が大きいほど遮音性能が低い。

重要度 C

□□□

固体伝搬音とは，建物の躯体構造を伝わる振動によって居室内の壁面や天井面等から発生する音のことである。

重要度 C

□□□

人間が聴き取ることのできる周波数帯は，約20ヘルツから20,000ヘルツである。

重要度 B

□□□

窓サッシの改修方法のうちカバー工法とは，既存のサッシの枠を残し，当該サッシ枠の外側に新規建具を設置する工法であり，既存サッシより開口寸法を大きくできることがある。

重要度 B

□□□

窓サッシの改修方法のうちノンシール工法は，主に便所や浴室などの比較的小型のサッシに採用される。

重要度 C

問 59

□□□

引抜き工法は，既存サッシ枠を油圧工具またはジャッキ等で撤去するので，はつり工法に比較して，騒音が発生しにくい工法である。

重要度 B

□□□

高圧洗浄法とは，ホース先端のノズルから噴射する高速噴流により管内付着物等を除去する方法である。

[H25]

○

界壁の遮音等級は，**D値**（D-55，D-50，D-45，D-40等）で示され，数値が大きいほど，遮音性能は高い。

[H25]

○

床衝撃音の遮音等級は，**L値**（L-40，L-45，L-50，L-55等）で示され，その数値が大きいほど，遮音性能は低い。

[H29]

○

固体伝搬音とは，人や物が床や壁に衝突する等した場合に，建物の躯体構造を伝わる振動によって居室内の壁面や天井面等から発生する音のことである。

[H29]

○

人間が音として聴き取ることのできる周波数帯（可聴領域）は，**約20ヘルツから20,000ヘルツ**である。

[H21]

×

「**カバー工法**」とは，既存サッシ枠を残したまま，**新規のサッシ枠を取り付ける工法**であり，既存枠よりも有効開口寸法が高さ・幅寸法とも約70㎜程度狭くなる。

[H21]

○

「**ノンシール工法**」とは，カバー工法と同様，既存サッシ枠を残したまま，**新規のサッシ枠をかぶせて取り付ける工法**である。洗面所・トイレ等の小窓に最適な工法なので，主に便所や浴室などの比較的小型**のサッシ**に採用される。

[H28]

○

「**引抜き工法**」とは，既存サッシ枠を油圧工具・ジャッキ等で撤去して，**新規のサッシ枠を取り付ける工法**である。**はつり工法**に比較して，**騒音が発生**しにくい工法である。

[H22]

○

「**高圧洗浄法**」とは，高圧洗浄機または高圧洗浄車からホースで導水し，ホースの先端に取り付けられたノズルから噴射する高速噴流により，管内付着・堆積物等を除去する方法である。

重要度 B

問 61 □□□

ロッド法とは，長い棒をつなぎ合わせたものを手動で管内に挿入して閉塞物等を除去する方法である。

重要度 C

「共同住宅に係る防犯上の留意事項」において，共用部分の床面または地面に必要な平均水平面照度として，10m先の人の顔，行動が明確に識別でき，誰であるか明確にわかる程度以上の照度は，概ね50ルクス以上とされている。

[H22]

答 61 ○

「ロッド法」とは，1.0 ～ 1.8m程度のロッド（長い棒）をつなぎ合わせて，手動で排水管内に挿入する方法である（最大つなぎ長さは30m程度）。敷地排水管や雨水敷地排水管に適用され，排水ますから挿入して作業する。

[H26]

答 62 ○

10m先の人の顔，行動が明確に識別でき，誰であるか明確にわかる程度以上の照度は，概ね50ルクス以上とされている。

ココも注意!

- 4m先の人の挙動，姿勢等が識別できる程度以上の照度は，概ね3ルクス以上である。
- 10m先の人の顔，行動が識別でき，誰であるかわかる程度以上の照度は，概ね20ルクス以上である。

第16章 維持・保全

1回目	2回目	3回目
月　日：　/62	月　日：　/62	月　日：　/62

【執筆】
中西 伸太郎（TAC専任講師）

2024年度版　管理業務主任者　一問一答セレクト1000

（2013年度版　2013年3月27日　初　版　第1刷発行）

2024年3月31日　初　版　第1刷発行

編著者　TAC株式会社
（管理業務主任者講座）
発行者　多田敏男
発行所　TAC株式会社　出版事業部
（TAC出版）
〒101-8383 東京都千代田区神田三崎町3-2-18
電話 03(5276)9492（営業）
FAX 03(5276)9674
https://shuppan.tac-school.co.jp
組版　朝日メディアインターナショナル株式会社
印刷　日新印刷株式会社
製本　株式会社常川製本

ISBN 978-4-300-10951-9
N.D.C. 673

乱丁・落丁による交換、および正誤のお問合せ対応は、該当書籍の改訂版刊行月末日までといたします。なお、交換につきましては、書籍の在庫状況等により、お受けできない場合もございます。
また、各種本試験の実施の延期、中止を理由とした本書の返品はお受けいたしません。返金もいたしかねますので、あらかじめご了承くださいますようお願い申し上げます。

「TAC情報会員」登録用パスワード：025-2024-0943-25

1 「管理業務主任者 基本テキスト」を読み「管理業務主任者 項目別過去8年問題集」を解く

試験に必要な知識を身につける

つぎに！

2 「速攻マスターWeb講義」と「過去問攻略Web講義」を視聴する

講義トータル 約17時間(予定)

実力派講師のWeb講義で合格ポイントを効率的に吸収

さらに！

4 TAC 管理業務主任者講座「全国公開模試」で総仕上げ

知識が実戦力に！

学習効果をさらに引き上げる！

3 「ラストスパート 管理業務主任者 直前予想模試」「法律改正点レジュメ」で直前対策！

独学では不足しがちな法律改正情報や最新試験対策もフォロー！

「独学で合格」のポイント 利用中のサポート 法律改正点レジュメ・質問カード

独学では、「正しく理解しているだろうか」「問題の解き方がわからない」、「最新の法改正が手に入らない」といった不安がつきものです。
そこで独学道場では、「法律改正点レジュメ」と「質問カード」(5回分)をご用意！学習を阻害する不安から解放され、安心して学習できます。

コンテンツPickup!

管理業務主任者講座「全国公開模試」

『全国公開模試』は、多数の受験生が受験する全国規模の公開模擬試験です。独学道場をお申込の方は、この全国公開模試を自宅受験または、期日内に手続きを済ませれば、会場受験も選択できます。詳細な個人成績表はご自身が受験生の中でどの位置にいるかも確認でき、ライバルの存在を意識できるので、モチベーションが一気にアップします！

※会場受験は【定員制】となり、会場によっては満席となる場合がございます。あらかじめご了承ください。
※状況により、会場受験を見合わせる場合がございます。

お申込み・最新内容の確認

インターネットで

TAC出版書籍販売サイト「サイバーブックストア」にて

TAC 出版 検索

https://bookstore.tac-school.co.jp/

詳細は必ず、TAC出版書籍販売サイト「サイバーブックストア」でご確認ください。

マンション管理士独学道場もご用意しています！

マンション管理士・管理業務主任者

2月・3月・4月・5月開講　初学者・再受験者対象

マン管・管理業両試験対応	W合格本科生S（全42回：講義ペース週1～2回）	マン管試験対応	マンション管理士本科生S（全36回：講義ペース週1～2回）	管理業試験対応	管理業務主任者本科生S（全35回：講義ペース週1～2回）

合格するには、「皆が正解できる基本的な問題をいかに得点するか」、つまり基礎をしっかりおさえ、その基礎をどうやって本試験レベルの実力へと繋げるかが鍵となります。
各コースには「過去問攻略講義」をカリキュラムに組み込み、
基礎から応用までを完全マスターできるように工夫を凝らしています。
じっくりと徹底的に学習をし、本試験に立ち向かいましょう。

5月・6月・7月開講　初学者・再受験者対象

マン管・管理業両試験対応	W合格本科生（全36回：講義ペース週1～2回）	マン管試験対応	マンション管理士本科生（全33回：講義ペース週1～2回）	管理業試験対応	管理業務主任者本科生（全32回：講義ペース週1～2回）

毎年多くの受験生から支持されるスタンダードコースです。
基本講義、基礎答練で本試験に必要な基本知識を徹底的にマスターしていきます。
また、過去20年間の本試験傾向にあわせた項目分類により、
個別的・横断的な知識を問う問題への対策も行っていきます。
基本を徹底的に学習して、本試験に立ち向かいましょう。

8月・9月開講　初学者・再受験者対象

管理業務主任者速修本科生
（全21回：講義ペース週1～3回）

管理業務主任者試験の短期合格を目指すコースです。
講義では難問・奇問には深入りせず、基本論点の確実な定着に主眼をおいていきます。
週2回のペースで無理なく無駄のない受講が可能です。

9月・10月開講　初学者・再受験者・宅建士試験受験者対象

管理業務主任者速修本科生（宅建士受験生用）
（全14回：講義ペース週1～3回）

宅建士試験後から約2ヵ月弱で管理業務主任者試験の合格を目指すコースです。
宅建士と管理業務主任者の試験科目は重複する部分が多くあります。
その宅建士試験のために学習した知識に加えて、
管理業務主任者試験特有の科目を短期間でマスターすることにより、
宅建士試験とのW合格を狙えます。

TACの学習メディア

Property manager & Consultant

教室講座 Web講義フォロー標準装備

- 学習のペースがつかみやすい、日程表に従った通学受講スタイル。
- 疑問点は直接講師へ即質問、即解決で学習時間の節約になる。
- Web講義フォローが標準装備されており、忙しい人にも安心の充実したフォロー制度がある。
- 受講生同士のネットワーク形成ができるだけでなく、受講生同士で切磋琢磨しながら、学習のモチベーションを持続できる。

ビデオブース講座 Web講義フォロー標準装備

- 都合に合わせて好きな日程・好きな校舎で受講できる。
- 不明点のリプレイなど、教室講座にはない融通性がある。
- 講義録(板書)の活用でノートをとる手間が省け、講義に集中できる。
- 静かな専用の個別ブースで、ひとりで集中して学習できる。
- 全国公開模試は、ご登録地区の教室受験(水道橋校クラス登録の方は渋谷校)となります。

Web通信講座

- いつでも好きな時間に何度でも繰り返し受講できる。
- パソコンだけではなく、スマートフォンやタブレット、その他端末を利用して外出先でも受講できる。
- Windows®PCだけでなくMac®でも受講できる。
- 講義録をダウンロードできるので、ノートに写す手間が省け講義に集中できる。

DVD通信講座 Web講義フォロー標準装備

- いつでも好きな時間に何度でも繰り返し受講することができる。
- ポータブルDVDプレーヤーがあれば外出先での映像学習も可能。
- 教材送付日程が決められているので独学ではつかみにくい学習のペースメーカーに最適。
- スリムでコンパクトなDVDなら、場所をとらずに収納できる。

●DVD通信講座は、DVD-Rメディア対応のDVDプレーヤーでのみ受講が可能です。パソコン、ゲーム機等での動作保証はしておりませんので予めご了承ください。

2024年合格目標　初学者・再受験者対象　2月 3月 4月 5月開講（W合格本科生S・2月開講のみ）

注目
「過去問攻略講義」で、過去問対策も万全！

マン管・管理業 両試験に対応 **W合格本科生S**

マン管試験に対応 **マンション管理士本科生S**

管理業試験に対応 **管理業務主任者本科生S**

ムリなく両試験の合格を目指せるコース

学習期間 6～11ヶ月　講義ペース 週1～2回

合格するには、「皆が正解できる基本的な問題をいかに得点するか」、つまり基礎をしっかりおさえ、その基礎をどうやって本試験レベルの実力へと繋げるかが鍵となります。
各コースには**「過去問攻略講義」**をカリキュラムに組み込み、基礎から応用までを完全マスターできるように工夫を凝らしています。じっくりと徹底的に学習をし、本試験に立ち向かいましょう。

カリキュラム〈W合格本科生S（全42回）・マンション管理士本科生S（全36回）・管理業務主任者本科生S（全35回）〉

INPUT［講義］

基本講義　全22回　各回2.5時間

マンション管理士・管理業務主任者本試験合格に必要な基本知識を、じっくり学習していきます。試験傾向を毎年分析し、その最新情報を反映させたTACオリジナルテキストは、合格の必須アイテムです。

民法／区分所有法等	9回
規約／契約書／会計等	6回
維持・保全等／マンション管理適正化法等	7回

▼

マン管過去問攻略講義　全3回（※1）各回2.5時間
管理業過去問攻略講義　全3回（※2）各回2.5時間

過去の問題を題材に本試験レベルに対応できる実力を身につけていきます。マンション管理士試験・管理業務主任者試験の過去問題を使って、テーマ別に解説を行っていきます。

▼

総まとめ講義　全4回　各回2.5時間

本試験直前に行う最後の総整理講義です。各科目の重要論点をもう一度復習するとともに、横断的に知識を総整理していきます。

OUTPUT［答練］

基礎答練　全3回　70～80分解説

基本事項を各科目別に本試験同様の四肢択一形式で問題演習を行います。早い時期から本試験の形式に慣れること、基本講義で学習した各科目の全体像がつかめているかをこの基礎答練でチェックします。

民法／区分所有法等	1回（70分答練）
規約／契約書／会計等	1回（60分答練）
維持・保全等	1回（60分答練）

▼

マン管直前答練（※1）　全3回　各回2時間答練・50分解説

管理業直前答練（※2）　全2回　各回2時間答練・50分解説

マンション管理士・管理業務主任者の本試験問題を徹底的に分析。その出題傾向を反映させ、さらに今年出題が予想される論点などを盛り込んだ予想問題で問題演習を行います。

▼

マンション管理士全国公開模試（※1）　全1回

管理業務主任者全国公開模試（※2）　全1回

▼

マンション管理士本試験

管理業務主任者本試験

※5問免除科目であるマンション管理適正化法の基礎答練は、自宅学習用の配付のみとなります（解説講義はありません）。
（※1）W合格本科生S・マンション管理士本科生Sのカリキュラムに含まれます。
（※2）W合格本科生S・管理業主任者本科生Sのカリキュラムに含まれます。

受講料一覧（教材費・消費税10%込）

教材費は全て受講料に含まれています！別途書籍等を購入いただく必要はございません。

W合格本科生S

学習メディア	通常受講料	宅建割引制度	再受講割引制度	受験経験者割引制度
教室講座 ＊	¥143,000	¥110,000	¥ 96,800	¥110,000
ビデオブース講座 ＊				
Web通信講座				
DVD通信講座	¥154,000	¥121,000	¥107,800	¥121,000

※一般教育訓練給付制度は、2月開講クラスが対象となります。予めご了承ください。

マンション管理士本科生S

学習メディア	通常受講料	宅建割引制度	再受講割引制度	受験経験者割引制度
教室講座	¥132,000	¥ 99,000	¥ 86,900	¥ 99,000
ビデオブース講座				
Web通信講座				
DVD通信講座	¥143,000	¥110,000	¥97,900	¥110,000

管理業務主任者本科生S

学習メディア	通常受講料	宅建割引制度	再受講割引制度	受験経験者割引制度
教室講座	¥126,500	¥ 95,700	¥ 83,600	¥ 95,700
ビデオブース講座				
Web通信講座				
DVD通信講座	¥137,500	¥106,700	¥94,600	¥106,700

2022年マンション管理士／管理業務主任者 合格者の声

笹木 裕史 さん

マンション管理士
管理業務主任者
W合格

マンション管理士と管理業務主任者の試験範囲の多くが被っており、勉強するうえで、両者の試験を分けて考えたことはありませんでした。両方の過去問を解くことで、問題演習量も充実するため、結果的に合格への近道になると思います。ですので、ぜひ、ダブル受験・合格を目指して頑張ってください！

近藤 勇真 さん

マンション管理士
管理業務主任者
W合格

私は運よくW合格することができましたが、両試験には片方の資格を持っているともう片方の受験の際に5問免除される制度があります。マンション管理士試験の受験者は、4割の方が管理業務主任者資格者という情報もあり、W合格を目指す方はそこで差がつかないように力を入れるべきかと思います。日々取れる学習時間を考えて、管理業務主任者に集中されるのも良いと思います。

お申込みにあたってのご注意

※0から始まる会員番号をお持ちでない方は、受講料のほかに別途入会金（¥10,000・10%税込）が必要です。会員番号につきましては、TAC各校またはカスタマーセンター（0120-509-117）までお問い合わせください。
※上記受講料は、教材費・消費税10%が含まれます。
※コースで使用する教材の中で、TAC出版より刊行されている書籍をすでにお持ちの方は、TAC出版刊行書籍を受講料に含まないコースもございます。
※各種割引制度の詳細はTACマンション管理士・管理業務主任者講座パンフレットをご参照ください。

無料公開イベント＆個別相談会のご案内

参加無料

無料公開セミナーはテーマに沿って、TACマンション管理士・管理業務主任者講座の講師が担当いたします。

※無料公開セミナーのテーマは都合により変更となる場合がございます。予めご了承ください。
※TAC動画チャンネルでも各セミナーを配信いたします。視聴無料ですのでぜひご利用ください。

無料公開イベント出席者特典　¥10,000入会金免除券プレゼント!!

無料公開イベント＆講座説明会　参加者全員にプレゼント!!
◆マンション管理士・管理業務主任者講座案内一式
◆月刊TACNEWS 他

無料イベント日程

1～7は、マンション管理士・管理業務主任者を目指される方対象の無料公開セミナーです。
（セミナー40～50分+講座説明会20～30分）
★は、開講前無料講座説明会です。

個別受講相談も実施しております!!

	新宿校	池袋校	渋谷校	八重洲校
2024年 1月	19（金）19：00～ 1	—	27（土）10：00～ 1	24（水）19：00～ 1
2月	9（金）19：00～ 2	—	17（土）10：00～ 2	14（水）19：00～ 2
3月	5（火）19：00～ 3 31（日）10：30～ 4	—	2（土）10：00～ 3 16（土）10：00～ 4	27（水）19：00～ 3
4月	28（日）10：30～ 1	—	20（土）10：00～ 3	10（水）19：00～ 4
5月	12（日）10：30～ 3	—	18（土）10：00～ 4	—
6月	—	—	1（土）12：30～ ★	5（水）18：00～ ★
7月	—	—	—	—
8月	—	15（木）19：00～ 5	—	17（土）13：00～ 6 31（土）13：00～ ★
9月	8（日）10：30～ 5	5（木）18：30～ ★ 16（祝）11：00～ 7	—	22（日）11：00～ 5 29（日）10：30～ 7

無料公開セミナー＆講座説明会 テーマ一覧

マンション管理士・管理業務主任者を目指される方《セミナー40分～50分+講座説明会20分》　●初学者向け　●学習経験者向け

テーマ	内容
1 ●● 早期学習でW合格を掴む！「マン管・管理業 W合格のすすめ!」	マンション管理士試験と管理業務主任者試験は試験範囲が似通っており、また試験日程も近いため、効率的に2つの資格を勉強できます。当セミナーではW合格にスポットを当てて、W受験のメリットや合格の秘訣についてお伝えいたします。
2 ● 2023年度の本試験を徹底解説！「マン管・管理業 本試験解答解説セミナー」	2023年マンション管理士試験・管理業務主任者試験を徹底分析し、合否の分かれ目・難易度・出題傾向など最新の情報をお伝えします。第1回本試験から培ってきたTACの合格ノウハウ・分析力を体感してください！
3 ●● 合格の秘訣を伝授!「マン管・管理業 本試験合格に向けた正しい学習法」	マンション管理士試験・管理業務主任者試験で合格を掴み取るには、どのような学習方法が効果的なのでしょうか。誰もが悩むその疑問をTACの講師陣がズバリ解決！2024年度の両本試験合格のための正しい学習法をお伝えします。
4 ●● 過去の本試験から出題傾向を知る!「マン管・管理業 2024年本試験の傾向と対策」	当セミナーでは、近年の本試験の出題傾向を丸裸にし、今年の試験に合格するための対策をお伝えいたします。これから合格を目指される方はもちろん、学習経験者にも必見のセミナーです。
5 ●● 直前期の過ごし方が合否を左右する!「マン管・管理業 直前期の正しい過ごし方」	直前期から本試験までに取り組むべきことや押さえておきたいポイントなど、残された時間で最大の学習効果を得るために「今すべきこと」についてお伝えいたします。当セミナーでライバルに差をつけましょう！

管理業務主任者を目指される方《セミナー40分～50分+講座説明会20分》　●初学者向け　●学習経験者向け

テーマ	内容
6 ●● 効率よく短期合格へ「管理業務主任者試験の分野別学習法」	分野ごとの特徴を押さえ、対策を立てることは短期合格を目指す法うえで重要です。当セミナーでは管理業務主任者試験の分野別学習法をお伝えします。
7 ● 宅建士試験の学習が活きる「宅建士×管理業 W合格のすすめ!」	宅建士試験と管理業務主任者試験は出題内容が重なる部分があり、宅建士の学習経験が非常に役立ちます。当セミナーでは宅建士学習経験者を対象に、管理業務主任者試験合格に向けた効果的な学習法をお伝えします。

書籍の正誤に関するご確認とお問合せについて

書籍の記載内容に誤りではないかと思われる箇所がございましたら、以下の手順にてご確認とお問合せをしてくださいますよう、お願い申し上げます。
なお、正誤のお問合せ以外の**書籍内容に関する解説および受験指導などは、一切行っておりません。**
そのようなお問合せにつきましては、お答えいたしかねますので、あらかじめご了承ください。

1 「Cyber Book Store」にて正誤表を確認する

TAC出版書籍販売サイト「Cyber Book Store」のトップページ内「正誤表」コーナーにて、正誤表をご確認ください。

CYBER BOOK STORE TAC出版書籍販売サイト

URL:https://bookstore.tac-school.co.jp/

2 1の正誤表がない、あるいは正誤表に該当箇所の記載がない ⇒ 下記①、②のどちらかの方法で文書にて問合せをする

★ご注意ください★

お電話でのお問合せは、お受けいたしません。
①、②のどちらの方法でも、お問合せの際には、「お名前」とともに、
「対象の書籍名(○級・第○回対策も含む)およびその版数(第○版・○○年度版など)」
「お問合せ該当箇所の頁数と行数」
「誤りと思われる記載」
「正しいとお考えになる記載とその根拠」
を明記してください。
なお、回答までに1週間前後を要する場合もございます。あらかじめご了承ください。

① ウェブページ「Cyber Book Store」内の「お問合せフォーム」より問合せをする

【お問合せフォームアドレス】

https://bookstore.tac-school.co.jp/inquiry/

② メールにより問合せをする

【メール宛先 TAC出版】

syuppan-h@tac-school.co.jp

※土日祝日はお問合せ対応をおこなっておりません。
※正誤のお問合せ対応は、該当書籍の改訂版刊行月末日までといたします。

乱丁・落丁による交換は、該当書籍の改訂版刊行月末日までといたします。なお、書籍の在庫状況等により、お受けできない場合もございます。
また、各種本試験の実施の延期、中止を理由とした本書の返品はお受けいたしません。返金もいたしかねますので、あらかじめご了承くださいますようお願い申し上げます。

TACにおける個人情報の取り扱いについて

■お預かりした個人情報は、TAC(株)で管理させていただき、お問合せへの対応、当社の記録保管にのみ利用いたします。お客様の同意なしに業務委託先以外の第三者に開示、提供することはございません(法令等により開示を求められた場合を除く)。その他、個人情報保護管理者、お預かりした個人情報の開示等及びTAC(株)への個人情報の提供の任意性については、当社ホームページ(https://www.tac-school.co.jp)をご覧いただくか、個人情報に関するお問い合わせ窓口(E-mail:privacy@tac-school.co.jp)までお問合せください。

(2022年7月現在)